《中华人民共和国民法典》"知识产权编"

专家建议稿

刘春田 主编

图书在版编目（CIP）数据

《中华人民共和国民法典》"知识产权编"专家建议稿/刘春田主编. —北京：知识产权出版社，2018.10

ISBN 978-7-5130-5897-1

Ⅰ.①中… Ⅱ.①刘… Ⅲ.①知识产权—法学—研究—中国 Ⅳ.①D923.404

中国版本图书馆 CIP 数据核字（2018）第 227723 号

责任编辑：齐梓伊　　　　　　　　　责任校对：谷　洋
封面设计：张　悦　　　　　　　　　责任印制：刘译文

《中华人民共和国民法典》"知识产权编"专家建议稿

刘春田　主编

出版发行：知识产权出版社有限责任公司	网　　址：http://www.ipph.cn
社　　址：北京市海淀区气象路50号院	邮　　编：100081
责编电话：010-82000860 转 8176	责编邮箱：qiziyi2004@qq.com
发行电话：010-82000860 转 8101/8102	发行传真：010-82000893/82005070/82000270
印　　刷：北京嘉恒彩色印刷有限责任公司	经　　销：各大网上书店、新华书店及相关专业书店
开　　本：720mm×1000mm　1/16	印　　张：20.75
版　　次：2018年10月第1版	印　　次：2018年10月第1次印刷
字　　数：300千字	定　　价：68.00元
ISBN 978-7-5130-5897-1	

出版权专有　侵权必究
如有印装质量问题，本社负责调换。

出版说明

2018年8月,在第十三届全国人大常委会第五次会议上,诸多委员建议《民法典》分则在现有设计基础上,增设"知识产权编"。笔者认为,这是我国立法机构的工作者在财产观念上具有划时代意义的提升。

《民法典》是规范市场经济的基本法和总章程,也是法治国家的重要标志,具有崇高的地位。当前,我国《民法典》编纂已进入关键时期,作为《民法典》的重要组成部分,《民法分则(征求意见稿)》将物权、合同、侵权责任、人格权、婚姻家庭和继承等六编单独成编。众所周知,知识产权与物权、债权一样,同样是基本的、重要的民事财产权利。在现有基础上,有必要把知识产权制度的基本属性、独有的排他、独占特征,基本原则和统一适用的规则提炼出来,形成知识产权法的一般规则,或称"知识产权法通则",在《民法总则》之下,作为对知识产权诸单行法的纲领、统帅、规制和纽带,单独组成知识产权编,与上述六编一并列入《民法典》。

一、必要性

(一)可以为创新发展提供有力的法制保障

我国已从高速发展转向高质量发展,当前科技创新依然是我国现代化经济体系建设的短板。健全完善知识产权法律体系,对科技创造、运用、转化和保护至关重要。把知识产权基本制度单独汇成一编纳入《民法分则》,是新时代立法实践贯彻新发展理念的具体体现,也可以通过提升知识产权制度的法律层级来增强知识产权法律的权威性,为我国创新驱动发展战略实施和社会主义市场经济健康、可持续发展提供坚实的法律保障。

(二)可有效地提升我国国民的知识产权保护意识

当前,我国知识产权保护的总体状况难以令人满意,与我们没有用基本法的方式明确、系统地规定知识产权的性质、权利行使、交易规则、保护方式、侵权责任有很大关系。1986年《民法通则》、2017年《民法总则》虽然将知识产权纳入民法体系，但囿于立法体例所限，未对上述内容作出详细规定，导致权利性质和权利边界不清，现实中侵权现象较为普遍，也给司法实践造成困难。知识产权单独成编纳入《民法分则》，可凸显知识产权的民事权利属性，有利于激发公民、法人和其他组织创新创造的积极性，有利于人民法院正确适用法律，有利于在全社会形成尊重、保护知识产权的法治环境。

（三）可以完善我国知识产权法律制度的体系化建设

我国知识产权制度是20世纪80年代以后逐步建立起来的，主要以《专利法》《商标法》《著作权法》等单行法律的形式加以规制。30多年的实践证明，虽然《民法通则》对知识产权做了原则性规定，但是因其过于概括、单薄，欠缺知识产权制度的"四梁八柱"，很难起到对诸知识产权单行法律的统领、指导和约束作用。实践中，欠缺统一的司法理念和司法标准，导致单行法律各自为政、矛盾频出。人民法院只好无休止地用"司法解释"弥补"立法"的缺失，出现了法律适用的规范层级不一和碎片化的乱象。2017年《民法总则》仅第123条一个知识产权条文，无法衔接、协调《专利法》《商标法》《著作权法》等单行法律，日后实践，久而久之，还会有脱节、走形之虞。知识产权法律制度单独成编纳入《民法分则》，有助于把《民法总则》与知识产权各单行法律有效衔接起来，构成"总则—分则—单行法"的知识产权法律体系，有助于把《民法总则》的精神、原则和基本制度，系统地贯彻到知识产权诸单行法律的立法与实践中。这样，既能保持知识产权法律制度体系基本稳定，又能与时俱进、适应经济社会发展需要。

（四）可以促进我国现代法律文明建设

长期以来，我国在知识产权保护方面饱受诟病，我们以政策宣示、领导人讲话的方式加以回应，效果并不理想。把知识产权法律制度单独成编纳入《民法分则》，既可以对外宣示我国保护知识产权的决心和建设市场经济、法治国家的恒心，争取国际法律和道义话语权，又能实现对传统《民法典》的历史超越。当前，《民法分则（征求意见稿）》中的六编体例，是延续100多年前工业经济时代《德国民法典》的"老五编"（总则、物权、债权、亲属、继承)体例，容易被视为西方旧《民法典》的翻版。今天世界已是知识经济时代，时代背景与《德国民法典》截然不同，经济动力和财产结构已发生根本的变革。技术成为财富生产和国际竞争的关键，知识产权成为现代财产制度的核心。把知识产权法律制度单独成编纳入《民法分则》，加上此前已列入其中的人格权编，经整合后，作为当今世界一个超大型经济体规范市场经济的基本法，我国《民法典》将成为共和国法律历史上屈指可数的不朽杰作，成为新时代向世界提供法治建设可圈可点的中国经验，成为继《法国民法典》《德国民法典》之后，人类法律文明史上又一座丰碑。

二、可行性

（一）理论研究与司法实践为立法积累了丰富的素材

学术界历来有高度的理论自觉，形成了大量的有关传统民法与知识产权关系的研究成果。在司法实践中，海量的案件在知识产权单行法没有明确规定时，法官引用《民法通则》《合同法》《侵权责任法》等民事立法处理纠纷。学术与实践传统已经使知识产权编纳入《民法分则》在观念上顺理成章，并且为《民法总则》与知识产权编的具体衔接方式积累了丰富的智识经验。

（二）在立法技术上没有障碍

（1）知识产权法与民法是部分与整体的关系，知识产权属于基本财产权，知识产权法是基础性的民事财产权利法，不属于民事特别法。

（2）技术作为生产力，与经济关系、法律关系不是同一逻辑层面的事物。技术的活跃性，不影响知识产权法律制度及民法典体系的稳定性。这一认识已为我国知识产权诸单行法律的长期实践所证实。

（3）知识产权单行法律中的行政、刑事规范以及确权程序等非民事规范，不影响知识产权法作为纯粹民事财产权利法律的性质。

（4）提炼知识产权法的一般规则不存在技术困难。我国知识产权法学对知识产权基本范畴有长期研究，为这一工作提供了扎实的理论基础。

（三）具备较好的立法基础

早在1986年我国《民法通则》就将知识产权与物权、债权并列规定为基本财产权,具有先行与示范效应。经过《商标法》《专利法》《著作权法》等30多年的知识产权法的丰富实践,我国逐步构建了具有中国特色、较为齐全的知识产权单行法律体系。2017年《民法总则》第123条又将知识产权列为民事财产权,明确了知识产权在我国财产制度体系中的基本财产权地位,这些都为知识产权单独成编列入《民法分则》奠定了较为坚实的立法基础。

另外,继我国1986年《民法通则》之后,知识产权编入民法典成为立法趋势。20世纪90年代以后的民法典大多设立了知识产权编,如俄罗斯等独联体国家以及越南、蒙古等国的民法典。这些晚近的民法典既提供了参考样本,也昭示着这一立法模式已渐成民法典的新趋势。

总之,现代国家,没有知识产权编的《民法典》的残缺不全是致命的硬伤。把知识产权法律制度单独成编纳入《民法典》,将是我国《民法典》健全、完善和先进的重要标志。总的看,纳入比不纳入好,早纳入比晚纳入好。建议全国人民代表大会就此问题加强研究,广泛听取专家和社会各界的意见,解决好立法技术问题,设计好框架、结构与条文,为完善《民法典》做好基础工作。

为此,在中国法学会的支持下,中国知识产权法学研究会组织专家对设立知识产权编的可行性做了深入研究,并与民法学界合作,历时近一年,五易其稿,形成了较为系统的《〈中华人民共和国民法典〉"知识产权编"专家建议稿》。万事开头难。我们交付出版,是希望开一个端绪,作为基础,以便广开思路,集国人之智,设计出一个令人满意的《民法典》"知识产权编"方案。

目录 Contents

第一章　一般规定 ··· 001
第一条　【知识产权的目的】 ·· 001
第二条　【知识产权的客体】 ·· 003
第三条　【知识产权的法定原则】 ··· 008
第四条　【公共利益原则】 ·· 009
第五条　【知识产权和所有权的关系】 ·· 010
第六条　【知识产权的时间性】 ··· 011
第七条　【知识产权的地域性】 ··· 012

第二章　知识产权的内容、归属与限制 ···································· 015
第一节　知识产权的内容 ··· 015
第八条　【知识产权的内容】 ·· 015
第九条　【著作权的内容】 ··· 016
第十条　【著作邻接权的内容】 ··· 019
第十一条　【专利权的内容】 ·· 021
第十二条　【商标权的内容】 ·· 024
第十三条　【地理标志权的内容】 ··· 027
第十四条　【商业秘密的保护】 ··· 029
第十五条　【集成电路布图设计权的内容】 ······························· 031
第十六条　【育种成果权的内容】 ··· 033
第二节　知识产权的归属 ··· 035
第十七条　【知识产权自动产生时的归属规则】 ······················· 035

I

第十八条 【须经法定程序取得的知识产权的归属】……038

第十九条 【职务成果知识产权的归属规则】……041

第二十条 【利用本单位物质技术条件所完成成果的
　　　　　 知识产权的归属规则】……044

第二十一条 【定作成果知识产权的归属】……046

第二十二条 【合作成果知识产权的归属主体】……047

第二十三条 【创造者的资格不受知识产权归属、变动
　　　　　　 影响的规则】……050

第三节 知识产权的限制……052

第二十四条 【知识产权限制的一般原则】……052

第二十五条 【知识产权的合理使用】……055

第二十六条 【知识产权的法定许可】……059

第二十七条 【知识产权的强制许可】……060

第二十八条 【首次销售原则】……064

第三章 知识产权的产生、变更和消灭……068

第一节 一般规定……068

第二十九条 【须经法定程序的知识产权变动】……068

第三十条 【知识产权变动的公示】……070

第三十一条 【以法律行为变动知识产权的公示效力】……071

第二节 知识产权的产生……073

第三十二条 【知识产权产生的一般规定】……073

第三十三条 【知识产权产生的两种情形】……074

第三十四条 【知识产权产生与在先权利或合法权益的冲突】……075

第三十五条 【知识产权与物权相互独立】……077

第三节 知识产权的变更……078

第三十六条 【法律行为变更知识产权的书面形式】……078

第三十七条 【用法律行为以外的法律事实变更知识产权】……081

第三十八条 【非法律行为变更知识产权无须备案】……081

第四节　知识产权的消灭 ·· 082

第三十九条　【知识产权终止的原因】······························· 082

第四十条　【知识产权终止的法律效力】··························· 083

第四十一条　【知识产权终止与第三人权益维护】················ 083

第四十二条　【依法经审查而产生的知识产权的无效宣告】········ 084

第四十三条　【宣告无效的知识产权的效力】······················ 085

第四十四条　【因事实行为而产生的知识产权的撤销

或无效宣告】··· 086

第四章　知识产权的行使 ··· 088

第一节　一般规定 ··· 088

第四十五条　【知识产权人正确行使财产权】······················ 088

第四十六条　【知识产权利用的各种方式】························· 090

第四十七条　【知识产权的单独或集体行使】······················ 091

第四十八条　【权利人公开声明】··································· 092

第四十九条　【标准必要知识产权人的使用声明】················ 093

第二节　知识产权的许可合同与转让合同 ······························ 095

第五十条　【知识产权许可类型】··································· 095

第五十一条　【知识产权许可合同】································· 099

第五十二条　【被许可人的再许可权】······························ 102

第五十三条　【知识产权转让合同】································· 104

第五十四条　【知识产权转让合同的限制】························· 109

第五十五条　【转让不破许可原则】································· 110

第三节　知识产权质押 ·· 111

第五十六条　【知识产权质权的基本权利】························· 111

第五十七条　【知识产权质权的客体】······························ 112

第五十八条　【知识产权质权的成立要件】························· 116

第五十九条　【出质后转让或者许可使用知识产权】··············· 120

第六十条　【知识产权质权的实现条件和方式】··················· 122

第六十一条　【再次出质的条件和两个以上债权的清偿顺序】…… 125

第六十二条　【知识产权质权和许可使用权的关系】………… 127

第四节　知识产权的共有 ……………………………………… 128

第六十三条　【知识产权共有】……………………………… 128

第六十四条　【按份共有的份额】…………………………… 129

第六十五条　【按份共有份额的处分】……………………… 130

第六十六条　【按份共有知识产权的整体处分】…………… 131

第六十七条　【按份共有的份额分割】……………………… 133

第六十八条　【按份共有人的自行行使】…………………… 134

第六十九条　【按份共有的普通许可】……………………… 136

第七十条　　【按份共有的排他许可和独占许可】………… 139

第七十一条　【知识产权共同共有】………………………… 139

第五章　知识产权的保护 …………………………………… 141

第一节　知识产权请求权 ……………………………………… 141

第七十二条　【知识产权确认请求权】……………………… 141

第七十三条　【知识产权停止侵害、排除妨碍、消除危险
　　　　　　　请求权】……………………………………… 142

第七十四条　【诉前行为保全】……………………………… 143

第七十五条　【停止侵害请求权行使的例外】……………… 146

第二节　知识产权侵权损害赔偿请求权 ……………………… 148

第七十六条　【废弃请求权】………………………………… 148

第七十七条　【损害赔偿请求权】…………………………… 153

第七十八条　【损害赔偿额的计算方式】…………………… 156

第七十九条　【恶意侵权行为的惩罚性赔偿】……………… 158

第三节　确认不侵权之诉与侵权抗辩 ………………………… 160

第八十条　　【确认不侵权请求权】………………………… 160

第八十一条　【在先使用抗辩】……………………………… 161

第八十二条　【合法来源抗辩】……………………………… 163

第四节　知识产权共同侵权行为 ·················· 165
　第八十三条　【知识产权的共同侵权行为】 ············ 165
　第八十四条　【知识产权的帮助侵权】 ················ 167
　第八十五条　【网络服务提供者侵权知识产权行为】 ···· 169

第五节　其他规定 ································ 174
　第八十六条　【知识产权救济方式的合并适用】 ········ 174
　第八十七条　【知识产权的诉讼时效】 ················ 176
　第八十八条　【知识产权许可使用中被许可人的诉权】 ·· 178
　第八十九条　【知识产权中人身权利的保护】 ·········· 180
　第九十条　【违法所得、侵权产品和进行违法活动的
　　　　　　　财物的处理】 ·························· 182

第六章　与知识产权有关的不正当竞争 ············ 184
　第九十一条　【正当竞争权益的维护】 ················ 184
　第九十二条　【知识产权保护相对于反不正当竞争保护的
　　　　　　　优先性】 ······························ 185
　第九十三条　【知识利用行为构成不正当竞争行为的条件】 ·· 186
　第九十四条　【恶意警告的损害赔偿请求权】 ·········· 187
　第九十五条　【恶意程序行为的损害赔偿】 ············ 188

第七章　其他规定 ································ 190
　第九十六条　知识产权法律适用 ······················ 190

附　录 ·· 191

我国《民法典》设立知识产权编的合理性 ············ 刘春田 / 191
知识产权应在未来民法典中独立成编 ················ 吴汉东 / 213
论我国民法典设置知识产权编的理由及基本构想
　　——以概括式立法为目标模式 ············ 张玉敏　王智斌 / 222

《中华人民共和国民法典》"知识产权编"专家建议稿

论知识产权与民法典的互动
　　——以立法形式为分析视角 ………………………… 费安玲 / 242
知识产权在我国立法中的地位有待强化 …………………… 郭　禾 / 263
论中国民法典设立知识产权编的必要性 …………………… 李　琛 / 271
回归知识产权私法本位　发挥司法保护主导作用
　　——谈在民法典中设立知识产权编 ………………… 林广海 / 284
论知识产权制度纳入未来民法典的理由 ………… 韦　之　彭　声 / 288
也论民法典与知识产权 ……………………………………… 朱谢群 / 299
将知识产权法纳入民法典的思考 …………………………… 王　迁 / 310

后　记 ………………………………………………………………… 317

第一章　一般规定

> **第一条　【知识产权的目的】**
> 国家保护知识产权，鼓励知识创新和传播，保障公平竞争，促进社会主义文化、科学、技术进步和经济社会发展。

条文说明

本条规定的是创设知识产权的目的。知识产权不同于传统所有权，具体有两点：一是知识产权的人为性。无论是知识产权的客体，还是知识产权的内容，都不像有体物那样是"天然的"，受到有体物的边界和可能利用的行为的限制，知识产权客体的边界是模糊的，知识产权的内容是人为设定和选择的结果。例如，图书阅读行为同样是作品利用行为，但著作权法并不将图书阅读行为设定为权利内容。二是知识产权存在的目的性。尽管尚有诸多争议，功利主义显然是最重要的知识产权正当性理论，知识产权的存在在很大程度上是功利主义的产物。知识产权的创设不仅为了酬劳创造者，而且具有非常重要的公共目的，知识产权也是为公共利益而存在的。知识产权设置的公共利益目的不仅是知识产权设置的最终目的，同时也是限定知识产权范围的重要工具，我国几大知识产权法律的第一条的立法目的条款均体现了这一点。

现有法规定

《著作权法》

第一条 为保护文学、艺术和科学作品作者的著作权，以及与著作权有关的权益，鼓励有益于社会主义精神文明、物质文明建设的作品的创作和传播，促进社会主义文化和科学事业的发展与繁荣，根据宪法制定本法。

《专利法》

第一条 为了保护专利权人的合法权益，鼓励发明创造，推动发明创造的应用，提高创新能力，促进科学技术进步和经济社会发展，制定本法。

《商标法》

第一条 为了加强商标管理，保护商标专用权，促使生产、经营者保证商品和服务质量，维护商标信誉，以保障消费者和生产、经营者的利益，促进社会主义市场经济的发展，特制定本法。

《反不正当竞争法》

第一条 为保障社会主义市场经济健康发展，鼓励和保护公平竞争，制止不正当竞争行为，保护经营者和消费者的合法权益，制定本法。

立法例借鉴

TRIPS

第七条 目标

知识产权的保护与权利行使，目的应在于促进技术的革新、技术的转让与技术的传播，以有利于社会及经济福利的方式去促进技术知识的生产者与使用者互利，并促进权利与义务的平衡。

《菲律宾知识产权法典》

第二条 国家承认有效的知识和工业产权制度对于国内创造性活动的发展是很关键的，便利技术转移，吸引国外投资，并确保产品的市场进入。科学家、发明者、艺术节和其他有天赋的人对其知识财产和创造物的独占权应该在本法规定的期限内受到保护，尤其是当有利于人民时。

知识产权的利用具有社会功能。为此，国家应该为促进国家发展、进步和公益而促进知识和信息的扩散。

促使注册专利、商标和版权的行政程序的现代化、促进技术转移注册的自由化以及强化菲律宾知识产权的实施也是国家的政策目标。

第二条　【知识产权的客体】

因知识的归属和利用而产生的民事关系，适用本编和相关知识产权法律。

依照本编享有权益的知识包括：作品、表演、录音制品、广播电视节目、版式设计、发明、实用新型、外观设计、集成电路布图设计、育种成果、商标、地理标志、商号、商业秘密等。

条文说明

本条是知识产权客体的规定。权利客体是权利和法律制度的支点，权利客体的自然属性决定了权利和法律制度的构造，权利客体的类别体系决定了法律制度的体系构造。因此，知识产权客体是知识产权编最重要的基础内容。

本条不仅具体列举了知识产权客体的类型，而且概括规定了知识产权客体的本质，即"知识"，从而不仅为具体知识产权法律的制定提供了宏观指引和体系基础，还有利于具体知识产权法律的解释和适用。

现有法规定

《民法总则》

第一百二十三条　民事主体依法享有知识产权。

知识产权是权利人依法就下列客体享有的专有的权利：

（一）作品；

（二）发明、实用新型、外观设计；

（三）商标；

（四）地理标志；

（五）商业秘密；

（六）集成电路布图设计；

（七）植物新品种；

（八）法律规定的其他客体。

立法例借鉴

《独联体国家示范民法典》

第三部分第五编　知识产权修改法律文件（第1034—1145条）（独联体国家间议会1996年1月17日于圣彼得堡通过）

第1034条　知识产权客体

属于知识产权客体的有：

1. 智力活动成果：科学、文学和艺术作品；表演、录音和广播组织的传播；发明；实用新型；外观设计；育种成果；集成电路布图设计；未披露信息，包括生产秘密。

2. 民事流转、商品、工作和服务参加者的个性化标识：商号；商品商标和服务商标；商品原产地名称。

3. 本法典和其他法律有规定的情况下，民事流转、商品、工作和服务参加者其他智力活动成果或者个性化标识。

《独联体国家示范民法典》（《第五编知识产权》）（№21-7决议）

（独联体国家间议会2003年6月16日第21次全体会议通过）

第1035条　知识产权的客体

1. 包括下列智力活动成果和与其处于同等地位的法人个性化标识、完成工作和服务的产品个性化等是知识产权的客体：（1）科学、文学和艺术作品，包括计算机软件和数据库；（2）表演；录音制品；有线和无线广播；（3）发明；（4）实用新型；（5）外观设计；（6）育种成果；（7）集成电路布图设计；（8）商号；（9）商品商标和服务商标；（10）商品原产地名称。

2. 其他智力活动成果和个性化标识按照法律和国际条约作为知识产权客体在域内被承认和保护。

《独联体国家知识产权示范法典》

（独联体国家间议会 2010 年 4 月 7 日第 34 次全体会议通过）

第六条 知识产权客体

知识产权客体包括：科学、文学和艺术作品；计算机软件；数据库；表演；录音制品；有线和无线广播；科学发现；发明、实用新型、外观设计；集成电路布图设计；合理化建议；育种成果；商号；商品商标和服务商标；地理标志；商业秘密。

《俄罗斯联邦民法典》（2006 年）

第 1225 条 被保护的智力活动成果和个性化标识

1. 下列受法律保护的是智力活动成果和法人、商品、工作、服务和企业的个性化标识：（1）科学、文学和艺术作品；（2）计算机软件；（3）数据库；（4）表演；（5）录音制品；（6）有线和无线广播；（7）发明；（8）实用新型；（9）外观设计；（10）育种成果；（11）集成电路布图设计；（12）生产秘密；（13）商号；（14）商品商标和服务商标；（15）商品原产地名称；（16）商业标志。

2. 法律保护知识产权。

《白俄罗斯民法典》

（1998 年 10 月 1 日主席团通过，2016 年 1 月 5 日修改，共 1153 条，废除了知识产权单行法）

第 980 条 知识产权客体

1. 智力活动成果：科学、文学和艺术作品；表演、录音和广播组织节目；发明、实用新型和外观设计；育种成果；集成电路布图；生产秘密。

2. 民事流转参加者、商品、工作或者服务个性化手段：商业名称；商品商标和服务商标；地理标志。

3. 其他智力活动成果、本法典和其他立法文件规定的民事流转参加者、商品、工作或者服务个性化手段。

《乌克兰共和国民法典》

(2003年1月16日颁布№435-Ⅳ, 2016年6月14日修改№1414-Ⅷ, 共1308条, 并废除了知识产权单行法, 于2004年1月1日生效)

第420条 知识产权客体

属于知识产权客体, 特别是: 文学和艺术作品; 计算机程序; 数据库; 表演; 录音、录像、广播组织节目; 科学发现; 发明、实用新型、外观设计; 集成电路布图设计; 合理化建议; 植物品种、动物品种; 商号、商标 (商品和服务标志); 地理标志; 商业秘密。

《土库曼斯坦共和国民法典》

(1998年7月17日颁布, 2012年12月22日修改, 分为五个部分, 共计1260条)

第1052条 知识产权法的客体

1. 智力活动成果和个性化手段属于知识产权法的客体。

2. 属于智力活动成果的有: 科学、文学和艺术作品; 计算机软件; 数据库; 表演; 录音、视听作品; 有线或者无线广播; 发明; 实用新型; 外观设计; 育种成果; 集成电路布图设计; 生产秘密; 土库曼斯坦法律和国际条约规定的其他智力活动成果。

3. 下列属于法人、产品、完成工作或服务的个性化手段: 商业名称; 商品商标和服务商标; 商品原产地名称; 商业标记; 土库曼斯坦法律规定的其个性化手段。

《哈萨克斯坦民法典》

(1994年12月27日颁布, 2011年、2012年、2013年、2014年、2015年以及2016年修改, 共1124条)

第961条 知识产权的客体

1. 属于知识产权客体的有: (1) 智力创造活动成果; (2) 民事流转参加者、商品、工作或者服务个性化标识。

2. 属于智力创造活动成果的有: (1) 科学、文学和艺术作品; (2) 表演、演出、有线和无线广播组织的广播和节目; (3) 发明、实用新型、外观设计；(4) 育种成果；(5) 集成电路布图设计；(6) 未披露信息，包括生产秘密；(7) 本法典或者其他法律文件规定的其他智力创造活动成果。

3. 属于民事流转参加者、商品、工作或者服务个性化标识的有：(1) 商号；(2) 商品商标（服务商标）；(3) 商品产地名称（注明原产地）；(4) 本法典和其他法律文件规定的民事流转参加者、商品、工作或者服务的个性化标识。

《吉尔吉斯斯坦共和国民法典》

（共1208条，1996年3月8日颁布№16，2016年7月23日修改）

第1037条　知识产权的客体

属于知识产权客体的有：

1. 智力活动成果；科学、文学和艺术作品；表演、广播组织节目；计算机软件和数据库；集成电路布图设计；发明、实用新型、外观设计；育种成果；未披露信息（商业秘密），包括生产秘密。

2. 民事流转参加者、商品、工作和服务的个性化标识；商号；商品商标（服务商标）；商品原产地名称。

3. 本法典或者其他法律规定的情况下，其他智力活动成果和民事流转参加者、商品、工作和服务的个性化标识。

《乌兹别克斯坦共和国民法典》

（1995年12月21日颁布第一部分№163-Ⅰ，1997年3月1日生效，1996年№257-Ⅰ、2015年8月2日修改，共1199条）

第1031条　知识产权客体

属于知识产权客体的有：

1. 智力活动成果：科学、文学和艺术作品；表演、录音制品、有线和无线广播组织节目；计算机软件和数据库；发明、实用新型、外观设计；育种成果；未披露信息，包括生产秘密。

2. 民事流转参加者、商品、工作和服务个性化标识：商号；商品商标（服务商标）；商品原产地名称。

3. 其他智力活动成果和本法典或者其他法律有规定时，民事流转参加者、商品、工作和服务个性化标识。

《塔吉克斯坦共和国民法典》

（1999年6月30日颁布第一部分，2016年7月23日修改，共1234条）

第1126条　知识产权法的客体

1. 智力创造活动成果：科学、艺术和文学作品，包括计算机程序、电脑和数据库；表演、录音、无线或者有线广播；发明、实用新型、外观设计；育种成果；集成电路布图设计；构成服务或者商业的秘密信息。

2. 民事流转参加者、商品、工作或者服务的个性化手段：商号；商品商标和服务商标；商品生产地名称和产地指示。

3. 其他智力活动成果和根据法律和塔吉克斯坦共和国承认的国际法律规范性文件保护的个性化手段。

第三条　【知识产权的法定原则】

知识产权的种类和内容，由法律规定。

▌条文说明

本条是对知识产权权利法定原则的规定。知识产权权利法定原则，是指知识产权的种类和内容只能由法律规定，不得由民事主体依约定随意创设或由法院根据法律解释创设。知识产权权利法定，有两层含义，一是知识产权由法律规定，当事人不能自由创设；二是违背知识产权法定原则所创设的"知识产权"没有知识产权的法律效力。除了和物权法定原则相同的理由之外，知识产权法定原则的理由还在于其权利的性质，即尽管知识产权同为民事权利，但它是不同于物权的民事权利，知识产权在一定程度上是人为的产物，具有很强的"人造"性和法定特征，具有更强的工具性，并非如所有权那样的纯粹的自然权利。知识产权的"人造性"和法定特征意味着知识产权蕴含着公共利益，而不仅是私人利益，知识产权法律的制定和解释适用均要考虑公共利益的维护，而不纯粹是私人利益的保护。

现有法规定

《物权法》

第五条 物权的种类和内容,由法律规定。

> **第四条 【公共利益原则】**
>
> 知识产权的产生、变动和行使不得违背公共健康等社会公共利益。

条文说明

本条是关于知识产权与公共利益关系的基本原则的规定。如第一条立法说明所言,知识产权具有强烈的人为性和目的性,应该促进社会主义文化、科学、技术进步和经济社会发展的社会公共利益。不仅如此,当知识产权的产生、变动和行使与公共健康、言论自由等社会公共利益发生冲突时,知识产权不得产生、变动和行使,这不仅是知识产权存在目的的当然要求,也为现行法的相关规定所支持。

现有法规定

《专利法》

第五条第一款

对违反法律、社会公德或者妨害公共利益的发明创造,不授予专利权。

《著作权法》

第四条 著作权人行使著作权,不得违反宪法和法律,不得损害公共利益。国家对作品的出版、传播依法进行监督管理。

立法例借鉴

TRIPS

第八条 原则

1. 成员可在其国内法律及条例的制定或修订中,采取必要措施以保护公众的健康与发展，以增加对其社会经济与技术发展至关紧要之领域中的公益，只要该措施与本协议的规定一致。

> **第五条　【知识产权和所有权的关系】**
> 知识产权与知识载体的所有权彼此独立，互不影响。除法律另有规定或当事人另有约定外，知识载体所有权发生任何变动，均不引起相应知识产权的变动。

条文说明

尽管知识产权客体——知识的无体特征导致它在很大程度上需要依赖于载体才能展示自己，但知识的权利与知识载体的所有权是无关的，前者是知识产权，后者是物权。除了在特定情况下，由于两者在使用上的紧密牵连法律会对权利做特殊安排之外，例如，为了充分发挥美术作品等作品原件的所有权的作用，法律特别规定作品原件的展览权由原件所有人享有，但作为一般原则，知识产权独立于物的所有权，不因物的所有权的转移而转移。

现有法规定

《著作权法》

第十八条　美术等作品原件所有权的转移，不视为作品著作权的转移，但美术作品原件的展览权由原件所有人享有。

立法例借鉴

《独联体国家知识产权示范法典》

（独联体国家间议会2010年4月7日第34次全体会议通过）

第五条　知识产权与所有权的相互关系

1. 知识产权与物上所有权互相独立。

2. 知识产权客体权利的转让物上所有权的转让。

3. 物上所有权的转让不意味着知识产权客体权利的转让。

4. 体现知识产权客体的物质载体所有人或者其他持有人应当保护知识产权主体的权利。

《俄罗斯联邦民法典》

第1227条　智力权利与所有权

1. 智力权利与表现相应智力活动成果或个别化手段的物质载体（物）的所有权无关。

2. 物之所有权的转让不引起该物所表现之智力活动成果或个别化手段智力权利的转让或提供，但本法典第1291条第2款规定的情形除外。

第六条　【知识产权的时间性】

知识产权在法律规定的期限内有效。

条文说明

本条是知识产权时间性的规定。时间性是知识产权的重要特征，是知识产权区别于同为绝对财产权的物权的特征，有必要明确宣示。

现有法规定

《著作权法》

第二十一条　公民的作品，其发表权、本法第十条第一款第（五）项至第（十七）项规定的权利的保护期为作者终生及其死亡后五十年，截止于作者死亡后第五十年的12月31日；如果是合作作品，截止于最后死亡的作者死亡后第五十年的12月31日。

法人或者其他组织的作品、著作权（署名权除外）由法人或者其他组织享有的职务作品，其发表权、本法第十条第一款第（五）项至第（十七）项规定的权利的保护期为五十年，截止于作品首次发表后第五十年的12月31日，但作品自创作完成后五十年内未发表的，本法不再保护。

电影作品和以类似摄制电影的方法创作的作品、摄影作品,其发表权、本法第十条第一款第(五)项至第(十七)项规定的权利的保护期为五十年,截止于作品首次发表后第五十年的12月31日,但作品自创作完成后五十年内未发表的,本法不再保护。

《专利法》

第四十二条　发明专利权的期限为二十年,实用新型专利权和外观设计专利权的期限为十年,均自申请日起计算。

《商标法》

第三十九条　注册商标的有效期为十年,自核准注册之日起计算。

立法例借鉴

《俄罗斯联邦民法典》

第1230条　专属权的有效期

1. 除本法典规定的情形外,智力活动成果或个别化手段专属权在规定期限内有效。

2. 智力活动成果或个别化手段专属权有效期的长短、有效期的计算和延长的根据和办法,以及有效期届满之前专属权的根据和程序,由本法典规定。

第七条　【知识产权的地域性】

1. 根据中国参加的国际条约和本法规定产生的知识产权在中国境内有效。

2. 对于中国参加的国际条约承认的知识产权,权利的内容、权利的限制、行使与保护的程序由本法和相关法律规定,不论知识产权发生国的法律作何规定,但相关国际条约或本法或相关法律有不同规定的除外。

条文说明

本条是关于知识产权地域性的规定。尽管知识产权国际保护规则的统一和实施大大地弱化了知识产权的地域性,但地域性仍然是知识产权的重要特征之一,也是相关知识产权国际公约的重要原则,强调知识产权的地域性仍然是必要的。

现有法规定

《专利法》

第十八条 在中国没有经常居所或者营业所的外国人、外国企业或者外国其他组织在中国申请专利的,依照其所属国同中国签订的协议或者共同参加的国际条约,或者依照互惠原则,根据本法办理。

《商标法》

第十七条 外国人或者外国企业在中国申请商标注册的,应当按其所属国和中华人民共和国签订的协议或者共同参加的国际条约办理,或者按对等原则办理。

《著作权法》

第二条 中国公民、法人或者其他组织的作品,不论是否发表,依照本法享有著作权。

外国人、无国籍人的作品根据其作者所属国或者经常居住地国同中国签订的协议或者共同参加的国际条约享有的著作权,受本法保护。

外国人、无国籍人的作品首先在中国境内出版的,依照本法享有著作权。

未与中国签订协议或者共同参加国际条约的国家的作者以及无国籍人的作品首次在中国参加的国际条约的成员国出版的,或者在成员国和非成员国同时出版的,受本法保护。

立法例借鉴

《俄罗斯联邦民法典》

第1231条 专属权和其他智力权利在俄罗斯联邦境内的效力

1. 俄罗斯联邦签署的国际条约和本法典规定的智力活动成果或个别化手段的专属权,在俄罗斯联邦境内有效。

不属于专属权的人身非财产权,依照本法典第2条第1款第4项的规定在俄罗斯联邦境内有效。

2. 在依照俄罗斯联邦签署的国际条约承认智力活动成果或个别化手段专属权的情况下,权利的内容、对权利的限制、行使与保护的程序由本法典规定,而不论专属权发生国的法律作何规定,但相关国际条约或本法典有不同规定的除外。

第二章 知识产权的内容、归属与限制

第一节 知识产权的内容

> **第八条** 【知识产权的内容】
> 知识产权人享有法律规定的使用、收益和处分的权利。
> 其他人利用受保护的知识产权必须经知识产权人许可，法律另有规定的除外。

▎条文说明

本条是对知识产权的内容的总体规定，知识产权是权利主体对某项特定知识在同一法域享有法律规定的合法垄断性权利。当前有些观点机械照抄物权四权能的观点，不恰当地将占有也作为知识产权的权能。

知识产权的权能类似于所有权，但又存在重大差异。因为物的使用方式，由物的自然属性决定，例如，物的使用权的具体形态由物的物理特征决定，因此，理论上物权法只需确认所有权人的使用权即可。知识不仅没有直观的物理存在，也不可能被排他性占有，知识产权法也并不将特定知识的所有使用形态均置于其效力之下，而只是根据技术、经济、社会的发展而依环境确定。因此，知识产权的内容体现出较强的法定特征。

和所有权类似的是，知识产权权利人有权将其权利的全部或者部分转让给他人，有权许可他人使用其知识产权，有权以不违背法律的方式处分其知识产权。

> **第九条　【著作权的内容】**
>
> 著作权是基于作品产生的权利,包括著作人身权和著作财产权。
>
> 对著作权的保护不延及思想,只延及思想的表达。
>
> 著作权人可以全部或者部分转让著作财产权。

条文说明

本条是有关作者享有的著作权内容的一般性规定。

著作权是指基于文学、艺术和科学领域的作品这一特定知识所依法产生的权利。没有作品就没有著作权。著作权在学术上有狭义与广义之分,这里与现行著作权法相协调,对应为狭义的基于创作作品而产生的作者权。

《著作权法》意义上的作品,须具备以下三个基本特征:(1)作品是思想、情感的表达,不是思想、情感本身;(2)作品应当具有独创性;(3)该表达属于文学、艺术和科学范畴。[①] 著作权的效力并不排除他人独立完成的与之相近似甚至相同的作品。《最高人民法院关于审理著作权民事纠纷适用法律若干问题的解释》(2002年)第15条规定,由不同作者就同一题材创作的作品,只要作品是分别独立完成并且有独创性的,就认定作者各自享有独立的著作权。

著作人身权是作者基于作品依法享有的以人身利益为内容的权利,所指向的是与作者身份有关的一些内容,如作者资格、把作品公开披露、在作品上如何表示姓名、可否对作品修改以及不得破坏作品的完整性等,是作者所具有的不具有财产性质的实际利益。这些权利既不反应作品的精神,也不涉及作者本人的精神。这与民事权利中的其他人身权之间具有重大差异。两者各自赖以发生的法律事实构成不同。民事权利中的其他人身权多以民事主体自身的生命存续为前提,每个人无差别地享有。而著作人身权是以创作出作品为法律事实。作品一旦被创作出来并加以公开,事实上便不再依附作者而

[①] 刘春田主编:《知识产权法(第五版)》,高等教育出版社2015年,第55—58页。

独立存在，也不再局限于作者的支配，因此也不因创作者的生命而完结，故而有些著作人身权保护期限不受限制。

著作财产权是著作权制度的重要起源与重要内容。对作品的传播利用方式的控制，可以分别为作者与传播人带来经济上的利益。本条所说的著作财产权，是指作者（包括职务作品等情形）基于对作品的利用而取得的财产收益权，体现了作者与作品的使用人之间的以对作品的一定利用方式为标的的商品关系。

本条第2款中明确著作权法上一个极富特色的裁判规则——"思想/表达二分法"。该裁判规则的形成与发展源于国外判例，并最先成文于美国1976年的著作权法，其第102条第（b）项规定："对独创性作品的著作权保护无论如何并不及于思想、程序、步骤、系统、使用方法、概念、原则和发现，不论其以何种形式在作品中描述、说明、展示或体现。"在美国等发达国家的立法示范及学说继受的影响下，世界各国的著作权立法（包括一些国际条约）均吸纳了这一规则。中国现行著作权法虽未作与之相应的明确规定，但不少法院却直接依此来断案。如在张某军诉王某京、世纪星公司案中，二审人民法院认为："作品包括思想与表达，由于人的思维和创造力是无法限定的，因此著作权不延及思想，只延及思想的表达。在著作权法的保护范围中，不包括思想、方法、步骤、概念、原则或发现，无论上述内容以何种形式被描述、展示或体现。由此可见，著作权法不保护创意或构思，著作权人不能阻止他人使用其作品中所反映出的思想或信息。"[①]

在本条文中，（1）没有规定"著作权人可以许可他人行使著作财产权，并依照约定或者法律有关规定获得报酬"，是考虑到前文中知识产权内容的总体规定中已经明确，而且避免与本编知识产权行使部分重复，因此这里仅指出著作权人可以全部或者部分转让著作财产权。（2）没有具体明确"著作人身权包括署名权、发表权、修改权与保护作品完整权。著作财产权包括复制权、发行权、出租权、展览权、表演权、播放权、信息网络传播权、改编

---

① "被误读的'思想/表达二分法'"，http://article.chinalawinfo.com/ArticleHtml/Article_74685.shtml，2017年8月24日访问。

权、翻译权,以及应当由著作权人享有的其他权利",是考虑到《著作权法》第 10 条已经有具体的规定,就没有必要重复,而且在将来可能发生的具体著作权内容变动的情况时,如追续权的问题,也可以保持本编内容的稳定性。

(3) 法律有关规定不限于知识产权法,也包括信托等法律规定。

现有法规定

《著作权法》

第十条 著作权包括下列人身权和财产权:

(一) 发表权,即决定作品是否公之于众的权利;

(二) 署名权,即表明作者身份,在作品上署名的权利;

(三) 修改权,即修改或者授权他人修改作品的权利;

(四) 保护作品完整权,即保护作品不受歪曲、篡改的权利;

(五) 复制权,即以印刷、复印、拓印、录音、录像、翻录、翻拍等方式将作品制作一份或者多份的权利;

(六) 发行权,即以出售或者赠与方式向公众提供作品的原件或者复制件的权利;

(七) 出租权,即有偿许可他人临时使用电影作品和以类似摄制电影的方法创作的作品、计算机软件的权利,计算机软件不是出租的主要标的的除外;

(八) 展览权,即公开陈列美术作品、摄影作品的原件或者复制件的权利;

(九) 表演权,即公开表演作品,以及用各种手段公开播送作品的表演的权利;

(十) 放映权,即通过放映机、幻灯机等技术设备公开再现美术、摄影、电影和以类似摄制电影的方法创作的作品等的权利;

(十一) 广播权,即以无线方式公开广播或者传播作品,以有线传播或者转播的方式向公众传播广播的作品,以及通过扩音器或者其他传送符号、声音、图像的类似工具向公众传播广播的作品的权利;

（十二）信息网络传播权，即以有线或者无线方式向公众提供作品，使公众可以在其个人选定的时间和地点获得作品的权利；

（十三）摄制权，即以摄制电影或者以类似摄制电影的方法将作品固定在载体上的权利；

（十四）改编权，即改变作品，创作出具有独创性的新作品的权利；

（十五）翻译权，即将作品从一种语言文字转换成另一种语言文字的权利；

（十六）汇编权，即将作品或者作品的片段通过选择或者编排，汇集成新作品的权利；

（十七）应当由著作权人享有的其他权利。

著作权人可以许可他人行使前款第（五）项至第（十七）项规定的权利，并依照约定或者本法有关规定获得报酬。

著作权人可以全部或者部分转让本条第一款第（五）项至第（十七）项规定的权利，并依照约定或者本法有关规定获得报酬。

> **第十条　【著作邻接权的内容】**
>
> 作品传播者对其传播作品过程中所作出的创造性劳动和投资依法享有人身权与财产权。

条文说明

本条是关于相关权的一般性规定。

相关权是指作品传播者对其传播作品过程中所作出的创造性劳动和投资所享有的权利。相关权是在传播作品中产生的权利。在学界亦称为邻接权、传播者权等，与著作权法所称的"与著作权有关的权益"同义。作品创作出来后，需在公众中传播，传播者在传播作品中有创造性劳动或者投入，亦应受到法律保护。与著作权有关权益的产生不是最初就有的，它是随着著作权作品的传播技术有了新的发展而引出的新的经济关系后而产生的。因为传播者在传播作品的过程中付出了大量投资与劳动，他人如果对这些传播结果免费使用，是不公平的，也会打击传播者的积极性。因此，著作权法专门规定了与著作权有关的权益保护制度。《罗马公约》把相关权的内容界定为表演者权、录音制品制作者权、广播组织权。

相关权属于广义著作权的组成部分，同狭义著作权有着非常紧密的联系。没有作品，就谈不上作品的传播。一般情况下，两者都与作品有关系，两者具有某些相同的特征，如可分地域取得和行使；有关著作权的一些规定也适用于相关权保护，如合理使用、权利质押。但相关权也有其相对独立性。

本条文中，（1）没有具体明确相关权的内容，是考虑到著作权法已经有具体的规定，就没有必要重复，而且在将来可能发生的具体相关权内容变动的情况时，可以保持本编内容的稳定性。（2）相关权中具有人身权内容的主要是指表演者权。表演者对自己的表演除了拥有财产权利外，还有权保护自己的某些人格利益不受损害。

立法例借鉴

TRIPS

第十四条　对表演者、唱片（录音作品）制作者和广播组织的保护

1. 就将表演录制在唱片上而言，表演者应有权阻止下列未经其授权的行为：录制其未录制过的表演和翻录这些录制品。表演者还应有权阻止下列未经其授权的行为：将其现场表演向大众进行无线广播和传播。

2. 唱片制作者应享有准许或禁止直接或间接翻录其唱片的权利。

3. 广播组织应有权禁止下列未经其授权的行为：录制其广播、复制其录制品及通过无线广播方式转播其广播，以及将同样的电视广播向公众再转播。如果有成员未授予广播组织这种权利，则应在符合《伯尔尼公约》（1971年）规定的前提下，赋予广播内容的版权所有人以阻止上述行为的权利。

4. 第11条关于计算机程序的规定基本上应适用于唱片制作者和国内法规定的任何其他对唱片享有权利者。如果在1994年4月15日，一成员在唱片的出租方面已在实施向权利持有人公平付酬的制度，则可以保留这一制度，只要对唱片的商业性出租对权利持有人的专有复制权没有导致实质性的损害。

5. 本协定下给予表演者和唱片制作者的保护期限，应自该录制或表演发生的那一公历年年底起，至少持续到第 50 年年末。根据第 3 款所给予的保护期限，应自广播发生的那一公历年年底起，至少持续 20 年。

6. 任何成员可对第 1 款、第 2 款和第 3 款给予的权利在《罗马公约》允许的限度内规定条件、限制、例外和保留。但是，《伯尔尼公约》（1971 年）第 18 条的规定也应基本上适用于表演者和唱片制作者就唱片享有的权利。

> **第十一条 【专利权的内容】**
> 专利权是基于发明、实用新型和外观设计依法产生的权利。
> 同样的发明创造只能授予一项专利权。
> 专利权人有权自己实施或者许可他人实施其专利技术，有权处分其专利权，有权禁止他人未经其同意实施其专利技术，法律另有规定的除外。

条文说明

本条是关于专利权内容的一般性规定。

在专利法律关系中，专利权的内容无论对于专利权人还是对于其他相关主体来说，都是最为关心的问题。专利权有关权能及其具体表现以及行使方式在许多方面也与所有权不同。各国专利法从正面或者负面的不同方式表述了专利权的内容。

从我国专利法的立法技术上看，是采取负面的表述方式将专利权人有权禁止他人擅自实施专利技术加以规定。我国物权法是从正面确认所有人享有占有、使用、收益和处分的权利。这一方面的区别表面上反映为立法技术上的差异，但这却是两种权利在构成上的差异所致。从知识产权编的性质与作用来说，本条还是采取了正面表述的立法技术。

专利权是一种纯粹的财产权，其中不包含任何人身利益，而行使专利权行为所带来的利益仅限于财产利益。《专利法》第 17 条所规定的有关发明人在专利文件上署名的权利，仅是发明人的权利，而非专利权人的权利，不属于专利权的范畴。

同样的发明创造只能授予一项专利权。两个或两个以上发明人就同一内容分别提出专利申请时，专利权将授予最先提出专利申请的人。世界上大多数国家都实行这一原则。

专利权的效力可以概括为对"实施"行为的控制能力。专利法的实施在内容上十分丰富。原则上，专利法的实施包括对专利产品的制造、使用、销售、进口以及未销售的目的的展示、出租、占有、派送；对于专利方法，包括使用专利方法或者销售、使用、进口用专利方法获得的产品，以及未销售目的的展示、出租、派送、占有用专利方法获得的产品。从商品流通的角度看，专利实施包括了整个流通领域的每一个环节。

所谓法律另有规定的除外，主要是指专利权人并不能完全自主决定自主实施、许可实施其专利、处分专利权或者禁止他人未经其许可的实施等情形。例如，（1）未经许可实施在《专利法》第11条已经明确了"除本法另有规定的以外"的限制条件的行为。（2）自主实施中主要是针对权利人无权自主实施的情形，如武器专利。（3）许可实施的限制，例如，《国防专利条例》第24条第1款规定，国防专利权人许可国外的单位或者个人实施其国防专利的，应当确保国家秘密不被泄露，保证国防和军队建设不受影响，并向国防专利机构提出书面申请，由国防专利机构进行初步审查后依照本条例第三条第二款规定的职责分工，及时报送国务院国防科学技术工业主管部门、总装备部审批。（4）处分专利权的限制，如向国外转让专利权，以及有许可合同存在情形下抛弃专利权的行为等。

现有法规定

《专利法》

第九条第一款 同样的发明创造只能授予一项专利权。但是，同一申请人同日对同样的发明创造既申请实用新型专利又申请发明专利，先获得的实用新型专利权尚未终止，且申请人声明放弃该实用新型专利权的，可以授予发明专利权。

第十条第一款和第二款 专利申请权和专利权可以转让。

中国单位或者个人向外国人、外国企业或者外国其他组织转让专利申请权或者专利权的，应当依照有关法律、行政法规的规定办理手续。

第十一条　发明和实用新型专利权被授予后，除本法另有规定的以外，任何单位或者个人未经专利权人许可，都不得实施其专利，即不得为生产经营目的制造、使用、许诺销售、销售、进口其专利产品，或者使用其专利方法以及使用、许诺销售、销售、进口依照该专利方法直接获得的产品。

外观设计专利权被授予后，任何单位或者个人未经专利权人许可，都不得实施其专利，即不得为生产经营目的制造、许诺销售、销售、进口其外观设计专利产品。

立法例借鉴

TRIPS

第二十八条　授予的权利

1. 专利应赋予其所有人以下专有权：

（1）在一专利的客体是产品时，阻止第三方未经其同意而进行制造、使用、兜售、销售或为这些目的而进口[①]该产品；

注：①本权利，同本协定项下授予的关于使用、销售、进口物品或分销物品的权利一样，应遵守第六条的规定。

（2）在一专利的客体是一项工艺时，阻止第三方未经其同意而使用该工艺，或使用、兜售、销售或为这些目的而进口至少是以此工艺直接获得的产品。

2. 专利所有人还应有权转让或以继承方式转移该专利并签订许可合同。

《德国专利法》（2009年）

第九条　只有专利权人有权实施其受专利保护的发明。任何其他人未经专利权人许可，都不得以下列方式实施其专利：

1. 制造、提供、使用其专利产品，或者将其投放市场，或者为前述目的进口、储存其专利产品；

2. 使用其专利方法，或者第三人知道或者依情势应当知道未经专利权人许可不得使用其专利方法，仍对在本法适用范围内使用该专利方法的行为提供帮助；

3. 提供、使用依照其专利方法直接获得的产品，或者将其投放市场，或者为前述目的进口、储存依照其专利方法直接获得的产品。

> **第十二条　【商标权的内容】**
>
> 商标权是基于注册商标产生的权利。
>
> 商标权人有权在核定使用的商品或服务上使用其注册商标，有权禁止他人未经其许可在其核准使用的相同或者相近的商品或服务上使用与其注册商标相同或者近似的商标可能导致混淆的行为，有权依法处分其商标权。

条文说明

本条是关于注册商标权内容的一般性规定。

商标权是指依法对商标进行支配的权利。[①] 商标主要包括来源识别功能、质量保证功能、表彰功能、广告功能与商誉积累功能。商标可以分为注册商标与未注册商标。注册商标是商标社会经济生活中最为重要的部分。

商标权人对于商标的使用以核准注册的商标和核定使用的商品或者服务为限，无论是一般的注册商标还是驰名注册商标。商标权人禁止他人使用其注册商标的权利范围远大于其使用商标的范围。未经商标权人同意，在商标核定使用的同一种商品或者服务上使用与其相同或者近似的注册商标，或者在商标核定使用的相近的商品或者服务上使用与其相同或者近似的注册商标，可能导致混淆的行为，都属于侵权。

本条中所谓"有权依法处分其商标权"中的"依法"，主要是考虑目前商标的处分在程序上都有特殊规定，如转让商标权需要经过工商行政管理部门的同意。

[①] 王太平：《商标法原理与案例》，北京大学出版社2015年版，第152页。

现有法规定

《商标法》

第五十六条　注册商标的专用权,以核准注册的商标和核定使用的商品为限。

第五十七条　有下列行为之一的,均属侵犯注册商标专用权:

(一)未经商标注册人的许可,在同一种商品上使用与其注册商标相同的商标的;

(二)未经商标注册人的许可,在同一种商品上使用与其注册商标近似的商标,或者在类似商品上使用与其注册商标相同或者近似的商标,容易导致混淆的;

(三)销售侵犯注册商标专用权的商品的;

(四)伪造、擅自制造他人注册商标标识或者销售伪造、擅自制造的注册商标标识的;

(五)未经商标注册人同意,更换其注册商标并将该更换商标的商品又投入市场的;

(六)故意为侵犯他人商标专用权行为提供便利条件,帮助他人实施侵犯商标专用权行为的;

(七)给他人的注册商标专用权造成其他损害的。

立法例借鉴

《巴西知识产权法》

第一百二十九条　申请人通过申请注册获得商标权。当申请人根据本法被核准注册商标权之后,商标注册人被赋予在全国范围内专属使用该商标的权利。

第一百三十九条　商标持有人可以与他们签订许可合同,许可他人使用商标。许可他人使用商标并不影响商标权人监督使用该商标的商品或者服务的质量和品质。

《英国商标法》（2008 年）

第 2 条　注册商标

（1）注册商标是依据本法通过商标注册获得的一种财产权，注册商标的所有人享有本法所提供的权利和救济。

第 10 条　注册商标侵权

（1）如果一个人在贸易过程中使用一个与某注册商标相同的标记，并且其商品或者服务与注册商标所涉及的商品或者服务相同，则此人对该注册商标构成侵权。

（2）一个人侵犯了某注册商标，如果他在贸易过程中使用了一个标记，且

（a）这一标记与该注册商标相同，并且使用的商品服务或者服务与该注册商标的商品或者服务近似，或

（b）这一标记与该注册商标近似，并且使用的商品或者服务与该注册商标的商品或者服务相同或类似，

因而存在引起公众混淆的可能性，包括与该商标相联系的可能性。

《欧共体商标条例》

第 9 条　共同体商标所赋予的权利

1. 共同体商标应赋予商标所有人对该商标的专用权。商标所有人有权阻止所有第三方未经其同意在贸易过程中使用：

（a）与共同体商标相同，使用在与共同体商标所注册的相同商品或服务上的任何标志；

（b）由于与共同体商标相同或近似，同时与共同体商标注册的商品或服务相同成类似的任何标志，其使用可能会在公众中引起混淆；这种可能的混淆包括该标志和该商标之间可能引起的联系；

（c）与共同体商标相同或类似，但使用的商品或服务与共同体商标所保护的商品或服务不相类似的任何标志，如果共同体商标在共同体内享有声誉，但由于无正当理由使用该标志，会给商标的显著特征或声誉造成不当利用或损害的。

2. 根据第 1 款，特别是下列情况，可以予以制止：

（a）在商品或商品包装上缀附该标志；

（b）提供带有该标志的商品，将其投入市场或为此目的持有或用该标志提供服务；

（c）进口或出口带有该标志的商品；

（d）在商业文书或广告上使用该标志。

3. 共同体商标赋予的权利应自该商标注册公布之日起，可以对抗第三方，在共同体商标申请公告之日以后的行为如依注册公告应予查禁，所有人可以要求合理赔偿。受理案件的法院不可以在注册公告之前对案件的是非曲直作出判决。

第十三条　【地理标志权的内容】

地理标志利害关系人依法有权获得地理标志产品保护，有权申请将地理标志申请成为证明商标和集体商标。

地理标志利害关系人有权禁止其他人以任何方式在商品的地理来源上误导公众，以及不正当竞争行为，但已经善意取得注册商标的继续有效。

▎**条文说明**

本条是关于地理标志产品保护内容的一般性规定。地理标志，又称原产地标志（或名称），是指标示某商品来源于某地区，该商品的特定质量、信誉或者其他特征，主要由该地区的自然因素或者人文因素所决定的标志。自然因素和人文因素是影响地理标志的主要因素。其中，自然因素是指原产地的气候、土壤、水质、天然物种等；人文因素是指原产地特有的产品生产工艺、流程、配方等。地理标志的由来及其对经济发展的影响可以追溯到 120 多年前《巴黎公约》对"原产地标记"的保护。1994 年的 IRIPS 第一次明确提出了地理标志的概念，将之与商标、专利和版权等传统知识产权并列，作为一种独立的知识产权予以保护，并要求 WTO 成员方承担充分保护的义务。我国地大物博、资源丰富，除了中药材外，茶叶、丝绸、陶瓷等享誉中外，保护地理标志不仅能够创造巨额的经济效益，更重要的是能够保证地理标志产品声誉的稳定性，进而为地理标志产品的销售提供现实和潜在的竞争力，促进我国产品名牌战略的实现。

《民法总则》第 123 条将地理标志明确为知识产权客体的一种。业界对于地理标志能否构成权利、能否成为一种纯粹的私权存在争论。将地理标志作为一种独特的知识产权加以保护的一个重要原因是为了保护消费者合法权益。在地理标志的保护中，消费者的权利主要体现在知情、对商品地理来源的信赖等方面。

在我国，原来共有三个国家部门对地理标志进行注册、登记和管理。国家工商行政管理总局商标局通过集体商标或证明商标的形式进行法律注册和管理，国家质量监督检验检疫总局和国家农业部以登记的形式对地理标志进行保护和管理。根据 2018 年 3 月颁布的《国务院机构改革方案》，将国家知识产权局的职责、国家工商行政管理总局的商标管理职责、国家质量监督检验检疫总局的原产地地理标志管理职责整合，重新组建国家知识产权局。由重新组建的国家知识产权局负责地理标志的管理。

地理标志可由商品来源地所有的企业、个人共同使用，只要其生产的商品达到了地理标志所代表的产品的品质。权利主体的多元性表明，地理标志权不能完全归属于某一个单一的个体，相反是属于在一定范围内被共有的一种权利。

不同时期国际条约对于地理标志保护的规定重在防止市场上的不正当竞争行为，以确保市场的稳定性以及消费者的合法权益。对于擅自使用或伪造地理标志名称及专用标志的；不符合地理标志产品标准和管理规范要求而使用该地理标志产品的名称的；或者使用与专用标志相近、易产生误解的名称或标识及可能误导消费者的文字或图案标志，使消费者将该产品误认为地理标志保护产品的行为，社会团体、企业和个人可监督、举报。

在商标法的保护中，各国又通常以证明商标和集体商标的形式来达到保护地理标志的目的。商标中有商品的地理标志，而该商品并非来源于该标志所标示的地区，误导公众的，不予注册并禁止使用；但是，已经善意取得注册的继续有效。

立法例借鉴

TRIPS

第二十二条 地理标志的保护

1. 本协定所称"地理标志"是表明某一货物来源于一成员的领土或该领土内的一个地区或地方的标记，而该货物所具有的质量、声誉或其他特性实质上归因于其地理来源。

2. 在地理标志方面，各成员应为有利益关系的各方提供法律手段以阻止：

（a）用任何方式在标示和说明某一货物时指示或暗示该有关货物来源于一个非其真实原产地的地理区域，从而在该货物的地理来源方面误导公众；

（b）任何构成《巴黎公约》（1967年）第十条之二意义下不公平竞争行为的使用。

3. 如果一个商标包含一个货物并非源自所表明领土的地理标志，并且如在该货物的商标中使用这一标记会使公众对其真实的原产地产生误解，则一成员在其立法允许或经有利益关系的一方请求，可依职权拒绝或废止该商标的注册。

4. 根据第1款、第2款和第3款给予的保护应可适用于虽在字面上表明了货物来源的真实领土、地区或地方，但却虚假地向公众表明该货物源于另一领土的地理标志。

第十四条 【商业秘密的保护】

以盗窃、利诱、胁迫或者其他不正当手段获取的商业秘密，披露、使用、允许他人使用以盗窃、利诱、胁迫或者其他不正当手段获取的商业秘密，违反保守商业秘密的约定而披露、使用或者允许他人使用其所掌握的商业秘密的，为侵犯他人商业秘密。

第三人明知或者应知前款侵犯商业秘密行为，获取、使用或者披露他人的商业秘密，视为侵犯商业秘密。

本条所称的商业秘密，是指不为公众所知悉、能为权利人带来经济利益、具有实用性并经权利人采取保密措施的技术信息和经营信息。

条文说明

本条是关于商业秘密保护的一般性规定。

根据反不正当竞争法的规定，商业秘密是指不为公众所知悉、能为权利人带来经济利益，具有实用性并经权利人采取保密措施的技术信息和经营信息，如管理方法、产销策略、客户名单、货源情报等经营信息；生产配方、工艺流程、技术诀窍、设计图纸等技术信息。商业秘密持有人可以通过商业秘密来使自己在竞争中处于更有利的地位，创造更多的利润。而合法持有人以外的他人也有可能以这些信息的使用谋取非法利益，保护商业秘密的意义就是禁止他人从这些信息中取得不正当的经济利益。随着经济的发展，侵害商业秘密的行为逐渐增多，加强商业秘密的保护显得极其重要。《民法总则》第123条将地理标志明确为知识产权客体的一种，《反不正当竞争法》在第10条中也使用了"权利人"一词，但业界对于商业秘密能否构成权利存在争论。

当商业秘密遭到侵犯的时候，权利人有权要求侵害人停止侵害并承担法律责任。

反不正当竞争法不仅规范劳动者工作期间的保守商业秘密行为，而且规范劳动者离职后的保守商业秘密行为。

现有法规定

《反不正当竞争法》

第十条　经营者不得采用下列手段侵犯商业秘密：

（一）以盗窃、利诱、胁迫或者其他不正当手段获取权利人的商业秘密；

（二）披露、使用或者允许他人使用以前项手段获取的权利人的商业秘密；

（三）违反约定或者违反权利人有关保守商业秘密的要求，披露、使用或者允许他人使用其所掌握的商业秘密。

第三人明知或者应知前款所列违法行为，获取、使用或者披露他人的商业秘密，视为侵犯商业秘密。

本条所称的商业秘密,是指不为公众所知悉、能为权利人带来经济利益、具有实用性并经权利人采取保密措施的技术信息和经营信息。

立法例借鉴

TRIPS

第七节 未披露过的信息的保护

第三十九条

1. 在保证按照巴黎公约 1967 年文本第十条之 2 的规定为反不正当竞争提供有效保护的过程中,成员应依照本条第 2 款,保护未披露过的信息;应依照本条第 3 款,保护向政府或政府的代理机构提交的数据。

第十五条 【集成电路布图设计权的内容】

集成电路布图设计权是基于布图设计产生的权利。

对集成电路布图设计的保护,不延及思想、处理过程、操作方法或者数学概念等。

集成电路布图设计权人对其布图设计享有进行复制和商业利用的权利,但无权禁止他人对其集成电路布图设计进行反向工程。

条文说明

本条是关于集成电路布图设计权的一般性规定。

集成电路布图设计是指一种体现了集成电路中各种电子元件的配置方式的图形。关于布图设计的名称各国有所不同。《美国半导体芯片保护法》中称之为"掩模作品";《日本半导体集成电路布局法》中称之为"线路布局";而欧共体及其成员方在其立法中称布图设计为"形象结构";世界知识产权组织在《关于集成电路的知识产权条约》中将其定名为布图设计。因集成电路制造工艺的迅猛发展,集成电路规模已发展到超大规模,其法律保护问题开始受到有关各界的关注,保护集成电路已成为世界的共识。1989 年 5 月,世界知识产权组织通过了《关于集成电路的知识产权条约》。此外,

IRIPS 专节规定了集成电路布图设计问题。我国的集成电路布图设计保护相对较晚。2001 年 3 月 28 日，国务院通过了《集成电路布图设计保护条例》，于 2001 年 10 月 1 日生效。

《集成电路布图设计保护条例》第 3 条使用了"布图设计权"，《民法总则》也在第 123 条明确集成电路布图设计属于知识产权客体之一。

本条中复制权是指重新制作含有该布图设计的集成电路，商业利用权是指为商业目的而利用布图设计或含有布图设计的集成电路的权利。但是布图设计权并不包括精神权利。

▎现有法规定

《集成电路布图设计保护条例》

第五条　本条例对布图设计的保护，不延及思想、处理过程、操作方法或者数学概念等。

第七条　布图设计权利人享有下列专有权：

（一）对受保护的布图设计的全部或者其中任何具有独创性的部分进行复制；

（二）将受保护的布图设计、含有该布图设计的集成电路或者含有该集成电路的物品投入商业利用。

▎立法例借鉴

TRIPS

第三十六条　保护范围

在符合下文第三十七条第 1 款前提下，成员应将未经权利持有人本节中"权利持有人"一语理解为与"集成电路知识产权条约"之"权利的持有者"含义相同。许可而从事的下列活动视为非法：为商业目的进口、销售或以其他方式发行受保护的布图设计；为商业目的进口、销售或以其他方式发行含有受保护布图设计的集成电路；或为商业目的进口、销售或以其他方式发行含有上述集成电路的物品（仅以其持续包含非法复制的布图设计为限）。

> **第十六条　【育种成果权的内容】**
>
> 育种成果权是基于育种成果产生的权利。
>
> 育种成果权人享有法律规定的使用、收益与处分的权利，以及授权品种名称的永久使用权。
>
> 任何单位或者个人未经育种成果权人的许可，不得为商业目的生产或者销售该授权品种的繁殖材料，不得为商业目的将该授权品种的繁殖材料重复使用于生产另一品种的繁殖材料，但法律另有规定的除外。

条文说明

本条是关于植物新品种权内容的一般性规定。

植物新品种是指经过人工培育的或者对发现的野生植物加以开发，具备新颖性、特异性、一致性和稳定性并有适当命名的植物品种。高产优质的植物新品种，即可提高农业、园艺和林业的质量和生产能力，又能降低对环境的压力。植物育种所带来的利益也远远超出了增加粮食产量本身，对于促进国民经济的健康发展和社会稳定具有极为重要的意义。对于植物新品种权的规定，将鼓励更多的组织和个人向植物育种领域投资，从而有利于育成和推广更多的植物新品种，推动我国的种子工程建设，促进农林业生产的不断发展。《中华人民共和国植物新品种保护条例》（以下简称《植物新品种保护条例》）于 1997 年 3 月 20 日公布。1999 年 4 月 23 日我国加入了《国际植物新品种保护公约》。植物新品种保护制度在我国的建立和实施，标志着我国知识产权保护事业进入了一个新的发展阶段，迈上了一个新台阶。

《植物新品种保护条例》定义了"植物新品种权"，《民法总则》也在第 123 条明确植物新品种属于知识产权客体之一。

我国植物新品种保护工作是由原国家林业局和原农业部两个部门（2018 年 3 月改革后合并到自然资源部）来进行的。根据两部门在植物新品种保护工作上的分工，原国家林业局负责林木、竹、木质藤本、木本观赏植物（包括木本花卉）、果树（干果部分）及木本油料、饮料、调料、木本药材等植物新品种保护工作。

除了一般意义上的使用、收益与处分的内涵之外，植物新品种权人对植物新品种的繁殖材料享有排他性的控制权，未经植物新品种权人的同意，任何人都不得以商业目的生产或者销售该新品种的繁殖材料，不得为商业目的将该植物新品种的繁殖材料重复使用于生产另一品种的繁殖材料。而且，不论该植物新品种的保护期是否届满，植物新品种权人都有权要求销售该授权品种的单位或个人使用注册登记的名称。

现有法规定

《植物新品种保护条例》

第六条 完成育种的单位或者个人对其授权品种，享有排他的独占权。任何单位或者个人未经品种权所有人（以下称品种权人）许可，不得为商业目的生产或者销售该授权品种的繁殖材料，不得为商业目的将该授权品种的繁殖材料重复使用于生产另一品种的繁殖材料；但是，本条例另有规定的除外。

第九条第一款 植物新品种的申请权和品种权可以依法转让。

立法例借鉴

《欧盟植物品种条例》（Council Regulation (EC) No 2100/94 of 27 July 1994 on Community Plant Variety Rights）

第十三条 社区植物品种权利和禁止条款

1. 一种社区植物品种权利，应具有社区植物品种权利的持有者或持有人，以下简称"持有人"，有权对第2款中规定的行为实施影响。

2. 在不影响第15条和第16条规定的情况下，以下为受保护品种（以下简称"材料"）的品种或收获材料，须经持有人授权：

（a）生产或复制；

（b）为宣传的目的进行条件作用；

（c）提供出售；

（d）销售或其他营销；

(e) 从社区出口；

(f) 向社会进口；

(g) 包括（a）至（f）所述的任何用途的储存。

持有人可以根据条件和限制作出授权。

第二节　知识产权的归属

> **第十七条　【知识产权自动产生时的归属规则】**
> 因创造、使用等行为形成的知识，知识产权属于行为人，法律另有规定的除外。

▍条文说明

本条是对知识产权自动产生时知识产权归属主体的规定，实际上涉及知识产权原始取得情形下的归属问题，关于继受取得知识产权的归属问题，不在本条规定的范围。

按照《伯尔尼公约》第5条规定，著作权的产生和行使不需要履行任何程序，自作品、表演等完成时即可自动获得法律保护，同时其权利也应归属于创作者、表演者等主体。除了著作权以外，还可能因为当事人实际使用某种商业标记而依法产生特定的权利，如未注册的驰名商标。按照我国《商标法》的规定，尽管未注册的驰名商标不能获得如已注册驰名商标同等强度的保护，但未注册驰名商标使用人依法可对其未注册的驰名商标享有一定的民事权利。当然，在因创造、使用等事实行为产生知识产权时，其权利归属于事实行为的完成人属一般规则。除此之外，在当事人之间具有特定法律关系的情形下，上述事实行为是在他方提供的资源的基础上完成时，基于激励和公平的考虑，立法者可能在法律中明确规定将知识产权归属于他方主体。对于这些情形，应依照具体规定来确定知识产权的归属主体。

现有法规定

《著作权法》

第十一条　著作权属于作者,本法另有规定的除外。

创作作品的公民是作者。

由法人或者其他组织主持,代表法人或者其他组织意志创作,并由法人或者其他组织承担责任的作品,法人或者其他组织视为作者。

如无相反证明,在作品上署名的公民、法人或者其他组织为作者。

第十五条　电影作品和以类似摄制电影的方法创作的作品的著作权由制片者享有,但编剧、导演、摄影、作词、作曲等作者享有署名权,并有权按照与制片者签订的合同获得报酬。

电影作品和以类似摄制电影的方法创作的作品中的剧本、音乐等可以单独使用的作品的作者有权单独行使其著作权。

《商标法》

第十三条　为相关公众所熟知的商标,持有人认为其权利受到侵害时,可以依照本法规定请求驰名商标保护。

就相同或者类似商品申请注册的商标是复制、摹仿或者翻译他人未在中国注册的驰名商标,容易导致混淆的,不予注册并禁止使用。

就不相同或者不相类似商品申请注册的商标是复制、摹仿或者翻译他人已经在中国注册的驰名商标,误导公众,致使该驰名商标注册人的利益可能受到损害的,不予注册并禁止使用。

立法例借鉴

《法国知识产权法典》(2009年)

L.111-1条　智力作品的作者,仅仅基于其创作的事实,就该作品享有独占的及可对抗一切他人的无形财产权。

该权利包括本法典第一卷及第三卷规定的精神和智力方面的权利和财产方面的权利。

除本法典规定的特殊情形外，订有或订立劳务合同或雇佣合同，不影响智力作品的作者享有第一款规定的任何权利。除同样的特殊情形外，智力作品的作者为国家、地方行政部门、具有行政属性的公共部门、具有法人资格的独立行政管理部门或者法兰西银行的公务人员的，他们所享有的前述权利亦不受影响。

公务人员作者的作品，根据其身份或管理其职能的法规，无须上级部门事先审查即可发表的，不适用 L.121-7-1 条以及 L.131-3-1 条至 L.131-3-3 条的规定。

《德国著作权法》（2008 年）

第七条 著作的创作人是著作人。

第十一条 著作权保护著作人与著作之间和利用其著作时的精神及人身关系，同时，因他人利用著作，本法保障著作人得到适当的报酬。

《英国版权法》（1988 年）

第一编 版权

第一章 版权之存续、权属及存续期间

11.（1）在符合下列规定的情形下，作品的作者是该作品所有版权的原始所有人。

《美国版权法》（1998 年）

第二章 版权的所有权与版权转让

第 201 条 （a）原始归属——依本篇受保护之作品的原始版权属于作品的作者。合作作品的作者为作品版权的共同所有人。

《德国商标和其他标志保护法》

第 4 条 商标保护产生于：

1. 一个标志在专利局设立的注册簿上作为商标注册；

2. 通过在商业过程中使用，一个标志在相关商业圈内获得作为商标的第二含义；或者

3. 已成为《巴黎公约》第 6 条之二意义上的驰名商标。

> **第十八条　【须经法定程序取得的知识产权的归属】**
> 须经法定程序产生知识产权的,知识产权属于提起程序或履行程序的申请人。
> 申请知识产权的资格可依法转让。

▎条文说明

本条是关于依法定程序而产生知识产权时知识产权归属主体的规定。由于专利审查程序、商标注册程序、集成电路布图设计的登记程序等有所差异,在理解本条规定时,还需结合相应单行法的规定来确定知识产权的产生时间,并确定其归属主体。

对于专利权、注册商标权、集成电路布图设计权等知识产权,这些权利需要向专利审查机关、商标注册机关等行政机构提出申请,经过审查符合法定条件,并履行特定程序要件才能产生。当这些知识产权产生后,其权利往往就归属于提起申请程序的当事人,即申请人。尽管这些知识产权须经法定程序方可产生,但基于当事人对相应对象的控制,当事人实际上有资格决定是否向相应行政机构提起申请。当事人亦可将该项资格转让于他人,而由受让人决定是否向相应行政机构提起申请。一旦受让人提起申请,审查通过并履行特定程序后,该受让人同样可基于申请人的身份获得相应的知识产权。另外,依照法律规定,当申请人向相应行政机构提起申请且程序尚未结束时,申请人亦可在申请程序过程中将此资格让于他人,审查通过并履行特定程序后,受让人同样可基于申请人的身份获得相应的知识产权。

▎现有法规定

《专利法》

第六条　执行本单位的任务或者主要是利用本单位的物质技术条件所完成的发明创造为职务发明创造。职务发明创造申请专利的权利属于该单位;申请被批准后,该单位为专利权人。

非职务发明创造，申请专利的权利属于发明人或者设计人；申请被批准后，该发明人或者设计人为专利权人。

利用本单位的物质技术条件所完成的发明创造，单位与发明人或者设计人订有合同，对申请专利的权利和专利权的归属作出约定的，从其约定。

第十条　专利申请权和专利权可以转让。

中国单位或者个人向外国人、外国企业或者外国其他组织转让专利申请权或者专利权的，应当依照有关法律、行政法规的规定办理手续。

转让专利申请权或者专利权的，当事人应当订立书面合同，并向国务院专利行政部门登记，由国务院专利行政部门予以公告。专利申请权或者专利权的转让自登记之日起生效。

《商标法》

第四条　自然人、法人或者其他组织在生产经营活动中，对其商品或者服务需要取得商标专用权的，应当向商标局申请商标注册。

本法有关商品商标的规定，适用于服务商标。

《集成电路布图设计保护条例》

第八条　布图设计专有权经国务院知识产权行政部门登记产生。

未经登记的布图设计不受本条例保护。

第九条　布图设计专有权属于布图设计创作者，本条例另有规定的除外。

由法人或者其他组织主持，依据法人或者其他组织的意志而创作，并由法人或者其他组织承担责任的布图设计，该法人或者其他组织是创作者。

由自然人创作的布图设计，该自然人是创作者。

《植物新品种保护条例》

第三条　国务院农业、林业行政部门（以下统称审批机关）按照职责分工共同负责植物新品种权申请的受理和审查并对符合本条例规定的植物新品种授予植物新品种权（以下称品种权）。

第六条　完成育种的单位或者个人对其授权品种，享有排他的独占权。任何单位或者个人未经品种权所有人（以下称品种权人）许可，不得为商业目的生产或者销售该授权品种的繁殖材料，不得为商业目的将该授权品种的繁殖材料重复使用于生产另一品种的繁殖材料；但是，本条例另有规定的除外。

立法例借鉴

《法国知识产权法典》

L. 712-1 条　商标所有权通过注册取得。商标可以共有形式取得。

注册自申请提交之日起 10 年有效并可多次续展。

L. 511-9 条　本篇条款所涵盖的设计或款型的保护，应通过注册取得。注册后，设计人或其权利及义务继承人的相关利益应受到保护。

L. 611-6 条　本条涉及的工业产权证书的获得权属于发明人或其权利承继人。

多数人分别作出同一发明，工业产权证书的获得权属于申请日期被证明最先者。

向国家工业产权局办理申请手续时，申请人应是有资格获得工业产权证书的人。

《德国商标和其他标志保护法》

第 4 条　商标保护产生于

1. 一个标志在专利局设立的注册簿上作为商标注册；

2. 通过在商业过程中使用，一个标志在相关商业圈内获得作为商标的第二含义；或者

3. 已成为《巴黎公约》第 6 条之二意义上的驰名商标。

《德国专利法》

第 6 条　专利权应归属于发明人或其合法继承人。如果两人或更多人共同作出发明，专利权为他们共同所有。如果若干人各自独立作出发明，专利权应属于首先为发明向专利局提出申请的人。

《英国商标法》

2.（1）注册商标是依据本法通过商标注册获得的一种财产权，注册商标的所有人享有本法所提供的权利和救济。

（2）本法不包含对未注册商标侵权作出制止或赔偿的程序规定，但本法并不妨碍有关假冒的法律。

《英国专利法》

第 7 条　任何人都可以单独或与另一人共同提出专利申请。

发明专利可以授予：

（a）主要给发明人或共同发明人；

……

本法中，一项发明的"发明人"指发明的实际创造者，"共同发明人"应据此解释。

除非有相反确定，作出专利申请的人应被视为在以上第 2 款之下有资格被授予专利的人，共同作出此一申请的两人或更多人应被视为有此资格的人。

第十九条　【职务成果知识产权的归属规则】

因自然人履行职务而形成的知识，自然人与其所在单位可以约定知识产权的归属；没有约定的，依照法律规定确定知识产权的归属。

条文说明

本条是关于职务成果的知识产权归属主体的规定。基于民法"意思自治"的价值理念，本条首先鼓励当事人之间通过自行约定来确定职务成果的知识产权的归属。只有在没有约定的情形下，才采用法定的配置规则来确定知识产权的归属主体。

当自然人与法人或非法人组织之间存在劳动关系时，部分作品、技术发明或设计是自然人履行法人或非法人组织的工作任务而完成。在这种情形下，法人、非法人组织往往也会投入各种资源，如资金、设备、原材料、技术。如果一概将此类职务成果的知识产权赋予自然人，在某些情形下可能会影响到法人、非法人组织的正当利益，并对法人、非法人组织投资于此类创造活动的积极性产生负面的激励影响。此外，如果将职务成果的知识产权一概赋予法人或非法人组织，基于双方谈判地位、经济能力上的差异，自然人一般很难再通过后续交易的方式来获得其所预期的知识产权。为了应对现实中自然人与法人或非法人组织之间复杂的博弈状态，法律应提供更加灵活的产权配置规则，而不能过于绝对化。在当事人之间没有就职务成果的知识产权归属进行约定时，基于法律规定的现状以及为未来的法律修订留有空间的考虑，本条规定并没有给出明确的归属规则，而是交由具体知识产权法律规定。

▎现有法规定

《著作权法》

第十六条 公民为完成法人或者其他组织工作任务所创作的作品是职务作品，除本条第二款的规定以外，著作权由作者享有，但法人或者其他组织有权在其业务范围内优先使用。作品完成两年内，未经单位同意，作者不得许可第三人以与单位使用的相同方式使用该作品。

有下列情形之一的职务作品，作者享有署名权，著作权的其他权利由法人或者其他组织享有，法人或者其他组织可以给予作者奖励：

（一）主要是利用法人或者其他组织的物质技术条件创作，并由法人或者其他组织承担责任的工程设计图、产品设计图、地图、计算机软件等职务作品；

（二）法律、行政法规规定或者合同约定著作权由法人或者其他组织享有的职务作品。

《专利法》

第六条 执行本单位的任务或者主要是利用本单位的物质技术条件所完成的发明创造为职务发明创造。职务发明创造申请专利的权利属于该单位；申请被批准后，该单位为专利权人。

非职务发明创造，申请专利的权利属于发明人或者设计人；申请被批准后，该发明人或者设计人为专利权人。

利用本单位的物质技术条件所完成的发明创造，单位与发明人或者设计人订有合同，对申请专利的权利和专利权的归属作出约定的，从其约定。

《集成电路布图设计保护条例》

第九条 布图设计专有权属于布图设计创作者，本条例另有规定的除外。

由法人或者其他组织主持，依据法人或者其他组织的意志而创作，并由法人或者其他组织承担责任的布图设计，该法人或者其他组织是创作者。

由自然人创作的布图设计，该自然人是创作者。

《植物新品种保护条例》

第七条第一款　执行本单位的任务或者主要是利用本单位的物质条件所完成的职务育种，植物新品种的申请权属于该单位；非职务育种，植物新品种的申请权属于完成育种的个人。申请被批准后，品种权属于申请人。

▎立法例借鉴

《法国知识产权法典》

L.113－9条　如无相反的法律规定或约定，由一个或多个雇员在执行职务或按其雇主指示创作的软件及文档的财产权利，属于雇主并由其单独行使。

因执行本条产生的争议，由雇主公司所在地大审法院裁定。

本条第一款的规定亦适用于国家、地方公共机关及行政公共机构的人员。

《英国版权法》

第11条

（2）除非雇佣合同另有规定，当文学、戏剧、音乐、艺术作品，或电影是雇员在雇佣过程中完成的，其雇主是该作品版权的原始所有人。

《英国专利法》

第39条　（1）尽管有任何法规中的任何规定，一项由雇员作出的发明，在他和其雇主之间，为本法的和其他所有的目的，应被认为属于其雇主，如果：

（a）它在雇员的正常任务的过程中作出，或在其正常任务之外的但是特别分派给他的任务的过程中作出，而在任一情形下，情况都是可以合理预期由其任务的完成产生出一项发明；或

（b）发明在雇员的正常任务的过程中作出，并且，在作出该发明的时候，由于其任务的性质和由其任务的性质产生的特定责任，他对增进雇主产业的利益负有特别的义务。

《美国版权法》

第201条　（b）雇佣作品——作品为雇佣作品的，雇主或作品为其创

作的他人，就本篇而言，视为作者，享有版权中的一切权利，但当事方以签署的书面文件作出明确相反规定的除外。

> **第二十条** 【利用本单位物质技术条件所完成成果的知识产权的归属规则】
>
> 自然人利用本单位的物质技术条件所形成的知识，自然人与其所在单位可以约定知识产权的归属；没有约定的，依照法律规定确定知识产权的归属。

条文说明

本条是关于利用本单位的物质技术条件所完成的知识成果的知识产权归属主体的规定。从各国立法的情况来看，并没有统一将其纳入职务发明的范围，鉴于实践中存在大量的这类成果，需要对其知识产权的归属进行专门规定。

对于自然人利用本单位的物质技术条件所完成的知识成果，不应按照主要利用与非主要本单位的物质技术条件来分别确定相应权利的归属，否则将徒增信息成本和审核成本。在非工作任务情形下，发明人往往是基于自身利益或兴趣的推动，而利用本单位的物质技术条件进行技术研发。对于此类知识成果，可以由自然人与其所在单位自行约定此类知识成果的权利归属主体。如果对此问题没有约定的，法律应将此类知识成果的权利优先配置于自然人。理由如下：

第一，从当前我国的就业市场来看，总体来说，职工的谈判能力较弱。如果在双方没有约定的情况下，将知识成果的权利归属于单位，职工因其谈判能力较弱，往往不会或很难主动就"利用本单位的物质技术条件所完成的知识成果的权利归属问题"与单位进行协商，从而导致知识成果的权利就直接归属于单位。这样的结果就导致"鼓励自然人与其单位之间对利用本单位的物质技术条件所完成的知识成果的权利归属进行约定"的条款落空。

第二，可能对自然人的创造活动产生负面的激励效果。如果将没有约定权利归属的该类知识成果一概赋权于单位，考虑到外部环境的约束，该种归属模式会对自然人的此类创造活动产生一定程度上的抑制作用。

第三，该种归属模式还会诱发自然人的道德风险行为。由于职工谈判能力较弱，在没有约定的情形下，此类发明的权利归属一概归于单位，实际上意味着职工与此类发明创造之间没有了直接的利益关联。从经济学的角度来说，此种情形下职工的创造活动就具有了收益外部化的特点，很大可能引发职工的道德风险行为。换句话说，即使职工仍然从事此种发明创造活动，但职工可能不会关注知识成果的质量以及未来的市场前景。基于道德风险行为的存在，职工最终完成的知识成果的质量也会大打折扣，并影响到知识成果的后续商业开发和运用。

现有法规定

《专利法》

第六条　执行本单位的任务或者主要是利用本单位的物质技术条件所完成的发明创造为职务发明创造。职务发明创造申请专利的权利属于该单位；申请被批准后，该单位为专利权人。

非职务发明创造，申请专利的权利属于发明人或者设计人；申请被批准后，该发明人或者设计人为专利权人。

利用本单位的物质技术条件所完成的发明创造，单位与发明人或者设计人订有合同，对申请专利的权利和专利权的归属作出约定的，从其约定。

《集成电路布图设计保护条例》

第九条　布图设计专有权属于布图设计创作者，本条例另有规定的除外。

由法人或者其他组织主持，依据法人或者其他组织的意志而创作，并由法人或者其他组织承担责任的布图设计，该法人或者其他组织是创作者。

由自然人创作的布图设计，该自然人是创作者。

《植物新品种保护条例》

第七条第一款　执行本单位的任务或者主要是利用本单位的物质条件所完成的职务育种，植物新品种的申请权属于该单位；非职务育种，植物新品种的申请权属于完成育种的个人。申请被批准后，品种权属于申请人。

> **第二十一条　【定作成果知识产权的归属】**
> 因履行定作合同而形成的知识，定作人可与承揽人约定知识产权的归属；没有约定的，知识产权属于承揽人。

条文说明

本条是关于定作成果知识产权归属主体的规定。本条明确了定作人与承揽人之间的合同性质，当合同约定不明确时，可参照承揽合同的相应规定进行适当的解释。

在《著作权法》第 17 条与《专利法》第 8 条规定中，是把此类合同定性为委托合同，学界也通常把相应产生的成果称为"委托作品"或"委托发明"。严格说来，此种定性并不恰当。按照合同法相应规定，委托合同是委托人和受托人约定，由受托人处理委托人事务的合同；承揽合同是承揽人按照定作人的要求完成工作，交付工作成果，定作人给付报酬的合同。相比较而言，上述合同应更近于承揽合同。按照《合同法》的规定，承揽包括了加工、定作、修理等情形。而从此类合同的内容来看，可具体定性为定作合同，而相应产生的知识成果可称为"定作成果"，或者分别称为"定作作品""定作发明"等。在市场当中，定作人可与承揽人签订合同，由承揽人来完成相应的知识成果。基于意思自治，可由定作人与承揽人自行约定相应成果的知识产权的归属主体。如果在定作合同中没有约定知识产权的归属主体，基于现行知识产权法的规定，应由承揽人来享有定作成果的知识产权。当然，基于为未来的法律修订留有空间，亦可不明确规定无约定时定作成果的归属主体。

现有法规定

《著作权法》

第十七条　受委托创作的作品，著作权的归属由委托人和受托人通过合同约定。合同未作明确约定或者没有订立合同的，著作权属于受托人。

《专利法》

第八条　两个以上单位或者个人合作完成的发明创造、一个单位或个人接受其他单位或者个人委托所完成的发明创造，除另有协议的以外，申请专利的权利属于完成或者共同完成的单位或者个人；申请被批准后，申请的单位或者个人为专利权人。

《集成电路布图设计保护条例》

第十一条　受委托创作的布图设计，其专有权的归属由委托人和受托人双方约定；未作约定或者约定不明的，其专有权由受托人享有。

《植物新品种保护条例》

第七条第二款　委托育种或者合作育种，品种权的归属由当事人在合同中约定；没有合同约定的，品种权属于受委托完成或者共同完成育种的单位或者个人。

立法例借鉴

《美国版权法》

第 201 条　（b）雇佣作品——作品为雇佣作品的，雇主或作品为其创作的他人，就本篇而言，视为作者，享有版权中的一切权利，但当事方以签署的书面文件作出明确相反规定的除外。

第二十二条　【合作成果知识产权的归属主体】

基于合作而形成的知识，知识产权属于合作者共有，法律另有规定的除外。

合作者的范围及其条件依据法律确定。

条文说明

本条是关于合作成果的知识产权的归属主体的规定。在适用本条时，需要根据具体情形明确知识产权共有的类型。对此问题，可参照"知识产权的行使"中有关知识产权共有情形下的行使规则加以理解。

随着作品创作与技术研发的复杂化和专业化，许多知识成果往往需要集合众多合作者的知识、技能、天赋、资金、设备等要素才能顺利完成。而对于这些通过合作而产生的知识成果的知识产权，一般应由这些合作者共有。但是，一方面，为了保证投资者的利益和降低权利的行使成本，立法者也可能将合作成果的知识产权明确规定为非合作者享有，例如，《著作权法》就将电影作品和以类似摄制电影的方法创作的作品的著作权规定为由制片者享有；另一方面，在《著作权法》《专利法》《集成电路布图设计保护条例》《植物新品种保护条例》中，有关合作成果知识产权的归属规则也不尽一致。所以，基于逻辑上的周延，需要加上"法律另有规定的除外"这一表述。另外，由于合作者具有很大可能成为相应知识产权的主体，对当事人利益影响较大，法律须在尊重事实和公平考量的基础上，对合作者的条件及其范围进行具体而明确的规定。

▎现有法规定

《著作权法》

第十三条　两人以上合作创作的作品，著作权由合作作者共同享有。没有参加创作的人，不能成为合作作者。

合作作品可以分割使用的，作者对各自创作的部分可以单独享有著作权，但行使著作权时不得侵犯合作作品整体的著作权。

《专利法》

第八条　两个以上单位或者个人合作完成的发明创造、一个单位或者个人接受其他单位或者个人委托所完成的发明创造，除另有协议的以外，申请专利的权利属于完成或者共同完成的单位或者个人；申请被批准后，申请的单位或者个人为专利权人。

《专利法实施细则》

第十三条　专利法所称发明人或者设计人，是指对发明创造的实质性特点作出创造性贡献的人。在完成发明创造过程中，只负责组织工作的人、为物质技术条件的利用提供方便的人或者从事其他辅助工作的人，不是发明人或者设计人。

《集成电路布图设计保护条例》

第十条 两个以上自然人、法人或者其他组织合作创作的布图设计，其专有权的归属由合作者约定；未作约定或者约定不明的，其专有权由合作者共同享有。

《植物新品种保护条例》

第七条第二款 委托育种或者合作育种，品种权的归属由当事人在合同中约定；没有合同约定的，品种权属于受委托完成或者共同完成育种的单位或者个人。

立法例借鉴

《法国知识产权法典》

L.113-3条 合作作品为合作作者的共同财产。

合作作者应协商行使其权利。

协商不成的，由民事法院判决执行。

合作作者的参与属不同种类的，再无相反约定时，只要不妨碍共同作品的使用，任一合作作者均可分别使用其个人贡献部分。

《德国著作权法》

第8条 数人共同创作一部著作并不可能单独使用各自的创作部分的，即这部著作的共同著作人。

发表、使用著作的权利归共同著作人共有；只有经共同著作人同意才可改动著作。一名共同著作人不可因违背诚实信用原则拒绝发表、使用和改动著作。对于侵害共同著作权的行为，任何共同著作人均有权主张权利；但是只能为全体共同著作人主张给付要求。

共同著作人之间无其他约定的，利用著作获得的收入按照各人参加创作的情况分配。

一名共同著作人得放弃其使用权份额，并应当就此向其他共同著作人声明。声明后放弃的份额归其他共同著作人所有。

《德国专利法》

第6条 专利权应归属于发明人或其合法继承人。如果两人或更多人共同作出发明，专利权为他们共同所有。如果若干人各自独立作出发明，专利权应属于首先为发明向专利局提出申请的人。

《英国版权法》

第10条（1）本编中"合作作品"是指由两个或以上的作者合作完成的，且各个作者对作品的贡献不易于区分。

（1A）电影应被视为合作作品，除非该制作者与总导演是同一人。

（2）只要不止一人参与了广播的制作，则该广播应被视为合作作品。

（3）本章所涉及的作品的作者，在合作作品的情况下，除非另有规定，应认为是指该作品的全部作者。

11.（1）在符合下列规定的情形下，作品的作者是该作品所有版权的原始所有人。

《英国专利法》

第7条　任何人都可以单独或与另一人共同提出专利申请。

发明专利可以授予：

（a）主要给发明人或共同发明人；

……

本法中，一项发明的"发明人"指发明的实际创造者，"共同发明人"应据此解释。

除非有相反确定，作出专利申请的人应被视为在以上第2款之下有资格被授予专利的人，共同作出此一申请的两人或更多人应被视为有此资格的人。

《美国版权法》

第201条　（a）原始归属——依本篇受保护之作品的原始版权属于作品的作者。合作作品的作者为作品版权的共同所有人。

第二十三条　【创造者的资格不受知识产权归属、变动影响的规则】

作者、发明人、设计人的资格不受知识产权归属、变动的影响。

条文说明

本条是关于作者、发明人、设计人基于创作、发明、设计等事实行为而拥有的资格独立于知识产权归属、变动的规则。依据现行知识产权法,作者、发明人、设计人拥有的资格内容并不一致,还需结合相应法律的具体规定加以理解。

从实际情形来看,如作品、技术发明、外观设计等知识往往是由自然人加以完成。当存在劳动关系、定作合同时,这些知识的知识产权可能会归属于雇主或定作人,或者通过事后的交易、继承等法律事实而由他人享有这些知识的权利。从历史文化传承的角度来说,应保留有关作者、发明人、设计人与相应作品、技术发明、外观设计之间的关系事实,让他人能够知晓特定作品、技术发明、外观设计的真正作者、发明人或者设计人的身份。此问题不仅关涉到作者、发明人、设计人的身份利益,同时也涉及公共利益。

现有法规定

《著作权法实施条例》

第十五条　作者死亡后,其著作权中的署名权、修改权和保护作品完整权由作者的继承人或者受遗赠人保护。

著作权无人继承又无人受遗赠的,其署名权、修改权和保护作品完整权由著作权行政管理部门保护。

《专利法》

第十七条第一款　发明人或者设计人有权在专利文件中写明自己是发明人或者设计人。

立法例借鉴

《法国知识产权法典》

L.121-1条　作者对自己的姓名、身份及作品享有受尊重的权利。
该权利系于作者人身。

该权利永远存在、不可剥夺且不因时效而丧失。

该权利因作者死亡可转移至其继承人。

第三人可依遗嘱的规定行使该权利。

《英国专利法》

第13条 （1）一项发明的发明人或共同发明人应有权在就发明授予的任何专利中被作为发明人提到，还应有权在可能的情况下在任何公布的发明专利申请中被如是提到，如果不被如是提到，有权根据条例在规定的文件中被如是提到。

第三节 知识产权的限制

第二十四条 【知识产权限制的一般原则】

为公共利益或其他正当目的之所需，可以通过合理使用、法定许可和强制许可等方式对知识产权的内容进行必要的限制。

知识产权的限制必须依法律规定作出，且限制程度不得超出该限制的目的范围。

条文说明

本条是关于知识产权限制的规定。知识产权受限制是知识产权不同于物权的特征之一，知识产权限制制度是知识产权法律特有的制度，我国三大知识产权法律均包含有权利限制制度。这是为了实现知识产权法利益平衡的基本机制。其功能在于通过对专有权的适当的限制，保障社会公众对知识产品的必要接近、合理分享，从而平衡知识产权人和社会公众利益的关系。[1] 对知识产权人享有的权利及权利的行使进行一定的限制，是各国知识产权法的普遍规定。在知识产权权利人权利的限制的方法上，既可以是知识产权法本

---

[1] 杨雄文：《知识产权总论》，华南理工大学出版社2013年版，第121页。

身的限制，如合理使用制度；也可以是基于其他社会政策的限制，如对生命健康的保护或对公共利益的促进。

权利限制常在三种语境下使用：（1）某个具体权利制度的外部规范或者上位原则对该制度内的权利形成约束；（2）权利自身范围的界定，如知识产权的有限期；（3）权利范围已经确定之后，出于公共利益或者正当理由的需要，在特定情况下适当缩小权利的范围。本节关于知识产权的限制所规定的内容限于上述第三种语境，即如果没有权利限制制度，那么某些行为（如合理使用）是构成侵权的。

与知识产权的种类和内容均需法律设定相同，知识产权限制也需要由法律进行。设置本条的目的一是提炼知识产权法律的相关规定，二是明确知识产权限制只能由法律进行，不得不合理地损害权利人的合法利益，以防止知识产权保护落空。

本条明确对知识产权的限制不得影响权利人对知识产权的正常使用，不得不合理损害权利人的合法利益，主要是为知识产权各单行法的立法与修订，包括司法解释、最高人民法院批复，建立一个一般性的约束标准。

知识产权的限制分为三种类型：（1）合理使用，是限制程度最高的一种；（2）法定许可；（3）强制许可。其中法定许可与强制许可一般被统称为"非自愿许可"。

现有法规定

《著作权法》

第二十二条　在下列情况下使用作品，可以不经著作权人许可，不向其支付报酬，但应当指明作者姓名、作品名称，并且不得侵犯著作权人依照本法享有的其他权利：

……

《集成电路布图设计保护条例》

第二十三条　下列行为可以不经布图设计权利人许可，不向其支付报酬：

……

第二十五条　在国家出现紧急状态或者非常情况时，或者为了公共利益的目的，或者经人民法院、不正当竞争行为监督检查部门依法认定布图设计权利人有不正当竞争行为而需要给予补救时，国务院知识产权行政部门可以给予使用其布图设计的非自愿许可。

《著作权法》

第二十三条　为实施九年制义务教育和国家教育规划而编写出版教科书，除作者事先声明不许使用的外，可以不经著作权人许可，在教科书中汇编已经发表的作品片段或者短小的文字作品、音乐作品或者单幅的美术作品、摄影作品，但应当按照规定支付报酬，指明作者姓名、作品名称，并且不得侵犯著作权人依照本法享有的其他权利。

前款规定适用于对出版者、表演者、录音录像制作者、广播电台、电视台的权利的限制。

《专利法》

第四十八条　有下列情形之一的，国务院专利行政部门根据具备实施条件的单位或者个人的申请，可以给予实施发明专利或者实用新型专利的强制许可：

……

立法例借鉴

TRIPS

第十三条　限制和例外

各成员对专有权作出的任何限制或例外规定应限于某些特殊的情况，且不会与对作品的正常利用相冲突，也不会不合理地损害权利持有人的合法利益。

第十七条　例外

各成员可对商标所赋予的权利规定有限制的例外，如描述性术语的适当使用，只要这些例外考虑到了商标所有人和第三方的合法利益。

第二十五条 【知识产权的合理使用】

知识产权合理使用是指在法律规定的特定情形下，可以不经权利人的许可利用其知识产权，也不向其支付报酬而利用知识产权的情形。

依前款利用他人的知识产权时，必须符合法律规定的利用条件，不得影响权利人对其知识产权的正常行使，也不得不合理地损害权利人的合法利益。

条文说明

本条是关于知识产权合理使用的一般性规定。合理使用，是指在法律允许的条件下，可以无须取得许可，也无须支付报酬的使用他人受知识产权保护的特定知识。任何知识都是在前人的智慧和文化遗产的基础上创造完成的，同时又是促进全社会科技进步、文化和经济的发展与繁荣所必需的。因此，知识产权人对其受保护的特定知识的控制权不应当是绝对的和无限制的。合理使用正是知识产权法中体现对权利人权利限制的一项重要制度。为了协调知识产权人的利益和社会公众的利益，各国知识产权法在注重维护知识产权人合法权益的同时，无不基于社会公共利益的理由而创设了知识产权合理使用制度。知识产权"合理使用"制度不仅是公平主义原则的体现，而且也促进了效率法律价值的实现。知识产权合理使用制度的一个核心问题是把握好使用的尺度，做到既能够维护社会公众的利益而又不损害知识产权人的利益，从而实现公平与效率的法律价值目标。

知识产权的合理使用主要有以下几个特点：（1）合理使用须有直接的法律根据。只有在法律作出了明确规定的情形下，使用人才可在法律允许的范围内自由使用有关的创造成果或商业标识。（2）合理使用无须向知识产权人支付使用费。这也是合理使用与非自愿许可的最大区别。（3）合理使用不得损害权利人的合法利益。合理使用一般是出于学习与研究、教育、科学实验等目的。如 TRIPS 和《伯尔尼公约》对合理使用规定了一定的原则，即合理使用"不应损害作品的正常使用，也不至无故侵害作者的合法利益"，并且在合理使用时应当指明作者姓名、作品名称。

知识产权合理使用的范围主要包括以下几种情形：基于知识传播与创新的合理使用、基于非生产经营目的的合理使用、基于言论自由的合理使用、基于表达有限或通用的合理使用、基于指示性的合理使用、基于特别待遇的合理使用。①

尽管合理使用人无须征得知识产权人的同意，也无须支付报酬，但必须符合法律规定的利用条件，应当尊重知识产权人的其他利益，如著作权的合理使用要求指明作品来源或者出处。

现有法规定

《著作权法》

第二十二条　在下列情况下使用作品，可以不经著作权人许可，不向其支付报酬，但应当指明作者姓名、作品名称，并且不得侵犯著作权人依照本法享有的其他权利：

（一）为个人学习、研究或者欣赏，使用他人已经发表的作品；

（二）为介绍、评论某一作品或者说明某一问题，在作品中适当引用他人已经发表的作品；

（三）为报道时事新闻，在报纸、期刊、广播电台、电视台等媒体中不可避免地再现或者引用已经发表的作品；

（四）报纸、期刊、广播电台、电视台等媒体刊登或者播放其他报纸、期刊、广播电台、电视台等媒体已经发表的关于政治、经济、宗教问题的时事性文章，但作者声明不许刊登、播放的除外；

（五）报纸、期刊、广播电台、电视台等媒体刊登或者播放在公众集会上发表的讲话，但作者声明不许刊登、播放的除外；

（六）为学校课堂教学或者科学研究，翻译或者少量复制已经发表的作品，供教学或者科研人员使用，但不得出版发行；

（七）国家机关为执行公务在合理范围内使用已经发表的作品；

---

① 杨雄文：《知识产权总论》，华南理工大学出版社2013年版，第130—133页。

（八）图书馆、档案馆、纪念馆、博物馆、美术馆等为陈列或者保存版本的需要，复制本馆收藏的作品；

（九）免费表演已经发表的作品，该表演未向公众收取费用，也未向表演者支付报酬；

（十）对设置或者陈列在室外公共场所的艺术作品进行临摹、绘画、摄影、录像；

（十一）将中国公民、法人或者其他组织已经发表的以汉语言文字创作的作品翻译成少数民族语言文字作品在国内出版发行；

（十二）将已经发表的作品改成盲文出版。

前款规定适用于对出版者、表演者、录音录像制作者、广播电台、电视台的权利的限制。

《集成电路布图设计保护条例》

第二十三条　下列行为可以不经布图设计权利人许可，不向其支付报酬：

（一）为个人目的或者单纯为评价、分析、研究、教学等目的而复制受保护的布图设计的；

（二）在依据前项评价、分析受保护的布图设计的基础上，创作出具有独创性的布图设计的；

（三）对自己独立创作的与他人相同的布图设计进行复制或者将其投入商业利用的。

《专利法》

第六十九条　有下列情形之一的，不视为侵犯专利权：

……

（四）专为科学研究和实验而使用有关专利的；

……

《商标法》

第五十九条　注册商标中含有的本商品的通用名称、图形、型号，或者直接表示商品的质量、主要原料、功能、用途、重量、数量及其他特点，或者含有的地名，注册商标专用权人无权禁止他人正当使用。

三维标志注册商标中含有的商品自身的性质产生的形状、为获得技术效果而需有的商品形状或者使商品具有实质性价值的形状,注册商标专用权人无权禁止他人正当使用。

商标注册人申请商标注册前,他人已经在同一种商品或者类似商品上先于商标注册人使用与注册商标相同或者近似并有一定影响的商标的,注册商标专用权人无权禁止该使用人在原使用范围内继续使用该商标,但可以要求其附加适当区别标识。

立法例借鉴

《南非商标法》

第34条 对注册商标的侵权行为

......

(2) 下列行为不构成对注册商标权利的侵犯:

(a) 任何人诚信使用自己的姓名、营业地点名称、商业前身业主的姓名,或者商业前身业主的营业地点的行为;

(b) 任何人使用诚信描述或指示其商品或服务的种类、数量、用途、价值、原产地或其他特征,或者生产商品或提供服务的方式或时间的行为;

(c) 在需要合理标明商品(包括商品被检和附件)的用途以及服务的意图时诚信地在这些商品或者服务上使用商标的行为。

《日本商标法》

第二十六条 (商标权效力的限制)

(一)商标权的效力不及于下列商标(包括其他商标的构成部分)

1. 以通常使用的方法表示自己的肖像或者自己的姓名、名称,或者著名雅号、艺名、笔名或其著名简称所构成的商标;

2. 仅以通常使用的方法表示该指定的商品或者类似商品的常用名称、产地、销售地、品质、原材料、效能、用途、数量、形状(包括包装的形状,下项亦同)、价格或者生产、实用的方法、时期,或者表示该指定商品相类似服务的常用名称、提供该服务的场所、品质、供服务中使用的物品、效果、用途、数量、形态、价格或提供服务的方法、时期所构成的商标;

3. 仅以通常使用的方法表示该指定的服务或者类似服务的常用名称、提供该服务的场所、品质、供服务中使用的物品、效果、用途、数量、形态、价格或提供服务的方法、时期，或者表示该指定服务相类似商品的常用名称、产地、销售地、品质、原材料、效能、用途、数量、形状、价格或生产、使用的方法、时期，所构成的商标；

4. 该指定商品或指定服务或与其相类似商品或服务上所惯用的商标；

5. 商品或商品包装的形状中，仅由保障该商品或商品的包装能具有相应功能而不可或缺的立体形状所构成的商标。

《美国版权法》

第 107 条　专有权的限制：合理使用

虽有第 106 条及第 106 条之二的规定，为了批评、评论、新闻报道、教学（包括用于课堂的多件复制品）、学术或研究之目的而使用版权作品的，包括制作复制品、录音制品或以该条规定的其他方法使用作品，系合理使用，不视为侵犯版权的行为。

第二十六条　【知识产权的法定许可】

知识产权的法定许可是指依法利用他人知识产权可以不经权利人许可，但应当支付报酬的，应当在法律规定的期限内或依法定程序确定的期限内向权利人支付使用费的使用他人知识产权的方式。

使用费的数额由法律规定或依法定程序确定。

条文说明

本条是关于知识产权法定许可的一般性规定。

知识产权的法定许可，是指根据法律的规定，不论知识产权人是否愿意，使用人可以不经其同意而利用其受保护的特定知识，但应向知识产权人支付适当使用费的制度。亦被称为非自愿许可。

知识产权法定许可是明确规定在法律中的。知识产权法定许可适用于全社会，任何人都可以使用利用。法定许可设置的理由主要有以下三个：

（1）为了维护社会公共利益。这一类法定许可的设置理由可能与合理使用这一类的设定理由相同。由于各国知识产权保护程度不一样，一国属于"合理使用"的情形，在另一国可能属于"法定许可"。（2）为了降低某些使用过程中的成本。法定许可无须事先征得知识产权人同意，可节约交易成本。（3）为了降低某些行业的垄断程度，避免专有使用人独占市场。

支付期限不排除有其他确定方式，例如，权利人的公告，故增加"依法定程序确定"，使用费的确定亦然，改造之后的条款可以涵盖专利的当然许可。

现有法规定

《著作权法》

第二十三条　为实施九年制义务教育和国家教育规划而编写出版教科书，除作者事先声明不许使用的外，可以不经著作权人许可，在教科书中汇编已经发表的作品片段或者短小的文字作品、音乐作品或者单幅的美术作品、摄影作品，但应当按照规定支付报酬，指明作者姓名、作品名称，并且不得侵犯著作权人依照本法享有的其他权利。

前款规定适用于对出版者、表演者、录音录像制作者、广播电台、电视台的权利的限制。

第二十七条　【知识产权的强制许可】

知识产权的强制许可是指依据法律规定的条件和程序，可以向有权颁布强制许可令的机构申请，请求在未得到知识产权人许可的情况下利用其知识产权，但应当支付使用费的使用他人知识产权的方式。

强制许可的使用费数额应当由使用人和知识产权人先行协商，无法协商一致的，由有权颁布强制许可令的机构确定。

强制许可的事由已经消除的，依据知识产权人的请求，颁布强制许可令的机构应当及时终止强制许可。

条文说明

本条是关于知识产权强制许可的一般性规定。知识产权强制许可是指依据法律规定，行为人可以直接申请法定机构的同意而直接利用某项知识产权所保护的特定知识，而无须征得权利人的同意，但应当向知识产权权利人支付使用费。强制许可设立的主要目的是维护社会公共利益或者防止垄断。为了促进获得专利的发明创造得以实施，防止专利权人滥用专利权，维护国家利益和社会公共利益，专利实施强制许可制度、从属专利的强制许可就是典型表现。

知识产权强制许可是法定机构向特定的申请人发出的，其适用范围和成立的条件随着国家的不同而不同。如根据公共利益需要的强制许可。《专利法》规定，在国家出现紧急状态或者非常情况时，或者为了公共利益的目的，国务院专利行政部门可以给予实施发明专利或者实用新型专利的强制许可。集成电路布图设计权的非自愿许可制度、植物新品种强制许可制度等，也有异曲同工之妙。《著作权法》没有规定强制许可，但我国立法规定的为音乐录制而设的法定许可，在其他国家大多为强制许可。

强制许可所准予的使用只能是非专有的使用，该使用全部可转移，而且其效力仅限于发布强制许可令的法域。

本条第二款不仅沿用了《专利法》的"合理条件"的表述，还增加"合理途径"，主要是为了涵盖将来可能规定的"孤儿作品"的强制许可。

本条最后一款在《专利法》规定的基础上稍有改动，也允许申请人对不予强制许可的行政裁决寻求司法救济。

现有法规定

《专利法》

第四十八条　有下列情形之一的，国务院专利行政部门根据具备实施条件的单位或者个人的申请，可以给予实施发明专利或者实用新型专利的强制许可：

（一）专利权人自专利权被授予之日起满三年，且自提出专利申请之日起满四年，无正当理由未实施或者未充分实施其专利的；

（二）专利权人行使专利权的行为被依法认定为垄断行为，为消除或者减少该行为对竞争产生的不利影响的。

第四十九条　在国家出现紧急状态或者非常情况时，或者为了公共利益的目的，国务院专利行政部门可以给予实施发明专利或者实用新型专利的强制许可。

第五十条　为了公共健康目的，对取得专利权的药品，国务院专利行政部门可以给予制造并将其出口到符合中华人民共和国参加的有关国际条约规定的国家或者地区的强制许可。

第五十一条　一项取得专利权的发明或者实用新型比前已经取得专利权的发明或者实用新型具有显著经济意义的重大技术进步，其实施又有赖于前一发明或者实用新型的实施的，国务院专利行政部门根据后一专利权人的申请，可以给予实施前一发明或者实用新型的强制许可。

在依照前款规定给予实施强制许可的情形下，国务院专利行政部门根据前一专利权人的申请，也可以给予实施后一发明或者实用新型的强制许可。

《集成电路布图设计保护条例》

第二十五条　在国家出现紧急状态或者非常情况时，或者为了公共利益的目的，或者经人民法院、不正当竞争行为监督检查部门依法认定布图设计权利人有不正当竞争行为而需要给予补救时，国务院知识产权行政部门可以给予使用其布图设计的非自愿许可。

立法例借鉴

TRIPS

第三十一条　未经权利持有人授权的其他使用

如果一成员的法律允许未经权利持有人授予即可对一专利的客体作其他使用，包括政府或经政府授权的第三方的使用，则应遵守以下规定：

（a）授权这种使用应一事一议；

（b）只有当拟使用者在使用前曾按合理的商业条款和条件请求权利人允许其使用，并在合理的时间内未得到这种允许时，才可允许这种使用。在全国处于紧急状态或其他极端紧迫状态时，或为了公共的非商业性目的而使用时，一成员可免除此要求。在全国处于紧急状态或其他极端紧迫状态时，只要合理可行，权利持有人仍应被尽快通知。在为了公共的非商业性目的而使用时，如果政府或合约方未作专利查询即知道或有明显的根据知道一有效专利正被或将要被政府或为政府使用，则权利持有人应被立即告知；

（c）这种使用的范围和期限应限于被许可的目的，若是半导体技术，则只能应用于公共的非商业性目的，或用于补救司法或行政程序确定为反竞争的做法；

（d）这种使用应是非独占性的；

（e）这种使用应是不可转让的，除非连同那部分享有这种使用的企业或信誉一起转让；

（f）任何这种使用的认可应主要为了供应该许可成员的国内市场；

（g）在充分保护被许可人合法利益的前提下，如果当导致许可这种使用的情形已不复存在且不可能再出现时，有关这种使用的许可应终止。接到有关请求后，主管当局应有权审查这些情形是否继续存在；

（h）考虑到有关许可的经济价值，在每一种情形下应支付权利持有人足够的报酬；

（i）任何有关这种使用许可的决定，其法律有效性应经过司法审议，或经过该成员内上一级有关当局的独立审议；

（j）任何有关就这种使用提供报酬的决定应经过司法审议或该成员内上一级有关当局的独立审议；

（k）如允许该使用是为了补救司法或行政程序确定为反竞争的做法，各成员没有义务适用（b）项和（f）项规定的条件。在确定这种情况下的报酬额时，可以考虑到纠正反竞争做法的需要。如果当导致该许可的条件可能再现时，主管当局有权拒绝终止许可；

（l）如许可这种使用是为了允许利用一项专利（"第二专利"），而该项专利的利用不得不侵犯另一项专利（"第一专利"），则应适用下列附加条件：

（1）第二专利之权利要求书所覆盖的发明，比起第一专利之权利要求书所覆盖的发明，应具有相当经济效益的重大技术进步；

（2）第一专利所有人应有权按合理条款取得第二专利所覆盖之发明的交叉使用许可证；

（3）就第一专利发出的授权使用，除与第二专利一并转让外，不得转让。

《欧盟植物品种条例》（Council Regulation (EC) No 2100/94 of 27 July 1994 on Community Plant Variety Rights）

第二十九条　强制许可权利

2. 只有在公共利益的基础上，并经行政会议同意，才能获得批准。

3. 在给予强制许可的权利时，办公室应规定所涵盖的行为的类型，并明确规定的合理条件以及第2段所提到的具体要求。合理的条件应考虑到任何植物品种权利持有者的利益，他们将受到强制许可权利的影响。合理的条件可以包括可能的时间限制，向权利人支付适当的权利金，并可能对权利人承担一定的义务，履行强制许可权利的必要条件。

4. 在强制许可权利授予后的每一年的届满期，在上述可能的时限内，任何当事人都可以要求取消或修改强制许可权利的决定。这一请求的唯一理由是，该许可所作出决定的情况在其间发生了变化。

第二十八条　【首次销售原则】

知识产权权利人或其授权的人同意将含有其知识产权的物品首次投放市场之后，无权禁止该物品在其同意投放的市场范围内的转售，除非有法律规定的反对转售的理由。

▎条文说明

本条是关于知识产权权利穷竭的规定。权利穷竭也被称权利用尽、权利耗尽、首次销售，其基本的含义是指享有某种知识产权保护的产品，由知识产权人或其所许可的人首次销售或通过其他方式转移给他人以后，知识产权人即无权干涉该产品的使用和流通。该规定的合理性在于消除知识产权的专有性对于商品自由流通所产生的负面影响，以促进贸易的发展。这一设计既维护了知识产权人对产品的获益权，又维护了含有知识产权的商品之购买人的利益，使知识产权与商品所有权处于平衡状态，从而均衡了知识产权所有人的利益和社会公众的利益，避免了贸易中的不公平竞争，为商品的自由流通扫清了障碍。知识产权穷竭是世界各国或地区知识产权法律均承认的一项基本原则，也为相关知识产权国际公约所承认。我国《专利法》明确规定了权利穷竭，尽管《商标法》和《著作权法》并未明确规定权利穷竭原则，但实践中是承认该原则的。

权利穷竭具有以下特征：（1）穷竭权项的特定性。知识产权的"权利穷竭"是指特定权项的穷竭而非所有权项的穷竭。首先，被穷竭的不是人身权，而是财产权。其次，被穷竭的不是财产权、专利权或商标权本身，而是其子项，即权利群中的某项具体的与产品的销售或使用有关的权利，如《专利法》明确的制造权不会发生权利用尽。（2）穷竭对象的特定性。权利用尽是针对每一件合法投入市场的具体产品而言的，而不是适用于同一类的所有产品或者同一系列的所有产品，它不会导致该项知识产权本身效力的终止；权利人对其尚未投放市场或被非法投入市场的产品仍然具有排他性的绝对权利，任何人未经许可仍然不得进行知识产品的复制。

关于权利是国内用尽还是国际用尽的问题，TRIPS 对此持中立态度，留给成员方自由决定。而且，TRIPS 强调不允许成员方在解决知识产权争端时，援用协议的任何条款去支持或否定知识产权用尽问题，以免使本来差距就很大的各成员立法，在有关争端中产生更多的矛盾。[①] 本条采取知识产权权利国际穷竭的立法态度。其主要原因有二：一是《专利法》第 69 条第 1 款明确规定了进口权也在首次销售中用尽，也即意味着平行进口行为在我国专利法范围内成为合法行为。二是放开平行进口对于贸易往来和消费者有好处。"因为平行进口发生的直接原因在于不同地域的价格差异。平行进口合法化

[①] 李玉璧："平行进口的法理分析与立法选择"，载《西北师大学报（社会科学版）》2010 年第 4 期，第 124 页。

有利于消除价格歧视。"① 不过，关于平行进口的合法化受到两点限制：一是权利人的授权销售领域的限制。为了防止滥用此原则给权利人带来不必要的限制和损害，对其内涵和适用范围必须有准确的界定。本条所称"在其同意投放的市场范围内"，是用来明确权利穷竭的地域。如《奥地利版权法》规定："如果作者只同意过在某一特定领域销售其作品，则他对于进一步销售的专有权仅在该领域内丧失。"但权利用尽不是绝对的，法律规定的反对转卖的理由可以作为权利人排除知识产权穷竭效力的例外。例如，我国台湾地区对于商标的权利用尽规定："附有商标之商品由商标专用权人或经其同意之人于市场上交易流通者，商标专用权人不得就该商品主张商标专用权。但为防止商品变质、受损或有其他正当事由者，不在此限。"至于说那些因为境内、境外授权不明或者授权销售范围冲突的情形，就以合同纠纷来解决。

平行进口的产品涉及进口国（包括独立的关税区）的知识产权。但该产品在出口国有无知识产权，在所不问。如果进口的产品不是由进口国的知识产权人或其被许可人在国外投放的，则侵犯了进口国的知识产权。

一般而言，有形载体的存在是著作权穷竭（用尽）制度得以创立、变化及发展的前提和基础，当作品（数字作品）的载体变成无形的电子脉冲时，著作权穷竭制度就失去了存在的前提和基础，此时可以适用复制权、信息网络传播权等规定来解决。

现有法规定

《集成电路布图设计保护条例》

第二十四条　受保护的布图设计、含有该布图设计的集成电路或者含有该集成电路的物品，由布图设计权利人或者经其许可投放市场后，他人再次商业利用的，可以不经布图设计权利人许可，并不向其支付报酬。

《专利法》

第六十九条　有下列情形之一的，不视为侵犯专利权：

---

① 刘春田主编：《知识产权法（第五版）》，高等教育出版社2015年版，第207页。

（一）专利产品或者依照专利方法直接获得的产品，由专利权人或者经其许可的单位、个人售出后，使用、许诺销售、销售、进口该产品的。

……

立法例借鉴

TRIPS

第六条　权利穷竭

在符合上述第三条至第四条的前提下，在依照本协议而进行的争端解决中，不得借本协议的任何条款，去涉及知识产权权利穷竭问题。

《埃及知识产权保护法》

第七十一条　商标所有人有权禁止第三方进口、使用、出售、经销标注其商标的产品，但商标所有人一旦自己或者许可第三方在任何国家从事这些产品营销时，这一权利即告终止。

《英国商标法》

第12条　注册商标所赋予权利的穷尽

（1）由注册商标所有人或者经注册商标所有人同意在已经投放欧洲经济地区市场的有关商品上使用该商标的，不构成侵权。

（2）对注册商标所有人有法律依据不同意进一步处理这些商品的（尤其是在商品投放市场后，商品的条件已经发生变化或发生损害），本条第（1）款不适用。

《南非商标法》

第34条　对注册商标的侵权行为

（2）下列行为不构成对注册商标权利的侵犯

（d）向共和国进口或者在共和国境内经销、出售或者提供出售带有商标所有权人自己或经其同意使用的商标的商品的行为。

第三章　知识产权的产生、变更和消灭

第一节　一般规定

第二十九条　【须经法定程序的知识产权变动】

知识产权的产生、变更和消灭须经法定程序的，依照本法及其他法律的规定发生效力。

法定程序的执行影响民事权利义务关系引起民事争议的，当事人可以向人民法院提起民事诉讼。

▌条文说明

知识产权产生、变更、消灭的发生根据不尽相同，但归纳起来看，尤其是考虑到下列的公示原则涉及知识产权多种变动样态，可以认为法定程序的执行是知识产权权利得以变更的主要共性之一，因此将其提炼出来作为设于"一般规定"有其必要与合理性。

同时需要指出，由于现行的法定程序均有行政部门参与，以至于在我国对知识产权得以变更的私权变动属性认识不够准确，将此间的法定程序均归为行政行为范畴，产生争议也需按照行政诉讼途径，妨害了知识产权确权、侵权裁处链条的连贯性和统一性，徒增司法机关、行政机关及民事主体间多种社会成本，亦与国际社会主流认知与实践不合。尽管长期以来受到广泛诟病，但始终未获解决。本条中的第2款，既为正本清源，宣示知识产权权利变动的私权性，更为解决影响知识产权制度运行的多年之困。

现有法规定

《商标法》

第二十八条　对申请注册的商标，商标局应当自收到商标注册申请文件之日起九个月内审查完毕，符合本法有关规定的，予以初步审定公告。

第三十三条　对初步审定公告的商标，自公告之日起三个月内，在先权利人、利害关系人认为违反本法第十三条第二款和第三款、第十五条、第十六条第一款、第三十条、第三十一条、第三十二条规定的，或者任何人认为违反本法第十条、第十一条、第十二条规定的，可以向商标局提出异议。公告期满无异议的，予以核准注册，发给商标注册证，并予公告。

《专利法》

第三十九条　发明专利申请经实质审查没有发现驳回理由的，由国务院专利行政部门作出授予发明专利权的决定，发给发明专利证书，同时予以登记和公告。发明专利权自公告之日起生效。

第四十条　实用新型和外观设计专利申请经初步审查没有发现驳回理由的，由国务院专利行政部门作出授予实用新型专利权或者外观设计专利权的决定，发给相应的专利证书，同时予以登记和公告。实用新型专利权和外观设计专利权自公告之日起生效。

《集成电路布图设计保护条例》

第十八条　布图设计登记申请经初步审查，未发现驳回理由的，由国务院知识产权行政部门予以登记，发给登记证明文件，并予以公告。

《植物新品种保护条例》

第三十一条第一款　对经实质审查符合本条例规定的品种权申请，审批机关应当作出授予品种权的决定，颁发品种权证书，并予以登记和公告。

立法例借鉴

《独联体国家示范民法典》

（1996年1月17日在圣彼得堡通过）

第1035条　知识产权客体权利产生的根据

知识产权客体的权利根据创造事实或者被授权的国家机关按照本法典或者其他法律规定的程序赋予法律保护而产生。

赋予未披露信息法律保护的条件由法律规定。

《白俄罗斯民法典》

（1998年10月1日主席团通过，2016年1月5日修改。共1153条，并废除了知识产权单行法。）

第981条　知识产权客体权利产生的基础

知识产权客体法律保护基于创造事实或者由于根据本法典和其他立法文件规定的程序由国家机关赋予法律保护。

商业秘密法律保护的赋予由本法典和其他立法文件规定。

《吉尔吉斯斯坦共和国民法典》

（共1208条，1996年3月8日颁布№16，2016年7月23日修改）

第1038条　知识产权客体的法律保护

知识产权客体法律保护由于其创造事实而产生或者由于按照本法典或者其他法律规定的程序由授权的国家机关赋予法律保护。

《乌兹别克斯坦共和国民法典》

第1032条　知识产权客体的法律保护

知识产权客体的法律保护由于其创造事实而产生或者由于按照本法典或者按照本法典或者其他法律的规定程序授权国家机关提供法律保护。

未披露信息提供法律保护的条件由法律规定。

> **第三十条　【知识产权变动的公示】**
>
> 知识产权的产生、变更和消灭应按照法律规定的方式进行公示。法律另有规定以及依知识产权性质不宜公示的除外。

条文说明

知识产权作为对世权，对其他人的行动自由构成影响；尤其是其中的工业产权，涉及社会经济运行，因而通过法定程序为知识产权的得以变更提供公示、公信，使社会公众形成合理信赖与期待，有其必要性。

但是，由于各知识产权属性不同，法定的公示要求也不相同（如著作权即以作者署名为一定程度的公示，商业秘密则无法要求公示其具体内容，等等），所以法律另有规定以及依知识产权性质不宜公示的应予除外。

现有法规定

《著作权法》

第十一条 ……

如无相反证明，在作品上署名的公民、法人或者其他组织为作者。

> **第三十一条 【以法律行为变动知识产权的公示效力】**
>
> 除法律另有规定或当事人另有约定外，依法律行为产生、变更、消灭知识产权的，未经备案公示不得对抗善意第三人，但不影响法律行为的效力。

条文说明

（1）同样由于知识产权为对世权、知识产权客体的无体特征以及知识产权权利内容实质是对他人使用行为的控制，所以其变更应当予以公示，以保护交易安全；（2）知识产权作为民事权利，其变更虽需要公示，但仍在意思自治的原则之下，因此除极特殊情形外（如向外国转让保密专利技术等），并不需要行政意志的介入，而只是需要行政机关的公示能力，因而本条规定的公示方式为备案，表明知识产权的变更不必经过行政机关的审查、批准。（3）为兼顾交易效率与交易安全，本条对备案的效力采对抗主义而非生效主义，即未经备案不得对抗善意第三人，但在交易双方之间以及存在恶意第三方的场合仍发生权利变动的效力。

▎现有法规定

《物权法》

第九条　不动产物权的设立、变更、转让和消灭，经依法登记，发生效力；未经登记，不发生效力，但法律另有规定的除外。

依法属于国家所有的自然资源，所有权可以不登记。

▎立法例借鉴

《俄罗斯联邦民法典》

第1232条　智力活动成果或个别化手段的国家注册

1. 在本法典规定的情况下，智力活动成果或个别化手段的专属权只有在该成果或手段进行了国家注册时才能获得承认和保护。

2. 如果依照本法典智力活动成果或个别化手段应进行国家注册，则该成果或手段专属权的依合同转让、抵押或依照合同提供该成果与手段的使用权，以及成果或手段专属权的无合同移转，也应该进行国家注册，注册的程序和条件由俄罗斯政府规定。

3. 智力活动成果或个别化手段专属权按合同转让的国家注册、此项权利抵押的国家注册，以及依照合同提供智力活动成果或个别化手段使用权的国家注册，均通过相应合同的注册进行。

4. 在本法典第1239条规定的情况下，智力活动成果或个别化手段使用权国家注册的根据是法院的有关判决。

5. 智力活动成果或个别化手段专属权按继承转让时，进行国家注册的根据是继承权证明书，但本法典第1165条规定的情形除外。

6. 智力活动成果或个别化手段专属权转让合同或者向他人提供智力活动成果或个别化手段使用权的合同，不遵守国家注册要求的，一律无效。智力活动成果或个别化手段专属权的无合同转移如不遵守国家注册要求，则这种移转视为没有进行。

7. 在本法典规定的情况下，智力活动成果或个别化手段的国家注册可以按照权利持有人的愿望进行。在这种情况下，对被注册的智力活动成果或个别化手段适用本条第 2 款至第 6 款的规则，但本法典有不同规定的除外。

《日本专利法》

（登记的效果）

第九十八条　下述事项若不进行登记就不发生效力。

（一）因专利权的转让（因继承及其他一般继承除外）、放弃而取消或处分的限制；

（二）专用实施权的设定、转让（因继承及其他一般继承除外）、变更，而取消（因混同或专利权的取消除外）或处分的限制；

（三）以专利或专用实施权为目的抵押权的设定、转让（因继承及其他一般继承除外）变更而取消（因混同或担保债权的取消除外）或处分的限制。

必须将前款各项的继承及其他一般继承的情况，不失时机地申报给专利厅长官。

第二节　知识产权的产生

> **第三十二条　【知识产权产生的一般规定】**
> 知识产权自其客体符合法定条件时产生。

条文说明

本条属于一次新的尝试。一般讲，知识产权于事实行为成就或法定程序完成之时而产生。但如此表述，未能进一步明示"成就"与"完成"的标准是什么？以及两者如何能同为知识产权这种"私权"产生之根据（即两者间的内在统一性是什么）？纵观知识产权部门法，其实均以客体符合法定条件作为知识产权产生之直接根据，如作品的独创性、商标的显著性及其他消极条件、发明创造方案的"三性"及其他消极条件等。这也显示出属性相异的各种知识产权之间就此具有共性,因而成为统归"知识产权"这类民事权利的重要原因之一。

> **第三十三条 【知识产权产生的两种情形】**
>
> 相关客体因事实行为成就而符合法定条件的,知识产权自事实行为成就时产生。
>
> 法律规定由有权机关审查相关客体是否符合法定条件的,有权机关应当根据当事人提出的申请,依照法律规定办理。

▍条文说明

创造、使用等事实行为是知识产权产生的基本根据。因此,设立本条第1款以显示知识产权变动的原初根据。另外,本款与上一条并不矛盾而是上一条的具体化。

本条第2款同样是上一条的延伸,又与前列关于"法定程序"的条文相呼应。由此显示出,知识产权的产生并非来自行政机关的授予。对"知识产权产生"更可能的解释应当是当事人取得权利的单方法律行为——申请即为其意思表示,最后如有权利产生,也均在其申请范围之内(按其意思发生效力),例如,商标标志的选择、核定使用范围的选择,再如专利权利要求的厘定等,均在当事人申请范围之内或者说均属于当事人自治的意思表示,行政机关不能超出当事人申请的范围进行登记、注册。行政机关审查、公示等执行行政程序的行为应被认为是该单方法律行为的特殊生效要件。

▍现有法规定

《著作权法实施条例》

第三条第一款 著作权法所称创作,是指直接产生文学、艺术和科学作品的智力活动。

第六条　著作权自作品创作完成之日起产生。

《商标法》

第二十八条　对申请注册的商标，商标局应当自收到商标注册申请文件之日起九个月内审查完毕，符合本法有关规定的，予以初步审定公告。

第三十三条　对初步审定公告的商标，自公告之日起三个月内，在先权利人、利害关系人认为违反本法第十三条第二款和第三款、第十五条、第十六条第一款、第三十条、第三十一条、第三十二条规定的，或者任何人认为违反本法第十条、第十一条、第十二条规定的，可以向商标局提出异议。公告期满无异议的，予以核准注册，发给商标注册证，并予公告。

《专利法》

第三十九条　发明专利申请经实质审查没有发现驳回理由的，由国务院专利行政部门作出授予发明专利权的决定，发给发明专利证书，同时予以登记和公告。发明专利权自公告之日起生效。

第四十条　实用新型和外观设计专利申请经初步审查没有发现驳回理由的，由国务院专利行政部门作出授予实用新型专利权或者外观设计专利权的决定，发给相应的专利证书，同时予以登记和公告。实用新型专利权和外观设计专利权自公告之日起生效。

《集成电路布图设计条例》

第十八条　布图设计登记申请经初步审查，未发现驳回理由的，由国务院知识产权行政部门予以登记，发给登记证明文件，并予以公告。

《植物新品种保护条例》

第三十一条第一款　对经实质审查符合本条例规定的品种权申请，审批机关应当作出授予品种权的决定，颁发品种权证书，并予以登记和公告。

第三十四条　【知识产权产生与在先权利或合法权益的冲突】

知识产权的产生与他人在先权利或合法权益相冲突的，依照法律规定办理。

条文说明

产生知识产权的行为完全可能与他人在先权利或合法权益相冲突，并不限于知识产权的行使。同时，一般来讲，依事实行为产生的知识产权，即使与在先权利冲突，仍不排除可就该事实行为本身产生权利，例如，擅自演绎他人在先作品，演绎者就其独创性的演绎创作仍可获得著作权保护。但是，须经法定程序才能产生的知识产权，如果与在先权利冲突通常会因为违反法定条件而不能产生权利或可以被宣告（自始）无效，《商标法》《专利法》中均由相关规定（参加下列"现有法规定"）。因此，知识产权产生过程中与他人在先权利或合法权益相冲突的不同情形，应当适用不同法律中的相应规定。

现有法规定

《商标法》

第十三条第三款　就不相同或者不相类似商品申请注册的商标是复制、摹仿或者翻译他人已经在中国注册的驰名商标，误导公众，致使该驰名商标注册人的利益可能受到损害的，不予注册并禁止使用。

第十六条第一款　商标中有商品的地理标志，而该商品并非来源于该标志所标示的地区，误导公众的，不予注册并禁止使用；但是，已经善意取得注册的继续有效。

第三十条　申请注册的商标，凡不符合本法有关规定或者同他人在同一种商品或者类似商品上已经注册的或者初步审定的商标相同或者近似的，由商标局驳回申请，不予公告。

第三十二条　申请商标注册不得损害他人现有的在先权利，也不得以不正当手段抢先注册他人已经使用并有一定影响的商标。

第四十四条第一款　已经注册的商标，违反本法第十条、第十一条、第十二条规定的，或者是以欺骗手段或者其他不正当手段取得注册的，由商标局宣告该注册商标无效；其他单位或者个人可以请求商标评审委员会宣告该注册商标无效。

第四十五条第一款　已经注册的商标，违反本法第十三条第二款和第三款、第十五条、第十六条第一款、第三十条、第三十一条、第三十二条规定的，自商标注册之日起五年内，在先权利人或者利害关系人可以请求商标评审委员会宣告该注册商标无效。对恶意注册的，驰名商标所有人不受五年的时间限制。

《专利法》

第二十三条第三款　授予专利权的外观设计不得与他人在申请日以前已经取得的合法权利相冲突。

第四十五条　自国务院专利行政部门公告授予专利权之日起，任何单位或者个人认为该专利权的授予不符合本法有关规定的，可以请求专利复审委员会宣告该专利权无效。

《专利法实施细则》

第六十五条　依照专利法第四十五条的规定，请求宣告专利权无效或者部分无效的，应当向专利复审委员会提交专利权无效宣告请求书和必要的证据一式两份。无效宣告请求书应当结合提交的所有证据，具体说明无效宣告请求的理由，并指明每项理由所依据的证据。

前款所称无效宣告请求的理由，是指被授予专利的发明创造不符合专利法第二条、第二十条第一款、第二十二条、第二十三条、第二十六条第三款、第四款、第二十七条第二款、第三十三条或者本细则第二十条第二款、第四十三条第一款的规定，或者属于专利法第五条、第二十五条的规定，或者依照专利法第九条规定不能取得专利权。

第三十五条　【知识产权与物权相互独立】

知识产权的产生不适用物权占有、登记、交付的规定。

条文说明

本条是对知识产权与物权相互独立之原则的具体化。

第三节　知识产权的变更

> **第三十六条　【法律行为变更知识产权的书面形式】**
>
> 除法律另有规定或当事人另有约定外，依法律行为变更知识产权的，应当采用书面形式并予备案公示。未经备案公示的，不得对抗善意第三人，但不影响法律行为的效力。

条文说明

（1）由于知识产权的无体性，所以需要以书面形式来明确法律行为的载体；（2）由于知识产权权利内容实质是对他人使用行为的控制，所以需要以书面形式来明确双方当事人的行为边界；（3）由于知识产权为对世性与无形性以及知识产权权利内容实质是对他人使用行为的控制，所以其变更应当予以公示，以保护交易安全；（4）知识产权作为民事权利，其变更虽需要公示，但仍在意思自治的原则之下，因此除极特殊情形外（如向外国转让保密专利技术），并不需要行政意志的介入，而只是需要行政机关的公示能力，因而本条规定的公示方式为备案，表明知识产权的变更不必经过行政机关的审查、批准；（5）为兼顾交易效率与交易安全，本条对备案的效力采对抗主义而非生效主义，即未经备案不得对抗善意第三人，但在交易双方之间以及存在恶意第三方的场合仍发生权利变动的效力。

现有法规定

《商标法》

第四十三条第三款　许可他人使用其注册商标的，许可人应当将其商标使用许可报商标局备案，由商标局公告。商标使用许可未经备案不得对抗善意第三人。

《商标法实施细则》

第六十九条　许可他人使用其注册商标的,许可人应当在许可合同有效期内向商标局备案并报送备案材料。备案材料应当说明注册商标使用许可人、被许可人、许可期限、许可使用的商品或者服务范围等事项。

第七十条　以注册商标专用权出质的,出质人与质权人应当签订书面质权合同,并共同向商标局提出质权登记申请,由商标局公告。

《专利法》

第十条　专利申请权和专利权可以转让。

中国单位或者个人向外国人、外国企业或者外国其他组织转让专利申请权或者专利权的,应当依照有关法律、行政法规的规定办理手续。

转让专利申请权或者专利权的,当事人应当订立书面合同,并向国务院专利行政部门登记,由国务院专利行政部门予以公告。专利申请权或者专利权的转让自登记之日起生效。

第五十五条第一款　国务院专利行政部门作出的给予实施强制许可的决定,应当及时通知专利权人,并予以登记和公告。

《专利法实施细则》

第十四条第三款　除依照专利法第十条规定转让专利权外,专利权因其他事由发生转移的,当事人应当凭有关证明文件或者法律文书向国务院专利行政部门办理专利权转移手续。

专利权人与他人订立的专利实施许可合同,应当自合同生效之日起3个月内向国务院专利行政部门备案。

以专利权出质的,由出质人和质权人共同向国务院专利行政部门办理出质登记。

第八十九条　国务院专利行政部门设置专利登记簿,登记下列与专利申请和专利权有关的事项:

(一)专利权的授予;

(二)专利申请权、专利权的转移;

(三)专利权的质押、保全及其解除;

(四)专利实施许可合同的备案;

（五）专利权的无效宣告；

（六）专利权的终止；

（七）专利权的恢复；

（八）专利实施的强制许可；

（九）专利权人的姓名或者名称、国籍和地址的变更。

《著作权法实施条例》

第二十五条　与著作权人订立专有许可使用合同、转让合同的，可以向著作权行政管理部门备案。

立法例借鉴

《乌克兰共和国民法典》

第 1114 条　知识产权财产权处分合同的国家注册

1. 知识产权客体使用许可和本法典第 1109 条、第 1112 条和第 1113 条规定的合同没有必要强制性国家注册。

它们的国家注册按照许可或者被许可人要求依照法律规定的程序实施。

没有国家注册不影响按照许可或者其他合同规定的权利和相关知识产权客体其他权利的效力，特别是不影响被许可人请求法院保护自己权利的效力。

2. 根据本法典和其他法律，知识产权专有财产权转让的事实在国家注册后有效的，应当进行国家注册。

《塔吉克斯坦共和国民法典》

第 1133 条　财产权转让

1. 知识产权客体财产权可以按照合同转让给其他人或者根据法律转让给他们。

2. 与知识产权客体财产权转让相联系的合同应当以书面或者法律规定其他形式进行。

3. 恶化知识产权享有者地位的合同条件被认为是无效的。

4. 与知识产权客体财产权转让以及该客体权利转让的其他情形相联系的合同的固定种类的国家注册可以由法律规定。

> **第三十七条　【因法律行为以外的法律事实变更知识产权】**
> 知识产权因法律行为以外的法律事实而变更的，依照本法及其他法律规定处理。

条文说明

关于知识产权变更，除了许可（尤其是独占与独家许可）以外，还包括专利、商标等权利的部分无效、商标的续展等不涉及法律行为的情形，因此设立本条。

> **第三十八条　【非法律行为变更知识产权无须备案】**
> 因企业合并、分立、继承、受遗赠、强制执行、破产财产分配等法律事实变更的，无须备案。

条文说明

由于主体的变更多指权利的移转（其中基于法律行为的移转即为"转让"），所以物权法上的变更主要指客体、内容的变更，即狭义的变更，从而有别于权利的"移转"。有意见认为知识产权移转应属知识产权的行使，但至少"强制执行、破产财产分配等"并非基于权利人自主行为，恐不宜归入知识产权的"行使"。为此，设立本条。

由于法律行为仅由相关当事人参与，非经公示第三人无从知晓，因此法律规定因法律行为变动知识产权的，非经公示不得对抗善意第三人。企业合并、分立、继承、受遗赠、强制执行、破产财产分配等变动知识产权的，往往会经过法定程序进行，有些尚有第三人的参与，也就是说，这些方式变动知识产权是有一定程度的公示性的，无须注册登记。

第四节　知识产权的消灭

第三十九条　【知识产权终止的原因】

知识产权因下列原因而终止：

（一）权利期限届满；

（二）未履行法律规定的有关义务；

（三）权利人明示抛弃；

（四）因权利行使不当而经法定程序被撤销；

（五）其他法定事由。

条文说明

1. 权利消灭可分为有溯及力与无溯及力的消灭。两者性质不同、对当事人的影响不同，有必要加以区分。本书中将无溯及力的消灭统一为权利的终止。

2. 各知识产权法律均规定了知识产权的期限，知识产权因期限届满自然消灭。然而，只有专利法规定了因抛弃而消灭，著作权法和商标法并无规定，而显然，民事权利可以因权利人的抛弃而消灭的。因此，本条将权利保护期限届满与抛弃均予纳入。

3. 本条第（二）项，主要指缴纳专利权维持费的义务；第（四）项的撤销，目前只体现于商标法中使用不当的情形。从此两者的效力看，均无溯及力，从而有别于宣告无效，因此将其皆归为权利终止之原因。

现有法规定

《专利法》

第四十四条第一款　有下列情形之一的，专利权在期限届满前终止：

（一）没有按照规定缴纳年费的；

（二）专利权人以书面声明放弃其专利权的。

《商标法》

第四十条 注册商标有效期满，需要继续使用的，商标注册人应当在期满前十二个月内按照规定办理续展手续；在此期间未能办理的，可以给予六个月的宽展期。每次续展注册的有效期为十年，自该商标上一届有效期满次日起计算。期满未办理续展手续的，注销其注册商标。

第四十九条第二款 注册商标成为其核定使用的商品的通用名称或者没有正当理由连续三年不使用的，任何单位或者个人可以向商标局申请撤销该注册商标。商标局应当自收到申请之日起九个月内作出决定。有特殊情况需要延长的，经国务院工商行政管理部门批准，可以延长三个月。

《植物新品种保护条例》

第三十六条 有下列情形之一的，品种权在其保护期限届满前终止：

（一）品种权人以书面声明放弃品种权的；

（二）品种权人未按照规定缴纳年费的；

（三）品种权人未按照审批机关的要求提供检测所需的该授权品种的繁殖材料的；

（四）经检测该授权品种不再符合被授予品种权时的特征和特性的。

品种权的终止，由审批机关登记和公告。

第四十条 【知识产权终止的法律效力】

知识产权的终止，不影响该项知识产权存续期间内的法律效力。

▎**条文说明**

本条是对知识产权终止的效力之具体阐明。

第四十一条 【知识产权终止与第三人权益维护】

知识产权因本节第十一条第（二）（三）（四）（五）项事由终止，损害第三人权益的，原权利人应当承担法律责任。

条文说明

知识产权因本条所列事由终止的，可能损害有关被许可人的利益，因此特设本条。

> **第四十二条 【依法经审查而产生的知识产权的无效宣告】**
>
> 经有权机关对客体审查而产生的知识产权，如不符合法律规定的条件，可以依照法定权限和程序宣告该项权利无效。

条文说明

（1）权利消灭可分为有溯及力与无溯及力的消灭。两者性质不同、对当事人的影响不同，有必要加以区分。本书将有溯及力的消灭统一为宣告无效。（2）宣告无效之所以有溯及力，原因即在于该项权利的产生存在不可克服的瑕疵，换言之，按法定条件来说，该项权利当初就不应当产生。（3）宣告无效应仅限于经有权机关对客体审查而产生的知识产权。这一方面表明由此产生的权利并非牢不可破，以消除对行政机关的盲目迷信，另一方面表明知识产权并非行政机关授予，否则就应当是收回而非宣告无效。同时，由此产生的知识产权是经过公示的，因而宣告无效时，应在原有范围内公示，以维护公众的信赖。

现有法规定

《专利法》

第四十五条 自国务院专利行政部门公告授予专利权之日起，任何单位或者个人认为该专利权的授予不符合本法有关规定的，可以请求专利复审委员会宣告该专利权无效。

《商标法》

第四十四条第一款 已经注册的商标，违反本法第十条、第十一条、第十二条规定的，或者是以欺骗手段或者其他不正当手段取得注册的，由商标局宣告该注册商标无效；其他单位或者个人可以请求商标评审委员会宣告该注册商标无效。

第四十五条第一款　已经注册的商标，违反本法第十三条第二款和第三款、第十五条、第十六条第一款、第三十条、第三十一条、第三十二条规定的，自商标注册之日起五年内，在先权利人或者利害关系人可以请求商标评审委员会宣告该注册商标无效。对恶意注册的，驰名商标所有人不受五年的时间限制。

《集成电路布图设计条例》

第二十条　布图设计获准登记后，国务院知识产权行政部门发现该登记不符合本条例规定的，应当予以撤销，通知布图设计权利人，并予以公告。布图设计权利人对国务院知识产权行政部门撤销布图设计登记的决定不服的，可以自收到通知之日起3个月内向人民法院起诉。（此处"撤销"实应为宣告无效。）

《植物新品种保护条例》

第三十七条　自审批机关公告授予品种权之日起，植物新品种复审委员会可以依据职权或者依据任何单位或者个人的书面请求，对不符合本条例第十四条、第十五条、第十六条和第十七条规定的，宣告品种权无效；对不符合本条例第十八条规定的，予以更名。宣告品种权无效或者更名的决定，由审批机关登记和公告，并通知当事人。

对植物新品种复审委员会的决定不服的，可以自收到通知之日起3个月内向人民法院提起诉讼。

第四十三条　【宣告无效的知识产权的效力】

宣告无效的知识产权视为自始即不存在。

宣告知识产权无效的决定，对在宣告知识产权无效前人民法院作出并已执行的侵权判决、调解书，以及已经履行的知识产权许可合同和知识产权转让合同，不具有追溯力。但是因知识产权人的恶意给他人造成的损失，应当给予赔偿。

依照前款规定不返还知识产权侵权赔偿金、知识产权许可费、知识产权转让费，明显违反公平原则的，应当全部或者部分返还。

条文说明

本条对宣告权利无效的决定的效力作出规定。内容上基本沿袭了现行专利法与商标法，但去除了现行法中有关行政执法裁决的内容。

现有法规定

《专利法》

第四十七条　宣告无效的专利权视为自始即不存在。

宣告专利权无效的决定，对在宣告专利权无效前人民法院作出并已执行的专利侵权的判决、调解书，已经履行或者强制执行的专利侵权纠纷处理决定，以及已经履行的专利实施许可合同和专利权转让合同，不具有追溯力。但是因专利权人的恶意给他人造成的损失，应当给予赔偿。

依照前款规定不返还专利侵权赔偿金、专利使用费、专利权转让费，明显违反公平原则的，应当全部或者部分返还。

《商标法》

第四十七条第一款和第二款　依照本法第四十四条、第四十五条的规定宣告无效的注册商标，由商标局予以公告，该注册商标专用权视为自始即不存在。

宣告注册商标无效的决定或者裁定，对宣告无效前人民法院作出并已执行的商标侵权案件的判决、裁定、调解书和工商行政管理部门作出并已执行的商标侵权案件的处理决定以及已经履行的商标转让或者使用许可合同不具有追溯力。但是，因商标注册人的恶意给他人造成的损失，应当给予赔偿。

第四十四条　【因事实行为而产生的知识产权的撤销或无效宣告】

因事实行为而产生的知识产权，不得被撤销或被宣告无效。

条文说明

从根本上说，知识产权作为民事权利，其存在与否通常只是平等主体之间交易或争议的前提，因而撤销、宣告无效这两种需由行政机关参与以消灭知识产权的方式，并非绝对必要，或者说，知识产权是否存在以及应否继续存在等均可通过司法程序得以解决。只是经过行政审查等法定程序后产生的知识产权，会发生基于审查机关公信力的社会信赖，所以当事后证明该项权利不符合法定条件的，由相关机构自纠其错并在原有范围内予以公示，也并非绝对不可取。但是，因事实行为而产生的知识产权，从无行政机关的介入，发生任何争议都只涉及相关的民事主体，而与行政机关的公信力等无涉，因此，此种知识产权即使事后证明不符合法定条件，也没有行政机关参与进来的理由，只可将其作为交易争议或侵权争议的一部分统归司法机关处理。

第四章　知识产权的行使

第一节　一般规定

> **第四十五条**　【知识产权人正确行使财产权】
>
> 权利人行使知识产权应当符合法律的规定和当事人的约定，不得滥用知识产权，损害他人利益或者公共利益。

▌条文说明

本条是知识产权人正确行使权利，并不得滥用知识产权的规定。

知识产权是一项包括人格权和财产权综合性的私权，具有专有性，其客体具有公共产品属性。知识产权受到合理使用制度、法定许可制度和强制许可制度的限制。因此，权利人行使知识产权时，应当按照法律的规定和当事人的约定行使权利，被许可人应当在许可合同规定的范围和有效期限内享有许可使用权，超出合同约定的范围和有效期，构成侵权，需要支付损害赔偿金；受让人受让的仅仅是知识产权财产权，受让人受让知识产权财产权后，并不能享有知识产权人格权。

权利不得滥用既是现代民法的基本理念，也是现代民法的一项基本原则，知识产权作为民事权利自不例外。知识产权客体——知识的非物质性使知识产权的边界相比物权较模糊，从而更容易被滥用。本条明确宣示知识产权不得被滥用，不仅可以为知识产权立法完善提供法律依据，而且在知识产权法律缺乏相关规定的情况下，也可以用于解释知识产权人行使知识产权的边界。

现行法规定

《合同法》

第三百二十九条　【技术合同的无效】

非法垄断技术、妨碍技术进步或者侵害他人技术成果的技术合同无效。

立法例借鉴

《俄罗斯联邦民法典》

第1233条　权利人可以以任何不与法律和该专有权本质抵触的方式处分属于他的智力活动成果或者个性化标识专有权，包括依合同转让给其他人（专有权转让合同）或者在合同规定的范围，赋予其他人相应智力活动成果或者个性化标识使用权（许可合同）。

许可合同的签订不导致专有权转让给被许可使用人。

《土库曼斯坦共和国民法典》

第1060条

1. 权利人可以以不与法律和该专有权的实质抵触的任何方式处分属于他的智力活动成果或者个性化标识，包括按照合同处分给他人（专有权出让合同）或者在合同（许可合同）规定的范围内授予相关智力活动成果或者个性化标识使用权给他人。

TRIPS

第八条　原则

2. 可采取适当措施防止权利持有人滥用知识产权，防止借助国际技术转让中的不合理限制贸易行为或消极影响的行为，只要该措施与本协议的规定一致。

第四十条

1. 全体成员一致认为：与知识产权有关的某些妨碍竞争的许可证贸易活

动或条件，可能对贸易具有消极影响，并可能阻碍技术的转让与传播。

2. 本协议的规定，不应阻止成员在其国内立法中具体说明在特定场合可能构成对知识产权的滥用，从而在有关市场对竞争有消极影响的许可证贸易活动或条件。如上文所规定，成员可在与本协议的其他规定一致的前提下，顾及该成员的有关法律及条例，采取适当措施防止或控制这类活动。这类活动包括诸如独占性返授条件、禁止对有关知识产权的有效性提出异议的条件或强迫性的一揽子许可证。

3. 如果任何一成员有理由认为作为另一成员之国民或居民的知识产权所有人正从事违反前一成员的有涉本节内容之法规的活动，同时前一成员又希望不损害任何合法活动也不妨碍各方成员作终局决定的充分自由，还能保证对其域内法规的遵守，则后一成员应当根据前一成员的要求而与之协商。在符合其域内法律，并达成双方满意的协议以使要求协商的成员予以保密的前提下，被要求协商的成员应对协商给予充分的、真诚的考虑，并提供合适的机会，并应提供与所协商之问题有关的、可公开获得的非秘密信息，以及该成员能得到的其他信息，以示合作。

4. 如果一成员的国民或居民被指控违反另一成员的有涉本节内容的法律与条例，因而在另一成员境内被诉，则前一成员应依照本条第3款之相同条件，根据后一成员的要求，提供与之协商的机会。

第四十六条 【知识产权利用的各种方式】

知识产权权利人可以以转让、使用许可、质押、设立信托等不违反法律规定的方式利用其知识产权。

条文说明

各知识产权法律均规定有知识产权利用的各种方式，但是知识产权法律规定的仅是转让、使用许可和质押，而没有明确其他各种利用方式。因此，设本条明确，只要不违反法律规定，权利人可以以各种可能方式利用知识产权。

> **第四十七条 【知识产权的单独或集体行使】**
> 权利人可以依法单独或者以集体管理形式实施知识产权。

条文说明

本条是知识产权人行使知识产权的方式，既可以将知识产权中的一项或者多项权利许可或者转让给他人，也可以将全部权利通过"一揽子"协议许可或者转让给他人行使。

由于知识产权是项综合性的权利，既包括人格权，也包括财产权。知识产权财产权中也包括多项权利。因此，权利人行使知识产权财产权时，既可以将一项权利独占地许可他人使用，也可以依普通许可的方式许可多个人使用；既可以将一项或多项权利独占许可他人使用，也可以将其财产权通过"一揽子"协议的方式信托他人或者集体管理组织行使，从而实现知识产权的价值。随着数字技术和互联网技术的发展以及知识产权服务业的发展，知识产权财产权的行使，不只局限于集体管理组织，有能力运用知识产权的组织都可以受权利人的信托管理知识产权财产权，从而最大化实现知识产权的价值。

现行法规定

《著作权法》

第八条 著作权人和与著作权有关的权利人可以授权著作权集体管理组织行使著作权或者与著作权有关的权利。著作权集体管理组织被授权后，可以以自己的名义主张权利，并可以作为当事人从事涉及著作权或者与著作权有关的权利的诉讼、仲裁活动。

著作权集体管理组织是非营利性组织，其设立方式、权利义务、著作权许可使用费的收取和分配，以及对其监督和管理等由国务院另行规定。

立法例借鉴

《塔吉克斯坦共和国民法典》

第1136条 知识产权客体财产权可以单独或者集体实施。

财产权集体管理的基本要求由法律规定。

《独联体国家示范民法典》

第1045条 知识产权的实现

1. 在实现知识产权时不应当侵犯知识产权其他客体持有人的权利。

2. 知识产权客体财产权可以单个地或者在集体基础上实现。

在集体基础上主要的要求管理财产权由法律和其他法律文件规定。

《塔吉克斯坦共和国民法典》

第1136条 知识产权权利的实现

3. 知识产权客体财产权可以单独或者集体实施。

第四十八条 【权利人公开声明】

除商业标识外，权利人可以公开声明，授权任何人免费使用其作品，或者在其规定的条件和期限内使用邻接权客体，或者实施其专利。

权利人的声明在有效期内不能撤回和不能限制其规定的使用条件。

条文说明

本条是权利人通过声明的方式许可他人使用其知识产权，解决知识产权客体未经权利人许可使用的侵权豁免问题，促进作品和专利的使用和实施。

知识产权客体具有公共产品属性，能够满足人们的生活和生产需求。由于知识产权属于专有权，具有合法垄断的性质，任何未经其许可不得使用。在数字技术和互联网条件下，权利人通过声明授权他人使用或者实施其知识产权，不仅有利于权利人以其权利为社会公益服务，也有利于社会公众或者符合一定条件的人使用其作品或者实施其专利，使知识产权发挥更大的作用，降低使用人使用作品和专利的许可成本，豁免使用人的侵权，法律应当设立此制度，鼓励权利人以知识产权为社会服务。

立法例借鉴

《俄罗斯联邦民法典》

第1233条第5项　权利人可以公开声明，即通过告知不特定的人，授权任何人免费使用属于他的科学、文学或者艺术作品或者被权利人明确条件和他规定的期限内的邻接权客体。在规定期限内任何人有权使用该作品或者该被权利人明确条件的邻接权客体。

声明通过互联网联邦行政机关官网进行展示。负责相关声明展示的联邦行政机关以及其展示的程序和条件由俄罗斯联邦政府规定。

声明应当包含能够识别权利人和属于其作品或者邻接权客体的信息。

在权利人的声明中没有指明期限时，视为指定的期限为5年。

在权利人的声明中没有指明区域时，俄罗斯联邦视为这个区域。

在有效期内声明不能撤回和不能限制其规定的使用条件。

在存在有效许可合同时，权利人没有权利实施指定行为，依合同享有使用作品或者在同一范围的邻接权客体独占许可。在合同有效的情况下，权利人实施该行为，依合同享有使用作品或者在同一范围的邻接权客体补偿的非独占许可，该合同的效力终止。作出相关声明的权利人在存在有效许可合同时，应当赔偿被许可使用人的损失。

作者或者其他权利人在作品或者邻接权客体专有权根据本款所做声明的不当展示所侵犯时，根据本法典第1252条有权要求专有权保护措施适用于侵权者。

第四十九条　【标准必要知识产权人的使用声明】

标准必要知识产权人应当遵守其在标准制定中承诺的公平、合理、无歧视的许可义务。违反许可义务许可他人利用其知识产权的，被许可人可以撤销或者变更许可合同。

条文说明

本条是知识产权（主要为专利权，也可能为计算机软件著作权、集成电路布图设计专有权等知识产权）被采用为推荐性国家、行业或者地方标准时，为了保证标准的统一和顺利实施，知识产权人应当遵守在标准制定中承诺的公平、合理和无歧视的许可义务。

知识产权人的知识产权成为推荐性国家、行业或者地方标准明示所涉必要知识产权的信息时，为了提高该行业的技术水平和产品的质量，其知识产权就成为该行业必须采用的标准。知识产权人就应当遵守公平、合理和无歧视的许可义务，保证标准的统一和顺利实施。

现行法规定

《最高人民法院关于审理侵犯专利权纠纷案件应用法律若干问题的解释（二）》

第二十四条 推荐性国家、行业或者地方标准明示所涉必要专利的信息，被诉侵权人以实施该标准无须专利权人许可为由抗辩不侵犯该专利权的，人民法院一般不予支持。

推荐性国家、行业或者地方标准明示所涉必要专利的信息，专利权人、被诉侵权人协商该专利的实施许可条件时，专利权人故意违反其在标准制定中承诺的公平、合理、无歧视的许可义务，导致无法达成专利实施许可合同，且被诉侵权人在协商中无明显过错的，对于权利人请求停止标准实施行为的主张，人民法院一般不予支持。

本条第二款所称实施许可条件，应当由专利权人、被诉侵权人协商确定。经充分协商，仍无法达成一致的，可以请求人民法院确定。人民法院在确定上述实施许可条件时，应当根据公平、合理、无歧视的原则，综合考虑专利的创新程度及其在标准中的作用、标准所属的技术领域、标准的性质、标准实施的范围和相关的许可条件等因素。

法律、行政法规对实施标准中的专利另有规定的，从其规定。

第二节　知识产权的许可合同与转让合同

> **第五十条　【知识产权许可类型】**
>
> 权利人可以以独占使用许可、排他（独家）使用许可、普通使用许可等方式许可他人使用其知识产权，并有权获得报酬。
>
> 独占使用许可，是指权利人仅许可一个被许可人在约定的期间、地域、以约定的方式使用其知识产权，许可人依约定不得使用该知识产权。
>
> 独家许可，是指权利人仅许可一个被许可人在约定的期间、地域、以约定的方式使用其知识产权，许可人依约定可以使用该知识产权但不得另行许可他人使用该知识产权。
>
> 普通使用许可，是指权利人许可他人在约定的期间、地域、以约定的方式使用其知识产权，并可自行使用和许可他人使用该知识产权。

条文说明

本条是知识产权许可的类型化规定。不同的许可类型，许可人和被许可人的权利范围不同。

我国知识产权单行法对于知识产权许可使用的类型规定不统一、不完善，为了统一知识产权许可的类型，综合学理、法律规定和司法实践，将知识产权许可类型化为普通许可、独家许可、独占许可等三种类型，有利于统一知识产权的许可方式，便于当事人行使知识产权，也有利于司法实践的操作。

现行法规定

《最高人民法院关于审理商标民事纠纷案件适用法律若干问题的解释》

第三条　商标法第四十条规定的商标使用许可包括以下三类：

（一）独占使用许可，是指商标注册人在约定的期间、地域和以约定的方式，将该注册商标仅许可一个被许可人使用，商标注册人依约定不得使用该注册商标；

（二）排他使用许可，是指商标注册人在约定的期间、地域和以约定的方式，将该注册商标仅许可一个被许可人使用，商标注册人依约定可以使用该注册商标但不得另行许可他人使用该注册商标；

（三）普通使用许可，是指商标注册人在约定的期间、地域和以约定的方式，许可他人使用其注册商标，并可自行使用该注册商标和许可他人使用其注册商标。

立法例借鉴

《俄罗斯联邦民法典》

第1236条 许可合同的种类

1. 许可合同可以规定：

（1）向被许可人提供智力活动成果或个别化手段的使用权，但许可人仍保留向其他人颁发许可证的权利（普通许可或非排他许可）；

（2）向被许可人提供智力活动成果或个别化手段的使用权，而许可人不再保留向其他人颁发许可证的权利（排他许可）。

2. 如果许可合同没有不同规定，推定许可为普通许可（非排他许可）。

3. 在关于智力活动成果或个别化手段不同使用方式的一个许可合同中，可以含有本条第1款对不同许可合同规定的条款。

《白俄罗斯民法典》

第985条 许可合同

1. 按照许可合同，拥有使用知识产权客体专有权的当事人（许可人），许可另一方当事人（被许可人）使用相应知识产权客体。

如果法律文件没有另外规定，商业组织之间不允许无偿赋予使用知识产权客体的权利。

许可合同和许可合同变更，在法律有规定程序的情况下在专利机关登记。

2. 许可合同可以规定赋予被许可人：

（1）许可人保留知识产权客体使用权给他人颁发许可证的权利（普通的、非专有许可）；

（2）许可人保留部分知识产权客体使用权，不转让给被许可人，但无权给他人颁发许可证（专有许可）；

（3）被法律文件许可的其他形式的许可。

如果在许可合同中没有另外规定，许可被认为是普通许可（非专有的）。

3. 被许可人在许可合同规定的范围赋予他人知识产权客体使用权合同，被认为是再许可合同。在许可合同有规定的情形下，被许可人有权签订再许可合同。

《土库曼斯坦共和国民法典》

第1062条　许可合同

1. 按照许可合同，一方当事人——智力活动成果或者个性化标识专有权拥有人（许可人）授予或者保证授予另一方当事人（被许可人）在合同规定的范围内该成果或者个性化标识使用权。

4. 许可合同可以规定：

（1）授予被许可人智力活动成果或者个性化标识使用权，为许可人保留给他人颁发许可证权利——普通（非专有）许可。

（2）授予被许可人智力活动成果或者个性化标识使用权，没有为许可人保留给他人颁发许可证权利——专有许可。

5. 如果许可合同没有另外规定，许可视为普通许可（非专有）。

《哈萨克斯坦共和国民法典》

第966条　许可合同

1. 按照许可合同，拥有智力创造活动成果或者个性化标识（许可人）一方当事人授权另一方当事人（被许可人）以一定方式临时使用相关知识产权客体的权利。

许可合同被要求是有偿的。

2. 许可合同可以规定授予被许可人：

（1）使用智力活动成果或者个性化标识的权利，为许可人保留给他人颁发许可证权利——普通（非专有）许可。

（2）使用智力活动成果或者个性化标识权利，没有为许可人保留给他人颁发许可证权利——专有许可。

《吉尔吉斯斯坦共和国民法典》

第1042条　许可合同

1. 按照许可合同，拥有智力创造活动成果或者个性化标识专有权（许可人）的一方当事人授权另一方当事人（被许可人）允许使用相关知识产权客体。

许可合同被认为是有偿的。

2. 许可合同可以规定授予被许可人：

知识产权客体使用权，许可人保留其使用权和给他人颁发许可证权利（非专有许可）；

知识产权客体使用权，许可人保留部分使用权，没有转让给被许可人（专有许可）；

法律允许的其他许可种类。

如果许可合同中没有另外规定，许可被认为是非专有的。

3. 被许可人授予他人知识产权客体使用权的合同被认为是再许可合同。被许可人在许可合同有规定的情况下有权签订再许可合同。

如果许可合同没有另外规定，被许可人向许可人承担再被许可人行为的责任。

《乌兹别克斯坦共和国民法典》

第1036条　许可合同

1. 按照许可合同，拥有智力创造活动成果或者个性化标识（许可人）的一方当事人授权另一方当事人（被许可人）允许使用相关知识产权客体。

许可合同应当规定授予的权利、范围和使用期限。

许可合同被认为是有偿的。

2. 许可合同可以规定授予被许可人：

知识产权客体使用权，许可人保留其使用权和给他人颁发许可证权利（普通的非专有许可）；

知识产权客体使用权，许可人保留其使用权，但无权给他人颁发许可证（专有许可）；

法律允许的其他许可种类。

如果许可合同中没有另外规定，许可被认为是普通许可（非专有的）。

被许可人授予他人知识产权客体使用权的合同被认为是再许可合同。被许可人在许可合同有规定的情况下有权签订再许可合同。

如果许可合同没有另外规定，被许可人向许可人承担再被许可人行为的责任。

> **第五十一条 【知识产权许可合同】**
>
> 权利人许可他人行使知识产权，应当与被许可人订立书面合同。许可使用合同包括下列主要内容：
>
> （一）许可使用的权利种类；
>
> （二）许可使用的权利是专有使用权或者非专有使用权；
>
> （三）许可使用的地域范围、期间；
>
> （四）付酬标准和办法；
>
> （五）违约责任；
>
> （六）双方认为需要约定的其他内容。
>
> 许可合同中没有约定或未明确约定许可类型的，视为普通许可。
>
> 权利人与被许可人签订的许可合同自成立之日生效，法律有特别规定的，依照其规定。

条文说明

本条是许可合同的订立和生效的规定。

由于知识产权客体的非物质性，需要通过书面合同形式明确许可的范围、地域和有效期限及其许可性质，以便确定权利的边界。

我国知识产权单行法均未规定知识产权许可合同的书面形式，只有《著作权法》对某些类型的许可合同要求书面形式，但独联体国家的知识产权法要求知识产权许可采用书面形式。许可合同自合同成立之日起生效，是合同成立与生效的基本原理，但我国《著作权法》《专利法》和《商标法》均要求许可合同备案，为了与现行法律规定保持一致，增加第3款规定。

现行法规定

《专利法》

第十二条　任何单位或者个人实施他人专利的，应当与专利权人订立实施许可合同，向专利权人支付专利使用费。被许可人无权允许合同规定以外的任何单位或者个人实施该专利。

《著作权法》

第二十四条　使用他人作品应当同著作权人订立许可使用合同，本法规定可以不经许可的除外。

许可使用合同包括下列主要内容：

（一）许可使用的权利种类；

（二）许可使用的权利是专有使用权或者非专有使用权；

（三）许可使用的地域范围、期间；

（四）付酬标准和办法；

（五）违约责任；

（六）双方认为需要约定的其他内容。

《商标法》

第四十三条　商标注册人可以通过签订商标使用许可合同，许可他人使用其注册商标。许可人应当监督被许可人使用其注册商标的商品质量。被许可人应当保证使用该注册商标的商品质量。

经许可使用他人注册商标的，必须在使用该注册商标的商品上标明被许可人的名称和商品产地。

许可他人使用其注册商标的，许可人应当将其商标使用许可报商标局备案，由商标局公告。商标使用许可未经备案不得对抗善意第三人。

立法例借鉴

《俄罗斯联邦民法典》

第1235条　许可合同

1. 根据许可合同，一方——智力活动成果或个别化手段专属权持有人（许可人）向另一方（被许可人）提供或承担义务提供在合同规定限度内使用该成果或手段的权利。

被许可人只能在许可合同规定的权利限度内和按许可合同规定的方式使用智力活动成果或个别化手段。许可合同未明文规定的使用智力活动成果或个别化手段的权利，视为未向被许可人提供。

2. 许可合同以书面形式签订，但本法典有不同规定的除外。

在本法典第1232条第2款规定的情况下，许可合同应进行国家注册。

不遵守书面形式或国家注册要求的，许可合同无效。

3. 许可合同中应该规定允许使用智力活动成果或个别化手段的地域。如果合同没有指明允许使用该成果或手段的地域，则被许可人有权在俄罗斯联邦全境使用。

4. 许可合同的有效期不得超过智力活动成果或个别化手段专属权的有效期。

如果许可合同未规定有效期，则合同的有效期视为5年，但本法典有不同规定的除外。

专属权终止时，许可合同亦随之终止。

5. 根据许可合同，被许可人有义务向许可人给付合同规定的报酬，但合同有不同规定的除外。

如果在有偿许可合同中没有关于报酬数额的条款或者确定报酬数额程序的条款，则合同视为没有订立。在这种情况下，不得适用本法典第424条第3款所规定的确定合同价格的规则。

6. 许可合同应该规定：

（1）合同标的：指出合同提供使用权的智力活动成果或个别化手段，同时指出在相应情况下证明智力活动成果或个别化手段专属权的文件号码和颁发日期（专利证书、证明）；

（2）智力活动成果或个别化手段的使用方式。

7. 智力成果或个别化手段专属权向新权利所有人的移转，不是变更或解除前权利持有人所签订的许可合同的根据。

第五十二条　【被许可人的再许可权】

知识产权独占许可的被许可人有权再许可第三人使用被许可的知识产权，当事人另有约定的除外。

再许可应当以许可合同的范围为准，超过原许可范围的再许可合同无效。

再许可人使用知识产权时，给权利人或者他人造成损害的，由独占被许可人对许可人承担责任，但合同有约定或者法律另有规定的除外。

条文说明

本条是再许可合同的规定。

独占许可是权利人行使知识产权的主要方式，独占被许可人在许可合同有效期再许可他人实施知识产权，有利于实现许可人利益和知识产权价值的最大化，也有利于社会公众享受知识产权带来的利益。但再许可合同不能损害许可人的利益，同时再许可合同的被再许可人只能在许可合同的范围和有效期行使再许可使用权。

立法例借鉴

《俄罗斯联邦民法典》

第1238条　再许可使用合同

1. 在许可人书面同意下，被许可人可以依合同授予他人智力活动成果或者个性化标识使用权（再许可合同）。

2. 按照再许可合同再被许可人只有在许可合同为被许可人规定的权利和使用方式范围，可以被赋予智力活动成果或者个性化标识使用权。

3. 期限超过许可合同有效期限的再许可合同，视为在许可合同有效期内。

4. 被许可人代替许可人承担再被许可人行为的责任，如果许可合同没有另外规定。

5. 本法典的许可合同规则适用于再许可合同。

《白俄罗斯民法典》

第 985 条　许可合同

3. 被许可人在许可合同规定的范围赋予他人知识产权客体使用权合同，被认为是再许可合同。在许可合同有规定的情形下，被许可人有权签订再许可合同。

《乌克兰共和国民法典》

第 1109 条　许可合同

2. 在许可合同有规定的情况下，可以签订再许可合同，按照再许可合同被许可人授予其他人（再被许可人）使用知识产权的再许可。在此情况下，如果许可合同没有另外规定，被许可人承担许可人为再许可人行为负责的责任。

《土库曼斯坦共和国民法典》

第 1063 条　再许可合同

1. 在许可人书面同意时，被许可人可以按照合同将智力活动成果或者个性化标识使用权授予他人（再许可合同）。

2. 按照再许可合同被再许可人只能在权利和为被许可人许可合同规定的使用方式范围内可以享有智力活动成果或者个性化标识使用权。

3. 含有超过许可合同有效期限的再许可合同视为包含许可合同有效期。

4. 被许可人对许可人承担被再许可人行为的责任，如果许可合同没有另外规定。

5. 本法典有关许可合同的规则适用于再许可合同。

《吉尔吉斯斯坦共和国民法典》

第 1042 条　许可合同

3. 被许可人授予他人知识产权客体使用权的合同被认为是再许可合同。被许可人在许可合同有规定的情况下有权签订再许可合同。

如果许可合同没有另外规定,被许可人向许可人承担再被许可人行为的责任。

《乌兹别克斯坦共和国民法典》

第 1036 条　许可合同

2. 许可合同可以规定授予被许可人:

被许可人授予他人知识产权客体使用权的合同被认为是再许可合同。被许可人在许可合同有规定的情况下有权签订再许可合同。

如果许可合同没有另外规定,被许可人向许可人承担再被许可人行为的责任。

第五十三条　【知识产权转让合同】

知识产权可以全部或者部分转让给他人。

知识产权转让应当采用书面形式。知识产权转让合同包括下列主要内容:

(一) 转让的权利种类、地域范围;

(二) 转让价金;

(三) 交付转让价金的日期和方式;

(四) 违约责任;

(五) 双方认为需要约定的其他内容。

知识产权转让合同自成立之日起生效,并依法办理备案或者登记。法律另有规定的除外。

权利人转让知识产权的,独占被许可人享有优先购买权。

条文说明

本条是关于知识产权转让合同的形式、内容、生效和独占被许可人优先购买权的规定。

知识产权按照合同转让应当采用书面形式,这是由知识产权客体的非物质性特点决定的,因为知识产权客体不能像动产进行占有,通过签订书面合同的形式以彰显和证明权利的变动。备案或者登记是知识产权变动的公示方式，保护交易的安全。但如果其他法律规定登记生效的，按照其他法律规定执行。为了保护独占被许可人的投资利益，在权利人转让其知识产权时，独占被许可人享有优先购买权，有利于知识产权发挥最大的效益，保护独占被许可人的利益。

现行法规定

《专利法》

第十条　专利申请权和专利权可以转让。

中国单位或者个人向外国人、外国企业或者外国其他组织转让专利申请权或者专利权的，应当依照有关法律、行政法规的规定办理手续。

转让专利申请权或者专利权的，当事人应当订立书面合同，并向国务院专利行政部门登记，由国务院专利行政部门予以公告。专利申请权或者专利权的转让自登记之日起生效。

《商标法》

第四十二条　转让注册商标的，转让人和受让人应当签订转让协议，并共同向商标局提出申请。受让人应当保证使用该注册商标的商品质量。

转让注册商标的，商标注册人对其在同一种商品上注册的近似的商标，或者在类似商品上注册的相同或者近似的商标，应当一并转让。

对容易导致混淆或者有其他不良影响的转让，商标局不予核准，书面通知申请人并说明理由。

转让注册商标经核准后，予以公告。受让人自公告之日起享有商标专用权。

立法例借鉴

《独联体国家知识产权示范法典》

（独联体国家间议会 2010 年 4 月 7 日第 34 次全体会议通过）

第十三条　知识产权财产权的转让

1. 知识产权财产权可以根据法律全部或者部分转让给其他人。

2. 知识产权财产权的转让条件由根据法律签订的含有本法典和其他法律要求的合同确定。

3. 对于一些知识产权客体种类财产权按照合同转让可以由法律限制和禁止。

第十四条 未签订合同知识产权财产权转让给其他人

在法律规定的情况下和基础上经权利人许可，包括按照概括继承（继承、法人改组）程序和在征收权利人财产时，知识产权财产权转让给其他人。

《俄罗斯联邦民法典》

第1234条 专属权转让合同

1. 根据专属权转让合同，一方（权利持有人）将智力活动或个别化手段专属权完全转让或承担义务完全转让给另一方（权利取得人）。

2. 在本法典第1232条第2款规定的情况下，专属权转让合同以书面形式订立并应进行国家注册。不遵守书面形式或国家注册要求的，合同无效。

3. 根据专属权转让合同，权利取得人有义务向权利持有人给付合同规定的报酬，但合同有不同规定的除外。

如果在专属权有偿转让合同中没有关于报酬数额的条款或者确定报酬数额的条款，则合同视为没有订立。在这种情况下，不得适用本法典第424条第3款所规定的确定合同价格的规则。

4. 智力活动成果或个别化手段专属权在专属权转让合同签订之时从权利持有人移转给权利取得人，但双方协议有不同规定的除外。如果专属权转让合同应该进行国家注册（第1232条第2款），则智力活动成果或个别化手段专属权在合同进行国家注册之时从权利持有人移转给权利取得人。

5. 如果权利取得人严重违反在专属权转让合同规定的期限内向权利持有人给付取得智力活动成果或个别化手段专属权的报酬的义务（第450条第2款第1项），原权利持有人有权通过司法程序将专属权取得人的权利再移转给自己并要求赔偿损失，但专属权已经移转给权利取得人的情形除外。

如果专属权未移转给权利取得人，权利取得人违反在合同规定期限内给付取得专属权报酬的义务，则权利持有人可以单方面拒绝合同并要求赔偿合同解除所造成的损失。

《白俄罗斯民法典》

第 984 条 专有权转让合同

1. 按照专有权转让合同一方当事人（权利人）完全转让属于他的智力活动成果或者民事流转参加者、商品、工作或者服务个性化标识专有权给另一方当事人。

2. 专有权转让合同应当包含报酬数额或者它的确定程序，或者直接指示这个合同是无偿的。

3. 专有权转让合同以书面形式签订和在法律文件规定的情况下应当登记。违反书面形式或者登记要求的，导致合同无效。

4. 智力活动成果或者民事流转参加者、商品、工作或者服务个性化标识专有权从专有权转让合同签订时，从权利人转让给另一方当事人，如果该合同没有另外规定。智力活动成果或者民事流转参加者、商品、工作或者服务个性化标识专有权按照专有权转让合同，根据法律文件应当登记的，从该合同登记时从权利人转让给另一方当事人。

《乌克兰共和国民法典》

第 427 条 知识产权财产权转让

1. 知识产权财产权可以根据法律全部或者部分转让给他人。

2. 知识产权财产权转让的条件可以由根据本法典和其他法律签订的合同确定。

《土库曼斯坦共和国民法典》

第 1060 条 专有权处分

1. 权利人可以以不与法律和该专有权的实质抵触的任何方式处分属于他的智力活动成果或者个性化标识，包括按照合同处分给他人（专有权出让合同）或者在合同（许可合同）规定的范围内授予相关智力活动成果或者个性化标识使用权给他人。

许可合同的签订不引起专有权本身转让给被许可人。

《哈萨克斯坦共和国民法典》

第 965 条 专有权转让给他人

1. 如果本法典或者其他法律文件没有另外规定，知识产权客体专有权可以由其权利人按照合同全部或者部分转让给他人，以及按照遗产的概括继承和由于法人权利人改组的程序移转。

专有权转让不应当限制作者权和其他非财产权。有关该权利的转让或者限制的合同条件无效。

《吉尔吉斯斯坦共和国民法典》

第 1041 条　专有权转让

1. 如果本法典或者其他法律没有另外规定，属于知识产权客体专有权拥有者的财产权可以由其权利人按照合同全部或者部分转让给他人，以及按照继承和按照法人——权利人改组时的程序移转。

2. 专有权按照合同转让或者按照概括继承转让不导致作者权和其他个人非财产权的转让或者限制。有关该权利的转让或者限制的合同条件无效。

按照合同转让的专有权应该在合同中确定。合同中没有规定作为转让的权利，视为未转让。

关于许可合同的规则适用于规定在专有权有效期授予他人有限时间的合同。

《乌兹别克斯坦共和国民法典》

第 1035 条　专有权转让

如果本法典或者其他法律没有另外规定，属于知识产权客体专有权拥有者的财产权可以由其权利人按照合同全部或者部分转让给他人，以及按照继承和按照法人——权利人改组时的程序移转。

财产权按照合同转让或者按照概括继承转让不导致作者权和其他不可剥夺和不可转让的专有权的转让或者限制。有关该权利的转让或者限制的合同条件无效。

按照合同转让的专有权应该在合同中确定。合同中没有规定作为转让的权利，视为未转让，因为没有另外的证明。

关于许可合同的规则适用于规定在专有权有效期授予他人有限时间的合同。

《塔吉克斯坦共和国民法典》

第1133条 财产权转让

1. 知识产权客体财产权可以按照合同转让给其他人或者根据法律转让给他们。

2. 与知识产权客体财产权转让相联系的合同应当以书面或者法律规定其他形式进行。

3. 恶化知识产权享有者地位的合同条件被认为是无效的。

4. 与知识产权客体财产权转让以及该客体权利转让的其他情形相联系的合同的固定种类的国家注册可以由法律规定。

> **第五十四条　【知识产权转让合同的限制】**
>
> 转让合同没有明确规定知识产权财产权完全转让的，视为许可合同。
>
> 转让合同限制受让人创造知识产权客体或者行使权利的地域范围的，受让人可以撤销或者解除该合同。
>
> 转让合同规定权利人人格权转让的，该合同无效。

条文说明

知识产权财产权转让必须明确规定转让的财产权的种类、范围和报酬，以及双方的权利和义务。如果规定不明确，与许可合同无法区分，只能按照许可合同处理。转让合同是一次性将知识产权财产权转让给他人，他人成为该财产权的专有权人。如果合同规定限制受让人创造知识产权客体或者行使权利的范围，是对他人专有权的侵犯，受让人有权撤销后者变更合同。知识产权人格权是权利人的不可剥夺和不可转让的专属性权利，合同中规定人格权转让的，违反人格权的专属性，该合同应该无效。

立法例借鉴

《俄罗斯联邦民法典》

第1233条 专有权的处分

3. 没有直接规定智力活动成果或者个性化标识专有权完全转让的合同，

视为许可合同,除专门为列入复杂客体创造或者已经创造的对智力活动成果使用权签订的合同外(第1240条第1款第2段)。

4. 限制公民创造特定种类或者在知识产权一定领域或者转让该成果专有权给其他人的专有权转让合同或者许可合同条款无效。

《乌兹别克斯坦共和国民法典》

第1035条 专有权转让

财产权按照合同转让或者按照概括继承转让不导致作者权和其他不可剥夺和不可转让的专有权的转让或者限制。有关该权利的转让或者限制的合同条件无效。

《吉尔吉斯斯坦共和国民法典》

第1041条 专有权转让

2. 专有权按照合同转让或者按照概括继承转让不导致作者权和其他个人非财产权的转让或者限制。有关该权利的转让或者限制的合同条件无效。

> 第五十五条 【转让不破许可原则】
>
> 权利人转让知识产权的,不影响与他人以前订立的许可合同,但知识产权许可合同另有约定的除外。

▍条文说明

本条规定权利人与他人订立了许可使用合同后,将知识产权转让的,转让行为不影响许可合同。

合同法中的"买卖不破租赁"同样可以适用于知识产权转让。许可合同是知识产权在实践中行使最广泛的一种方式,为了保障被许可人的使用权,应当借鉴"买卖不破租赁"的法理,知识产权转让合同也不应当影响许可合同。但由于知识产权客体与不动产的不同,该规定允许许可合同的当事人可以约定排除"买卖不破租赁"的规则,这既可以发挥"买卖不破租赁"原则的优势,又给予当事人以意思自治的权利,更有利于充分利用知识产权。

立法例借鉴

《乌克兰共和国民法典》

第1113条第2款　签订知识产权专有财产权转让合同不影响以前签订的许可合同。

《俄罗斯联邦民法典》

第1235条　许可使用合同、智力活动成果或者个性化标识专有权转让给新的权利人不是以前的权利人签订的许可使用合同变更或者解除的理由。

第三节　知识产权质押

> **第五十六条　【知识产权质权的基本权利】**
>
> 为担保债务的履行，债务人或者第三人将其知识产权出质给债权人的，债务人不履行到期债务或者发生当事人约定的实现质权的情形，债权人有权就该知识产权优先受偿。
>
> 前款规定的债务人或者第三人为出质人，债权人为质权人。

条文说明

本条规定知识产权质权的基本权利。

规定本条的理由在于，在《物权法》第四编担保物权中，每章的第1条都会规定该担保物权的基本权利，其中，《物权法》第15章一般规定的第1条规定了担保物权的基本权利，《物权法》第16章抵押权的第1条规定了抵押权的基本权利，《物权法》第17章质权的第1节动产质权的第1条规定了动产质权的基本权利，《物权法》第18章留置权的第1条规定了留置权的基本权利。

知识产权编单设一节规定知识产权质权，将知识产权质权作为一个独立的部分，也应该在第1条规定知识产权质权的基本权利，总领本节的其余条文，使得结构体例完整。因此，参考《物权法》的上述规定，本节第 1 条规定知识产权质权的基本权利。

现有法规定

《物权法》

第一百七十九条　为担保债务的履行，债务人或者第三人不转移财产的占有，将该财产抵押给债权人的，债务人不履行到期债务或者发生当事人约定的实现抵押权的情形，债权人有权就该财产优先受偿。

前款规定的债务人或者第三人为抵押人，债权人为抵押权人，提供担保的财产为抵押财产。

第二百零八条　为担保债务的履行，债务人或者第三人将其动产出质给债权人占有的，债务人不履行到期债务或者发生当事人约定的实现质权的情形，债权人有权就该动产优先受偿。

前款规定的债务人或者第三人为出质人，债权人为质权人，交付的动产为质押财产。

第二百三十条　债务人不履行到期债务，债权人可以留置已经合法占有的债务人的动产，并有权就该动产优先受偿。

前款规定的债权人为留置权人，占有的动产为留置财产。

第五十七条　【知识产权质权的客体】

债务人或者第三人有权处分的下列知识产权可以出质：

（一）著作权和相关权

（二）专利权

（三）注册商标专用权

（四）集成电路布图设计权

（五）植物新品种权

（六）法律、行政法规未禁止出质的其他知识产权。

出质人可以将前款所列知识产权一并出质。

法律、行政法规禁止转让的知识产权不得出质。

条文说明

本条规定知识产权质权的客体。规定本条的理由在于，不论是《物权法》中的各种担保物权，还是知识产权质权登记的部门规章，都规定了担保权的客体，担保权的客体直接决定了可以进行担保的客体范围。但现行法规定的知识产权质权的客体范围较窄，不够全面。

《物权法》在权利质权一节中规定了知识产权质权的客体，《物权法》第223条规定："债务人或者第三人有权处分的下列权利可以出质：（一）汇票、支票、本票；（二）债券、存款单；（三）仓单、提单；（四）可以转让的基金份额、股权；（五）可以转让的注册商标专用权、专利权、著作权等知识产权中的财产权；（六）应收账款；（七）法律、行政法规规定可以出质的其他财产权利。"由此可知，《物权法》规定的知识产权质权的客体为"可以转让的注册商标专用权、专利权、著作权等知识产权中的财产权"。

知识产权质权登记的部门规章也基本延续了上述规定的思路，著作权、注册商标专用权和专利权都有相应的质权登记办法。《著作权质权登记办法》第3条第1款规定："《中华人民共和国著作权法》规定的著作权以及与著作权有关的权利（以下统称"著作权"）中的财产权可以出质。"《注册商标专用权质权登记程序规定》第2条第1款规定："自然人、法人或者其他组织以其注册商标专用权出质的，出质人与质权人应当订立书面合同，并向商标局办理质权登记。"《专利权质押登记办法》第3条第1款规定："以专利权出质的，出质人与质权人应当订立书面质押合同。"

但是，除了著作权、注册商标专用权和专利权，其他知识产权能否出质，法律没有明确的规定，只能依靠对《物权法》第223条第7项规定的"等知识产权"进行解释，以包括其他权利。因此，本条第1款将知识产权质权的客体明确化，不仅包括现行法规定的三种权利，还包括其他法律和行政法规明确规定可以转让的知识产权。根据现行法，集成电路布图设计权可以转让和出质，《集成电路布图设计保护条例》第22条规定："布图设计权利人可以将其专有权转让或者许可他人使用其布图设计。"《集成电路布图设计保护条例实施细则》在两个条文中明确集成电路布图设计权可以出质，第10条第2款规定："涉及共有的布图设计专有权的，每一个共同布图设计权利人在没有征得其他共同布图设计权利人同意的情况下，不得将其所持有的那一部分权利进行转让、出质或者与他人订立独占许可合同或者排他许可合同。"该实施细则第31条第2款规定："布图设计专有权已许可他人实施或者已经出质的，该布图设计专有权的放弃应当征得被许可人或质权人的同意。"植物新品种权也可以转让，《植物新品种保护条例》第9条第1款规定："植物新品种的申请权和品种权可以依法转让。"因此，本条第1款将集成电路布图设计权和植物新品种权也明确列为可以出质的知识产权。

各种知识产权是否可以一并质押，法律没有明确。在理论上，多项不同的知识产权一并质押，法律应当允许。《物权法》对于各种抵押权的客体明确允许一并抵押，《物权法》第180条规定："债务人或者第三人有权处分的下列财产可以抵押：（一）建筑物和其他土地附着物；（二）建设用地使用权；（三）以招标、拍卖、公开协商等方式取得的荒地等土地承包经营权；（四）生产设备、原材料、半成品、产品；（五）正在建造的建筑物、船舶、航空器；（六）交通运输工具；（七）法律、行政法规未禁止抵押的其他财产。抵押人可以将前款所列财产一并抵押。"本条第2款参考《物权法》第180条第2款进行类似的规定，允许多项不同的知识产权一并质押。

《物权法》第223条规定知识产权质权的客体是"知识产权中的财产权"，是为了排除著作人身权，但其他知识产权中并没有人身权，是纯粹的财产权。从本质上讲，只要知识产权可以转让，就可以出质。著作人身权不能转让，因此不能出质。但著作人身权未来是否存在，是否可以转让，未来的立法都有可能修改，本条不如只在"可以转让"上进行限制，以增加条文的灵活性。《物权法》在动产质权一节就规定了类似限制，《物权法》第209条规定："法律、行政法规禁止转让的动产不得出质。"本条第3款参考这一规定，作出类似的规定，明确著作人身权等不能转让的知识产权不能出质，但哪些知识产权禁止转让，由法律和行政法规予以规定。

第四章 知识产权的行使

> **现有法规定**

《物权法》

第二百二十三条 债务人或者第三人有权处分的下列权利可以出质：（一）汇票、支票、本票；（二）债券、存款单；（三）仓单、提单；（四）可以转让的基金份额、股权；（五）可以转让的注册商标专用权、专利权、著作权等知识产权中的财产权；（六）应收账款；（七）法律、行政法规规定可以出质的其他财产权利。

《著作权质权登记办法》

第三条第一款 《中华人民共和国著作权法》规定的著作权以及与著作权有关的权利（以下统称"著作权"）中的财产权可以出质。

《注册商标专用权质权登记程序规定》

第二条第一款 自然人、法人或者其他组织以其注册商标专用权出质的，出质人与质权人应当订立书面合同，并向商标局办理质权登记。

《专利权质押登记办法》

第三条第一款 以专利权出质的，出质人与质权人应当订立书面质押合同。

《集成电路布图设计保护条例》

第二十二条第一款 布图设计权利人可以将其专有权转让或者许可他人使用其布图设计。

《集成电路布图设计保护条例实施细则》

第三十一条第二款 布图设计专有权已许可他人实施或者已经出质的，该布图设计专有权的放弃应当征得被许可人或质权人的同意。

《植物新品种保护条例》

第九条第一款 植物新品种的申请权和品种权可以依法转让。

《物权法》

第一百八十条 债务人或者第三人有权处分的下列财产可以抵押：（一）建筑物和其他土地附着物；（二）建设用地使用权；（三）以招标、拍卖、公开协商等方式取得的荒地等土地承包经营权；（四）生产设备、原材料、半成品、产品；（五）正在建造的建筑物、船舶、航空器；（六）交通运输工具；（七）法律、行政法规未禁止抵押的其他财产。抵押人可以将前款所列财产一并抵押。

第二百零九条　法律、行政法规禁止转让的动产不得出质。

> **第五十八条　【知识产权质权的成立要件】**
>
> 以知识产权出质的，当事人应当订立书面合同。质权自有关主管部门办理出质登记时设立。
>
> 有下列情形之一的，登记机构不予办理出质登记：
>
> （一）出质人不是知识产权人的；
>
> （二）出质的知识产权已经终止的；
>
> （三）债务人履行债务的期限超过知识产权保护期的；
>
> （四）出质的知识产权存在权属争议的；
>
> （五）以共有的知识产权出质但未取得全体共有人同意的；
>
> （六）合同违反法律法规强制性规定的；
>
> （七）其他不符合出质条件的。

条文说明

本条规定知识产权质权的成立要件。

规定本条的理由在于，知识产权质权的成立要件至关重要，必须在本节予以明确，且应该符合知识产权的特殊性。

本条第 1 款规定了知识产权质权的成立要件采债权形式主义，必须同时满足订立书面合同和质权登记两个要件才能成立。同时采用区分原则，知识产权质权合同的效力不受是否进行质权登记的影响。质权登记只影响知识产权质权的效力。

这一规定也与现行法一致。对于知识产权质权，《物权法》第 227 条第 1 款规定："以注册商标专用权、专利权、著作权等知识产权中的财产权出质的，当事人应当订立书面合同。质权自有关主管部门办理出质登记时设立。"对于著作权质权，《著作权法》第 26 条规定："以著作权出质的，由出质人和质权人向国务院著作权行政管理部门办理出质登记。"《著作权质权登记办法》第 4 条第 1 款规定："以著作权出质的，出质人和质权人应当订立书面质权合同，并由双方共同向登记机构办理著作权质权登记。"第 5 条规定："著作权质权的设立、变更、转让和消灭，自记载于《著作权质权登记簿》时发生效力。"对于商标权质权，《注册商标专用权质权登记程序规定》第 2 条第 1 款规定："自然人、法人或者其他组织以其注册商标专用权出质的，出质人与质权人应当订立书面合同，并向商标局办理质权登记。"对于专利权质权，《专利法实施细则》第 14 条第 3 款规定："以专利权出质的，由出质人和质权人共同向国务院专利行政部门办理出质登记。"《专利权质押登记办法》第 3 条第 1 款规定："以专利权出质的，出质人与质权人应当订立书面质押合同。"第 12 条第 1 款规定："专利权质押登记申请经审查合格的，国家知识产权局在专利登记簿上予以登记，并向当事人发送《专利权质押登记通知书》。质权自国家知识产权局登记时设立。"

本条第 2 款规定不予办理出质登记的情形，有些具有知识产权的特殊性，有些则是担保权的一般要求，详细列举可以细化知识产权质权成立的要件，因此予以单独规定。具体情形主要参考了知识产权质权登记的部门规章中规定的情形。

《著作权质权登记办法》第 12 条规定："有下列情形之一的，登记机构不予登记：（一）出质人不是著作权人的；（二）合同违反法律法规强制性规定的；（三）出质著作权的保护期届满的；（四）债务人履行债务的期限超过著作权保护期的；（五）出质著作权存在权属争议的；（六）其他不符合出质条件的。"《注册商标专用权质权登记程序规定》第 8 条规定："有下列情形之一的，商标局不予登记：（一）出质人名称与商标局档案所记载的名称不一致，且不能提供相关证明证实其为注册商标权利人的；（二）合同的签订违反法律法规强制性规定的；（三）商标专用权已经被撤销、被注销或者有效期满未续展的；（四）商标专用权已被人民法院查封、冻结的；（五）其他不符合出质条件的。"《专利权质押登记办法》第 12 条第 2 款规定："经审查发现有下列情形之一的，国家知识产权局作出不予登记的决定，并向当事人发送《专利权质押不予登记通知书》：（一）出质人与专利登记簿记载的专利权人不一致的；（二）专利权已终止或者已被宣告无效的；（三）专利申请尚未被授予专利权的；（四）专利权处于年费缴纳滞纳期的；（五）专利权已被启动无效宣告程序的；（六）因专利权的归属发生纠纷或者人民法院裁定对专利权采取保全措施，专利权的质押手续被暂停办理的；（七）债务人履行债务的期限超过专利权有效期的；（八）质押合同约定在债务履行期届满质权人未受清偿时，专利权归质权人所有的；（九）质押合同不符合本办法第九条规定的；（十）以共有专利权出质但未取得全体共有人同意的；（十一）专利权已被申请质押登记且处于质押期间的；（十二）其他应当不予登记的情形。"

本款在列举具体的情形时，首先列举上述三个条文中都规定的情形，这些情形包括：出质的知识产权已经终止的、合同违反法律法规强制性规定的、其他不符合出质条件的。对于只在某些条文中规定的情形，如果具有普适性，则也进行列举，这些情形包括：出质人不是知识产权人的、债务人履行债务的期限超过知识产权保护期的、出质的知识产权存在权属争议的、以共有的知识产权出质但未取得全体共有人同意的。

▎现有法规定

《物权法》

第二百二十七条第一款　以注册商标专用权、专利权、著作权等知识产权中的财产权出质的，当事人应当订立书面合同。质权自有关主管部门办理出质登记时设立。

《著作权法》

第二十六条　以著作权出质的，由出质人和质权人向国务院著作权行政管理部门办理出质登记。

《著作权质权登记办法》

第四条第一款　以著作权出质的，出质人和质权人应当订立书面质权合同，并由双方共同向登记机构办理著作权质权登记。

第五条 著作权质权的设立、变更、转让和消灭，自记载于《著作权质权登记簿》时发生效力。

《注册商标专用权质权登记程序规定》

第二条第一款 自然人、法人或者其他组织以其注册商标专用权出质的，出质人与质权人应当订立书面合同，并向商标局办理质权登记。

《专利法实施细则》

第十四条第三款 以专利权出质的，由出质人和质权人共同向国务院专利行政部门办理出质登记。

《专利权质押登记办法》

第三条第一款 以专利权出质的，出质人与质权人应当订立书面质押合同。

第十二条 专利权质押登记申请经审查合格的，国家知识产权局在专利登记簿上予以登记，并向当事人发送《专利权质押登记通知书》。质权自国家知识产权局登记时设立。

经审查发现有下列情形之一的，国家知识产权局作出不予登记的决定，并向当事人发送《专利权质押不予登记通知书》：（一）出质人与专利登记簿记载的专利权人不一致的；（二）专利权已终止或者已被宣告无效的；（三）专利申请尚未被授予专利权的；（四）专利权处于年费缴纳滞纳期的；（五）专利权已被启动无效宣告程序的；（六）因专利权的归属发生纠纷或者人民法院裁定对专利权采取保全措施，专利权的质押手续被暂停办理的；（七）债务人履行债务的期限超过专利权有效期的；（八）质押合同约定在债务履行期届满质权人未受清偿时，专利权归质权人所有的；（九）质押合同不符合本办法第九条规定的；（十）以共有专利权出质但未取得全体共有人同意的；（十一）专利权已被申请质押登记且处于质押期间的；（十二）其他应当不予登记的情形。

《著作权质权登记办法》

第十二条 有下列情形之一的，登记机构不予登记：（一）出质人不是著作权人的；（二）合同违反法律法规强制性规定的；（三）出质著作权的保护期届满的；（四）债务人履行债务的期限超过著作权保护期的；（五）出质著作权存在权属争议的；（六）其他不符合出质条件的。

《注册商标专用权质权登记程序规定》

第八条　有下列情形之一的，商标局不予登记：（一）出质人名称与商标局档案所记载的名称不一致，且不能提供相关证明证实其为注册商标权利人的；（二）合同的签订违反法律法规强制性规定的；（三）商标专用权已经被撤销、被注销或者有效期满未续展的；（四）商标专用权已被人民法院查封、冻结的；（五）其他不符合出质条件的。

> 第五十九条　【出质后转让或者许可使用知识产权】
>
> 　　知识产权出质期间，未经质权人同意，出质人不得转让或者许可他人使用已经出质的知识产权。
>
> 　　出质人转让或者许可他人使用出质的知识产权所得的价款，应当向质权人提前清偿债务或者提存。转让或者许可使用的价款超过债权数额的部分归出质人所有，不足部分由债务人清偿。

条文说明

本条规定知识产权出质后，出质人转让或者许可使用知识产权的限制。规定本条的理由在于，知识产权出质后，出质人（知识产权人）仍享有知识产权，但出质人转让知识产权或者许可他人使用知识产权的行为，可能影响质权人实现质权，因为不同主体通过知识产权获得收益的能力是不同的。因此，有必要对转让和许可行为进行限制，由质权人判断转让和许可行为是否会影响质权的实现，只有在质权人同意的情况下，出质人才能转让知识产权或者许可他人使用知识产权。

本条基本延续了《物权法》《著作权质权登记办法》和《专利权质押登记办法》的基本规定。《物权法》第227条第2款规定："知识产权中的财产权出质后，出质人不得转让或者许可他人使用，但经出质人与质权人协商同意的除外。出质人转让或者许可他人使用出质的知识产权中的财产权所得的价款，应当向质权人提前清偿债务或者提存。"《著作权质权登记办法》第14条规定："著作权出质期间，未经质权人同意，出质人不得转让或者许可他人使用已经出质的权利。出质人转让或者许可他人使用出质的权利所得的价款，应当向质权人提前清偿债务或者提存。"《专利权质押登记办法》第16条规定："专利权质押期间，出质人未提交质权人同意转让或者许可实施该专利权的证明材料的，国家知识产权局不予办理专利权转让登记手续或者专利实施合同备案手续。出质人转让或者许可他人实施出质的专利权的，出质人所得的转让费、许可费应当向质权人提前清偿债务或者提存。"

本条第2款第2句是参考了《物权法》对抵押人转让抵押财产的规定。《物权法》第191条规定："抵押期间，抵押人经抵押权人同意转让抵押财产的，应当将转让所得的价款向抵押权人提前清偿债务或者提存。转让的价款超过债权数额的部分归抵押人所有，不足部分由债务人清偿。抵押期间，抵押人未经抵押权人同意，不得转让抵押财产，但受让人代为清偿债务消灭抵押权的除外。"其中"转让的价款超过债权数额的部分归抵押人所有，不足部分由债务人清偿。"该规则在知识产权质权的现行法中没有明确，但该规则本身可以适用于知识产权质权，因此予以规定，加以明确。

现有法规定

《物权法》

第二百二十七条第二款　知识产权中的财产权出质后，出质人不得转让或者许可他人使用，但经出质人与质权人协商同意的除外。出质人转让或者许可他人使用出质的知识产权中的财产权所得的价款，应当向质权人提前清偿债务或者提存。

《著作权质权登记办法》

第十四条　著作权出质期间，未经质权人同意，出质人不得转让或者许可他人使用已经出质的权利。出质人转让或者许可他人使用出质的权利所得的价款，应当向质权人提前清偿债务或者提存。

《专利权质押登记办法》

第十六条　专利权质押期间，出质人未提交质权人同意转让或者许可实施该专利权的证明材料的,国家知识产权局不予办理专利权转让登记手续或者专利实施合同备案手续。出质人转让或者许可他人实施出质的专利权的,出质人所得的转让费、许可费应当向质权人提前清偿债务或者提存。

《物权法》

第一百一十九条　抵押期间,抵押人经抵押权人同意转让抵押财产的,应当将转让所得的价款向抵押权人提前清偿债务或者提存。转让的价款超过债权数额的部分归抵押人所有,不足部分由债务人清偿。抵押期间,抵押人未经抵押权人同意,不得转让抵押财产,但受让人代为清偿债务消灭抵押权的除外。

第六十条　【知识产权质权的实现条件和方式】

债务人不履行到期债务或者发生当事人约定的实现质权的情形,质权人可以与质押人协议以质押的知识产权折价或者以拍卖、变卖该质押的知识产权所得的价款优先受偿。协议损害其他债权人利益的,其他债权人可以在知道或者应当知道撤销事由之日起一年内请求人民法院撤销该协议。

质权人与质押人未就质权实现方式达成协议的,质权人可以请求人民法院拍卖、变卖质押的知识产权。质押的知识产权折价或者变卖的,应当参照市场价格。

质押的知识产权折价或者拍卖、变卖后,其价款超过债权数额的部分归质押人所有,不足部分由债务人清偿。

条文说明

本条规定知识产权质权的实现条件和方式。规定本条的理由在于,现行法对于知识产权质权的实现条件和方式都未作规定,只能适用《物权法》关于动产质权的规定。而动产质权与知识产权质权又存在差异,有关动产质权实现的规定不能完全适用于知识产权质权的实现,因此有必要结合知识产权质权的特点,规定相应的质权实现条件和方式。

动产质权和知识产权质权在实现上的差异体现为,动产质权以交付动产为成立要件,在实现动产质权时,由于动产由质权人占有,必须由质权人进行实现,质押人无法自行实现动产质权。因此,《物权法》第 219 条第 1 款规定:"债务人履行债务或者出质人提前清偿所担保的债权的,质权人应当返还质押财产。"第 220 条规定:"出质人可以请求质权人在债务履行期届满后及时行使质权;质权人不行使的,出质人可以请求人民法院拍卖、变卖质押财产。出质人请求质权人及时行使质权,因质权人怠于行使权利造成损害的,由质权人承担赔偿责任。"

而知识产权质权以登记为成立要件,在实现知识产权质权时,由于知识产权仍由质押人享有,质押人原则上可以自行实现知识产权质权,而不必请求质权人实现质权。在这点上,知识产权质权的实现与抵押权的实现较为接近,抵押权同样主要以登记为成立要件,在实现抵押权时,抵押财产仍由抵押人享有,抵押人不必通过抵押权人就可实现抵押权。而且《物权法》关于抵押权实现的规定比动产质权实现的规定更详细。因此,本条主要参考《物权法》对抵押权实现的规定,同时结合《物权法》对动产质权实现的规定,对知识产权质权的实现条件和方式予以规定。

对于抵押权的实现,《物权法》第 195 条规定:"债务人不履行到期债务或者发生当事人约定的实现抵押权的情形,抵押权人可以与抵押人协议以抵押财产折价或者以拍卖、变卖该抵押财产所得的价款优先受偿。协议损害其他债权人利益的,其他债权人可以在知道或者应当知道撤销事由之日起一年内请求人民法院撤销该协议。抵押权人与抵押人未就抵押权实现方式达成协议的,抵押权人可以请求人民法院拍卖、变卖抵押财产。抵押财产折价或者变卖的,应当参照市场价格。"《物权法》第 198 条规定:"抵押财产折价或者拍卖、变卖后,其价款超过债权数额的部分归抵押人所有,不足部分由债务人清偿。"

对于动产质权的实现,《物权法》第 219 条第 2—3 款规定:"债务人不履行到期债务或者发生当事人约定的实现质权的情形,质权人可以与出质人协议以质押财产折价,也可以就拍卖、变卖质押财产所得的价款优先受偿。质押财产折价或者变卖的,应当参照市场价格。"第 221 条规定:"质押财产折价或者拍卖、变卖后,其价款超过债权数额的部分归出质人所有,不足部分由债务人清偿。"

比较上述规定，主要差异在于抵押权实现的规定多了对其他债权人利益的保护，主要原因是同一抵押财产可以担保两个以上债权，但质权的成立必须交付质押动产，因此同一质押动产只能担保一个债权，自然不存对其他债权人利益的保护问题。同一知识产权也可以担保两个以上债权，因此有必要参考抵押权的规定，对其他债权人的利益进行保护，规定质权人与质押人达成的实现知识产权质权的协议损害其他债权人利益的，其他债权人可以在知道或者应当知道撤销事由之日起一年内请求人民法院撤销该协议。

现有法规定

《物权法》

第二百一十九条　债务人履行债务或者出质人提前清偿所担保的债权的，质权人应当返还质押财产。

债务人不履行到期债务或者发生当事人约定的实现质权的情形，质权人可以与出质人协议以质押财产折价，也可以就拍卖、变卖质押财产所得的价款优先受偿。

质押财产折价或者变卖的，应当参照市场价格。

第二百二十条　出质人可以请求质权人在债务履行期届满后及时行使质权；质权人不行使的，出质人可以请求人民法院拍卖、变卖质押财产。

出质人请求质权人及时行使质权，因质权人怠于行使权利造成损害的，由质权人承担赔偿责任。

第一百九十五条　债务人不履行到期债务或者发生当事人约定的实现抵押权的情形，抵押权人可以与抵押人协议以抵押财产折价或者以拍卖、变卖该抵押财产所得的价款优先受偿。协议损害其他债权人利益的，其他债权人可以在知道或者应当知道撤销事由之日起一年内请求人民法院撤销该协议。

抵押权人与抵押人未就抵押权实现方式达成协议的，抵押权人可以请求人民法院拍卖、变卖抵押财产。

抵押财产折价或者变卖的，应当参照市场价格。

第一百九十八条　抵押财产折价或者拍卖、变卖后，其价款超过债权数额的部分归抵押人所有，不足部分由债务人清偿。

第二百二十一条　质押财产折价或者拍卖、变卖后，其价款超过债权数额的部分归出质人所有，不足部分由债务人清偿。

> **第六十一条　【再次出质的条件和两个以上债权的清偿顺序】**
>
> 知识产权出质后，该知识产权的价值大于所担保债权的余额部分，可以再次出质，但不得超出其余额部分。
>
> 同一知识产权向两个以上债权人出质的，拍卖、变卖知识产权所得的价款，按照出质登记的先后顺序清偿；顺序相同的，按照债权比例清偿。

条文说明

本条规定已经出质的知识产权可以再次出质的条件，以及同一知识产权向两个以上债权人出质，数个知识产权质权的清偿顺序。

规定本条的理由在于，现行法对于已经出质的知识产权是否可以再次出质，没有明确的规定。而知识产权质权与动产质权不同，动产质权的成立必须交付动产，所以已经出质的动产不能再次出质，但知识产权质权的成立以登记为要件，已经出质的知识产权可以再次出质。因此，结合知识产权质权的特点，本条规定已经出质的知识产权可以再次出质，并相应规定同一知识产权向两个以上债权人出质时，数个知识产权质权的清偿顺序。

《担保法》第35条第2款规定："财产抵押后，该财产的价值大于所担保债权的余额部分，可以再次抵押，但不得超出其余部分。"《物权法》规定了抵押权的顺位，《物权法》第194条第1款规定："抵押权人可以放弃抵押权或者抵押权的顺位。抵押权人与抵押人可以协议变更抵押权顺位以及被担保的债权数额等内容，但抵押权的变更，未经其他抵押权人书面同意，不得对其他抵押权人产生不利影响。"这一规定认可了同一抵押物上可以设定数个抵押权，因此《担保法》的这条规定仍然适用。已经出质的知识产权与已经抵押的财产类似，都可以再次出质或者抵押，因此，本条第1款参考《担保法》，规定知识产权出质后，该知识产权的价值大于所担保债权的余额部分，可以再次出质，但不得超出其余额部分。

已经出质的知识产权再次出质后，就会出现同一知识产权担保两个以上债权的情形，会面临实现知识产权质权的顺序问题。对此，可以参考《物权法》对于已经抵押的财产再次抵押，从而担保两个以上债权时的清偿顺位规定。《物权法》第 199 条："同一财产向两个以上债权人抵押的，拍卖、变卖抵押财产所得的价款依照下列规定清偿：（一）抵押权已登记的，按照登记的先后顺序清偿；顺序相同的，按照债权比例清偿；（二）抵押权已登记的先于未登记的受偿；（三）抵押权未登记的，按照债权比例清偿。"该条之所以区别三种情况，是因为抵押权的成立条件根据抵押财产的不同而有所区别，有些抵押权自登记时成立，有些抵押权自合同生效时成立。但是，知识产权质权都自登记时成立，不存在未登记的知识产权质权，只存在《物权法》第 199 条规定的第 1 种情况，不存在第 2、3 种情况。因此，本条第 2 款规定，同一知识产权向两个以上债权人出质的，拍卖、变卖知识产权所得的价款，按照出质登记的先后顺序清偿；顺序相同的，按照债权比例清偿。

现有法规定

《担保法》

第三十五条第二款　财产抵押后，该财产的价值大于所担保债权的余额部分，可以再次抵押，但不得超出其余部分。

《物权法》

第一百九十四条第一款　抵押权人可以放弃抵押权或者抵押权的顺位。抵押权人与抵押人可以协议变更抵押权顺位以及被担保的债权数额等内容，但抵押权的变更，未经其他抵押权人书面同意，不得对其他抵押权人产生不利影响。

第一百九十九条　同一财产向两个以上债权人抵押的，拍卖、变卖抵押财产所得的价款依照下列规定清偿：（一）抵押权已登记的，按照登记的先后顺序清偿；顺序相同的，按照债权比例清偿；（二）抵押权已登记的先于未登记的受偿；（三）抵押权未登记的，按照债权比例清偿。

> **第六十二条　【知识产权质权和许可使用权的关系】**
>
> 质权设立前他人就质押的知识产权取得许可使用权的，该许可使用权不受该质权的影响。质权设立后他人就质押的知识产权取得许可使用权的，该许可使用权不得对抗质权。

条文说明

本条规定知识产权质权和许可使用权的关系。

规定本条的理由在于，因实现知识产权质权而转让知识产权后，知识产权许可使用人与原知识产权人签订的许可使用合同，对于受让人是否具有拘束力，现行法没有规定。为了与转让不破许可的规则衔接，本条区分两种情况，规定知识产权质权和许可使用权的关系。

《物权法》第190条对抵押权和租赁权的关系区分了两种情况，规定："订立抵押合同前抵押财产已出租的，原租赁关系不受该抵押权的影响。抵押权设立后抵押财产出租的，该租赁关系不得对抗已登记的抵押权。"知识产权质权与抵押权在性质上较为接近，上述条文可以参考。知识产权质权与许可使用权之间的关系也存在上述两种情况，第一种情况是将已经许可他人使用的知识产权出质，第二种情况是将已经出质的知识产权许可他人使用。

在第一种情况下，知识产权人在许可他人使用知识产权后，又将该知识产权出质。在实现知识产权质权而转让知识产权后，适用转让不破许可规则，该许可使用权不受该知识产权质权的影响，他人与原知识产权人签订的许可使用合同对于受让人仍然具有拘束力，他人仍享有许可使用权。

在第二种情况下，知识产权人将知识产权出质后，又许可他人使用该知识产权。在实现知识产权质权而转让知识产权后，不适用转让不破许可原则，该许可使用权不得对抗知识产权质权，他人与原知识产权人签订的许可使用合同对于受让人不具有拘束力,他人不再享有许可使用权。因为知识产权质权办理了登记,许可使用权人可以从质权登记中查询该知识产权的负担情况,既然明知或者应知许可使用的知识产权上有质权存在,就应当承担因实现质权而带来的风险,否则质权的效力会打折扣。

现有法规定

《物权法》

第一百九十条　订立抵押合同前抵押财产已出租的,原租赁关系不受该抵押权的影响。抵押权设立后抵押财产出租的,该租赁关系不得对抗已登记的抵押权。

第四节　知识产权的共有

> **第六十三条　【知识产权共有】**
> 两个以上的单位、个人可以依据法律的规定共同享有知识产权,共有人之间对共有知识产权的行使有约定的,从其约定。

条文说明

参照《物权法》对共有关系的意思自治原则。基于意思自治原则,应该由共有人通过内部协商来确定知识产权共有情形下的行使规则,只有在共有人没有约定的情形下,法律才提供补充性的合理方案。

现有法规定

《物权法》

第九十三条　不动产或者动产可以由两个以上单位、个人共有。共有包括按份共有和共同共有。

第九十六条 共有人按照约定管理共有的不动产或者动产；没有约定或者约定不明确的，各共有人都有管理的权利和义务。

> **第六十四条　【按份共有的份额】**
>
> 按份共有人对共有知识产权的份额没有约定或者约定不明确的，除有相反证据外，推定各共有人等额享有。
>
> 按份共有的共有人按其份额承担知识产权设立和维持的相关费用。

条文说明

由于财产份额是抽象的价值，不存在自然属性的差别，财产共有人以财产份额为对象的权利不会因财产类型的不同而存在本质上的差异。因此，在这一层面上，知识产权共有还是物权中的所有权共有并无本质区别。在财产份额的确定上，《物权法》第104条规定依出资比例等证据确定份额是较为公平的，但如果无法确定，则应推定份额相等，这不仅易于操作，且能简化当事人之间的法律关系，理应适用于知识产权按份共有。当然，由于知识产权共有的形成情形中往往存在共同创造、共同创作以及共同使用等事实行为，相对更为复杂，除了出资额之外，还应考虑创造贡献等因素。作为权利义务对等原则，按份共有的共有人应按其份额承担知识产权设立和维持的相关费用。

现有法规定

《物权法》

第一百零四条 按份共有人对共有的不动产或者动产享有的份额，没有约定或者约定不明确的，按照出资额确定；不能确定出资额的，视为等额享有。

立法例借鉴

《以色列专利法》

第七十七条第（b）项 如果一项发明或专利有若干个所有人，为其共有权利的目的，他们应被视为平等份额的所有者，除非根据他们之间的书面协议或根据法律有另外的分配。

《英国专利法》

第三十六条　如果一项专利被授予两人或更多人，受制于任何相反约定，他们中每个人应有资格享有专利中同等的未分割的份额。

《英国商标法》

第二十三条第一款　注册商标由两人或多人共有的，他们中的每一人均对该注册商标享有平等的不可分的份额，除非另有与此相反的协议。

《意大利著作权法》

第十条第二款　合作作品中不可分割的各部分价值相等，但是，有相反的书面约定加以证明的除外。

第六十五条　【按份共有份额的处分】

按份共有人可以转让其享有的共有知识产权的份额，其他共有人在同等条件下享有优先购买的权利。

按份共有人有权将其享有的共有知识产权的份额对外提供担保。

按份共有人有权放弃其享有的共有知识产权的份额，但不得损害其他共有人的利益。共有人放弃份额的，该份额应按照其他共有人各自的份额比例归属于其他共有人。

▍条文说明

财产份额属于法律意义上的独立的财产，其所有人当然有权自由处分。在按份共有的情况下，由于不存在特定的共同关系，无须对财产份额的处分加以过多的限制。财产份额属于法律意义上的独立的财产，其所有人当然有权自由处分。但是，为了限制共有人的规模，维护共有人之间的和谐关系，有必要规定优先购买权。优先购买权与按份共有关系相伴而生，因此，优先购买权无须公示，直接具有对抗第三人的效力。当然，优先购买权的行使前提是共有人转让其份额，这里的"转让"应当作狭义解释，不包括继承、遗赠的原因。《物权法解释一》第 9 条就明确规定，因继承、遗赠等原因导致按分共有关系中财产份额发生转移的，其他共有人不得行使优先购买权。所谓的优先购买权的"同等条件"，《物权法解释一》第 10 条指出"应当综合共有份额的转让价格、价款履行方式及期限等因素确定"。《物权法解释一》第 11 条还对优先购买权的期限作出了明确的规定，可以参照适用。

现有法规定

《物权法》

第一百零一条　按份共有人可以转让其享有的共有的不动产或者动产份额。其他共有人在同等条件下享有优先购买的权利。

立法例借鉴

《法国知识产权法典》

第 L613-29 条第（e）项　各共有人可以随时转让自己的份额。自通知有意转让起三个月内，共有人有优先购买权……

第 L613-31 条　专利权的共有人可以通知其他共有人，在不损害他们利益的前提下放弃自己的份额。

《以色列专利法》

第八十条　一项专利的每个合伙人可以不经其他合伙人同意转让他的份额的所有权，除非各方在他们之间另有协议且该协议的情况记载到注册簿中。

《马来西亚专利法》

第四十条　除共有人另有约定外，共有人可以不经其他共有人的同意转让其份额。

第六十六条　【按份共有知识产权的整体处分】

处分按份共有知识产权的，应当经全体按份共有人一致同意，但共有人之间另有约定的除外。

条文说明

财产整体的处分必然涉及财产份额的处分,从而影响所有共有人的"财产份额权",相当于处分各共有人的财产,则理应由全体共有人一致同意。目前《物权法》"2/3 多数决"的规则是不合适的,其在很大程度上将财产份额等同于出资额,并与《公司法》中的出资行为混为一谈。在我国民法典的讨论过程中,民法学界也显然注意到"2/3 多数决"原则的问题。《中国民法典学者建议稿及立法理由·物权编》第 799 条就改变了现行《物权法》的规则,要求共有财产的处分应当经全体共有人"一致决定"。《中国民法典草案建议稿附理由·物权编》第 391 条第 2 款规定,除非另有约定,否则,整个共有物的转让、设定负担以及事实处分等行为,均需要全体共有人"一致决定"。该条的立法理由指出,"因共有物的出让、设定负担和变更使用收益方法,影响到每个共有人按其份额对共有物所享有的权利,若以过半数决定势必侵害某些共有人的利益,所以应由全体共有人共同决定"。对于这一问题,世界各国和地区的民法典也大都采取了"一致决定"原则。在知识产权领域,对共有财产整体处分的"一致决定"原则已经在立法、司法实践和理论观点中得以体现。首先,现行的知识产权部门法已经对共有财产整体处分确立了"一致决定"规则。其次,在司法实践中,经常会发生部分专利权共有人擅自转让共有专利权,或者假冒其他共有人擅自转让共有专利权的行为。对此,法院的态度是非常明确的,即共有专利权的转让应当取得全体共有人的一致同意,并不存在考虑"2/3"份额的问题。

现有法规定

《著作权法实施条例》

第九条 合作作品不可以分割使用的,其著作权由各合作作者共同享有,通过协商一致行使;不能协商一致,又无正当理由的,任何一方不得阻止他方行使除转让以外的其他权利,但是所得收益应当合理分配给所有合作作者。

《专利权质押合同登记管理暂行办法》

第四条 以共有的专利权出质的，除全体共有人另有约定的以外，应当取得其他共有人的同意。

> **第六十七条 【按份共有的份额分割】**
>
> 按份共有人约定不得分割共有知识产权的，应当按照约定，但共有人有重大理由需要分割的，可以请求分割；没有约定或者约定不明确的，按份共有人可以随时请求分割。因分割对其他共有人造成损害的，应当给予赔偿。

条文说明

在观念上，罗马法认为共有是纷争之源，因而尽可能避免共有关系的存续。因此，罗马法除规定各共有人可自由处分其应有份额外，还规定可以随时请求分割共有物。从法理上看，按份共有的共有人对自己的财产份额享有"财产份额权"，且不存在需要维系的共同关系，理应有权随时要求分割自己的财产份额。况且，处分共有财产，须经全体共有人"一致决定"，这对于持异议的共有人而言颇为不便，除可随时转让份额之外，还应赋予其随时分割共有财产的权利，从而脱离或消灭共有关系。这对于共有关系中的各方而言都有裨益，也是世界各国和地区民法通行的做法。同理，在知识产权共有关系中，共有人也可以随时要求分割财产。由于知识产权的分割不存在"实物分割"的情形，因此，一般只能采取变价分割的方式。当然，针对知识产权的特殊情况，也存在其他有针对性的分割方法。例如，注册商标专用权的分割可以从核定使用范围的角度进行，即当事人分别在一定范围的商品或者服务上使用的商标。注册商标专用权的共有人可以从自身主要经营范围或者优势等实际情况出发，协商分割核定使用范围。这既有利于纠纷的解决，有利于商标价值的体现，还降低了司法成本。共有专利权的分割也可以从权利要求范围等方面加以体现。

现有法规定

《物权法》

第九十九条　共有人约定不得分割共有的不动产或者动产，以维持共有关系的，应当按照约定，但共有人有重大理由需要分割的，可以请求分割；没有约定或者约定不明确的，按份共有人可以随时请求分割……

> **第六十八条　【按份共有人的自行行使】**
>
> 按份共有的共有人均有权自行行使知识产权，所产生的收益由使用人自行享有。但共有人自行行使知识产权的行为有损于知识产权价值的，其他共有人有权予以制止。

条文说明

在知识产权共有关系中，共有人对知识的使用规则显然不能遵循所有权共有的逻辑，其根源在于知识与物在自然属性上的差异。物是唯一且特定的，对物的使用不能脱离物，即"二元统一"。因此，物权中任何行为资格的行使都是单一的，即"一物一权"。但是，知识是纯粹形式的，尽管知识需要通过质料加以表达，但其并不受质料的限定，形式才是最为重要的，即知识是"一元"的。因此，知识可以无限制地进行再现，各种使用方式也可以共同存在，不受时空的限制。例如，知识产权人可以在自己使用的同时，许可他人使用，两种使用都可以产生利益。因此，知识体现的是"一形多用"。因此，在知识产权共有关系中，共有人行使知识产权，一般不会影响其他共有人以及被许可人对知识事实上的使用，从而无须准用所有权共有的相关规则。从利用效率的角度而言，各共有人得自由使用当属一般原则。我国知识产权部门法中的相关规定也体现了这一原则。但有的国家规定其他共有人在一定条件下可以要求补偿（例如，《法国知识产权法典》第L613-29条规定，自行实施发明的专利权共有人需要给其他共有人以"公平的补偿"，前提是其他共有人未自行实施发明或者没有对外发放许可证的话）。从我国

《专利法》和《著作权法》以及其他的现行规定来看，共有人自行使用知识不存在向其他共有人补偿的问题。司法实践中也体现了这一态度。

但是，对于共有的工商业标记权，共有人权利的行使则应当采取不同的思路。不同于专利和作品等创造成果，为消费提供区别的功能以及市场主体的商业信誉是工商业标记的根本价值来源，而任何共有人的使用行为或许可他人使用的行为都可能对工商业标记的区别功能或商业信誉产生不良影响，从而降低其价值。在逻辑上，相比于创造成果权，工商业标记权的共有规则对共有人的限制更为严格。出于效率方面的平衡，在我国现阶段，对于共有人自行使用商标的行为可以适当放宽。这是因为，目前我国的商标共有形成的背景比较复杂，在实践中往往表现为以下三种情形：共同继承、家族共同经营、计划经济时期的特殊关系。在上述背景下，共有人之间往往没有事先约定商标共同使用的规则，也难以在合作经营的基础上开展协商。如果要求各共有人自行使用商标也要严格采取"一致决定"的原则，会促使共有人之间纠纷的发生。如果纠纷得不到解决，则可能导致各共有人均不得使用商标，这无疑会对市场经营活动产生重大损失。因此，从我国的实际情况出发，应当允许各共有人可以自行使用商标，如此一来，即使各方之间无法有效协商，但至少可以保证各自生产经营活动的正常开展。当然，如果共有人自行使用商标的行为有损于商标权的价值，其他共有人有权加以制止。

现有法规定

《专利法》

第十五条第一款　专利申请权或者专利权的共有人对权利的行使有约定的，从其约定。没有约定的，共有人可以单独实施或者以普通许可方式许可他人实施该专利；许可他人实施该专利的，收取的使用费应当在共有人之间分配。

《著作权法实施条例》

第九条　合作作品不可以分割使用的，其著作权由各合作作者共同享有，通过协商一致行使；不能协商一致，又无正当理由的，任何一方不得阻止他方行使除转让以外的其他权利，但是所得收益应当合理分配给所有合作作者。

立法例借鉴

《俄罗斯联邦民法典》

第1258条第2款　合作作者之间的协议未作另外规定的，合作创作的作品由合作作者共同使用。合作作品构成不可分割之整体的，任何一位合作作者如无充足理由，无权禁止使用该作品。

《以色列专利法》

第七十八条　专利所有权当中的每一个合伙人有权以合理的方式实施专利对象的发明，除非根据他们之间的书面协议或法律有不同的规定……

《法国知识产权法典》

第L613-29条　各共有人均可以自行实施发明……

第六十九条　【按份共有的普通许可】

著作权的按份共有人有权自行对外实施普通许可，所产生的收益应当与其他共有人公平分配。

专利权的按份共有人有权自行对外实施普通许可，所产生的收益由许可人自行享有。

技术秘密的按份共有人对外实施普通许可的，应当经全体共有人一致同意。

商标权的按份共有人对外实施普通许可的，应当经全体共有人一致同意。共有人和被许可人分别使用商标的，应当标明商品或者服务的出处名称或者产地等。

他人在未获得任何共有人许可的情况下实施了使用行为且构成侵权的，部分共有人对其追加普通许可的行为无效。

条文说明

与共有人自己使用相关的一个问题是，共有人是否有权单独许可第三人使用。从创造成果权的价值来源来看，共有人单独许可他人使用，亦有利于创造成果权的价值实现，符合效率原则。现行《专利法》第15条之所以允许专利权共有人单独对外实施普通许可，也是从效率的原则加以考量。我国司法实践中对于《著作权法实施条例》第9条的理解也存在相反的意见。但是，并非所有的创造成果权均适用这一规则，技术秘密则为例外。对于技术秘密的共有人对外许可的问题，我国目前采取了与专利权相同的规则。但是，技术秘密不同于专利权，保密性是其作为财产的前提。[①] 因此，技术秘密的规则制定不能仅考虑效率原则，而首先应注重保密性的维持。技术秘密的对外许可，无疑大大增加了其泄密的可能性，直接危及技术秘密的财产性质。如果财产在根本上灭失，实现财产价值的效率原则的考量也就无从谈起。因此，技术秘密的共有人对外实施许可，应当采取"一致决定"为宜。

如果共有人可以单独对外实施许可行为，共有人单独行使权利所获收益是否需要与其他共有人分享？该问题取决于法律的价值导向：如果规定不分享收益，则更易刺激共有人实施许可行为，促进知识的利用；反之，则更注重其他共有人利益的兼顾。目前，我国《著作权法》和《专利法》均规定需要与其他共有人分配，可见我国立法者更注重利益的兼顾。这种价值导向本身无所谓对错，但是，对于该问题，理论界的主流观点认为，诸如著作权这样的文学艺术权和专利权这样的工业产权之间应当区别对待。波斯纳法官认为，尽管著作权共有人和专利权共有人一样，都可以单独对外实施普通许可，但著作权共有人应当将许可所得利益分配给其他共有人，而专利权共有人则没有这种必要。这是因为，不要求专利权共有人分享许可收益，在于鼓励他们专利权共有人积极对外许可，从而跟上科学技术的发展步伐。但在文学艺术领域，则没有这样做的必要性。郭禾教授也认为，《专利法》第15条规定专利权共有人自行对外许可他人使用所获得收益应当

---

① 袁泳："论技术秘密的法律保护"，载《科技与法律》1998年第2期，第29—39页。

与其他共有人分享,这种立法安排并不妥当。专利权不同于著作权,尽管两者的对象形态近似,但作品的传播方式导致其容易迅速覆盖市场,专利权则一般不会出现这样的情况。另外,著作权制度与专利制度的立法宗旨也不同。所以,著作权共有人所获得的许可收益应当与分配给其他共有人,但在专利权共有关系中,这种收益应当由实施许可的共有人独占。著作权与工业产权的分类是以知识的功能为标准划分的。著作权保护对象的功能是精神上的,也称非实用功能。其保护对象是可以赏心悦目、愉悦精神,以满足人类的审美需求为目的的知识产权类型,包括文学、艺术和科学作品,表演艺术家的演出,录音制品和广播电视节目。工业产权保护对象的功能是物质上的,也称实用功能。虽然被称为工业产权,但其保护对象的范围已经超出"工业"的范畴,主要指以实现人类的衣、食、住、行、作等生活、生产的功能,满足物质消费为目的的知识类型。[①] 从功能的区分上看,鼓励工业产权的共有人积极对外实施许可更有必要。

工商业标记的对外许可应采取一致决的立法理由,上条已经阐述。为保护消费者的利益,共有人分别使用商标的,或者一致同意许可他人使用商标的,应当标明出处。毕竟,商标共有可能导致商品或者服务的来源混淆,不利于消费者权益的保护,从而有违《商标法》的立法宗旨。

现有法规定

《专利法》

第十五条第一款 专利申请权或者专利权的共有人对权利的行使有约定的,从其约定。没有约定的,共有人可以单独实施或者以普通许可方式许可他人实施该专利;许可他人实施该专利的,收取的使用费应当在共有人之间分配。

《著作权法实施条例》

第九条 合作作品不可以分割使用的,其著作权由各合作作者共同享有,

---

① 刘春田主编:《知识产权法》,中国人民大学出版社2014年版,第18页。

通过协商一致行使；不能协商一致，又无正当理由的，任何一方不得阻止他方行使除转让以外的其他权利，但是所得收益应当合理分配给所有合作作者。

立法例借鉴

《韩国商标法》

第五十四条第五款　在商标权共有的情况下，没有得到所有共有人的同意，就其商标权，任何共有人不得单独设立专有使用权或通常使用权。

《英国商标法》

第二十三条第四款　一个共同注册商标所有人不可以未经另一个或其他注册商标所有人同意（a）许可他人使用该注册商标……

第七十条　【按份共有的排他许可和独占许可】

按份共有的共有人对外实施排他许可或独占许可的，应当经全体共有人一致同意。

条文说明

独占许可或排他许可应当经共有人"一致决定"，因为这两种许可均会在事实上阻碍其他共有人对外实施许可，直接损害其他共有人的利益。

第七十一条　【知识产权共同共有】

共同共有的共有人之间的权利义务关系应适用调整该共同关系的法律规范，相关法律没有规定的，参照适用知识产权法律中有关按份共有的规定。

条文说明

"共同共有"只是泛指各种共同关系下的特殊共有规则，其自身并非是严格意义上的规范概念。因此，按份共有才是所有权共有的一般形态，所谓的"共同共有"只是共同关系下的各种特殊所有权共有规则的统称而已,两者并非为同一层面的相互并列的体系。因此,所谓按份共有与共同共有之分,本质上是所有涉及所有权共有规则的一般与特殊之分。区分一般共有和特殊共有的目的在于明确不同类型的共有的法律适用,与是否存在财产份额无关。特殊共有应适用调整该共同关系的法律,即《婚姻法》《合伙企业法》《继承法》以及《民法通则》和《民通意见》的相应规则。同理,因共同关系形成的知识产权共有,首先应适用调整该共同关系的法律规范,只有在知识产权法律有特殊规定的情况下才适用知识产权法律的规定。

第五章 知识产权的保护

第一节 知识产权请求权

> **第七十二条** 【知识产权确认请求权】
> 因知识产权的归属、内容发生争议的,利害关系人可以请求确认权利。

条文说明

本条规定知识产权确认请求权。

知识产权确认请求权是知识产权保护请求权的一种。当事人对知识产权的归属或者内容发生争议,利害关系人可以请求有关行政机关、人民法院等部门确认该知识产权的归属或者内容。当权利义务关系不明确时,确权是权利保护的前提,实务中审查原告的权利通常是首先要完成的工作。以著作权为代表的部分知识产权,其权利自事实行为完成时产生,并不需要履行相应的登记程序,对于这一类权利的保护,确权就成为救济的必要手段。因此,本条规定知识产权确认请求权,为确权提供统一规则。

知识产权确认请求权,内容虽然简单,但作用范围很广。这种请求权是实体法上的权利,是对实体权利的确认,而非诉讼法上的权利。

现有法规定

《物权法》

第三十三条 因物权的归属、内容发生争议的,利害关系人可以请求确认权利。

> **第七十三条 【知识产权停止侵害、排除妨碍、消除危险请求权】**
>
> 侵害、妨碍或者可能侵害知识产权的,权利人或者利害关系人可以请求停止侵害、排除妨碍或者消除危险。

条文说明

本条规定停止侵害、排除妨碍、消除危险请求权。

停止侵害、排除妨碍、消除危险请求权均为绝对权请求权,以恢复绝对权的对世状态为行使目标。任何人均负有不得侵害他人知识产权的法定义务。停止侵害、排除妨碍、消除危险请求权的实现不以被请求人的主观过错为前提,过错在这三项绝对权请求权实现的过程中没有意义。

停止侵害请求权的主张以侵害行为正在进行或仍在延续为条件,目标在于及时制止侵害,防止侵害后果的扩大,对于未发生侵害行为或者侵害行为已经实施完毕的情形不能适用。排除妨碍请求权的主张以侵害行为的实施导致他人无法行使或者不能正常行使权利为条件,侵害行为正在进行。消除危险请求权的主张以行为人的行为对他人权利造成现实威胁为条件,实际损害尚未发生,目标在于有效防止现实损害的发生,充分保护他人的人身、财产安全。

对正在实施侵害、妨碍或者可能侵害他人知识产权的行为的,赋予权利人、利害关系人停止侵害、排除妨碍、消除危险请求权,目的在于防止损害后果的扩大,维护权利人、利害关系人的合法权益。与物权不同,知识产权存在普遍的许可使用情形,因此,利害关系人也可以主张各类绝对权请求权。

现有法规定

《物权法》

第三十五条　妨害物权或者可能妨害物权的，权利人可以请求排除妨害或者消除危险。

立法例借鉴

《德国民法典》

第 1004 条

（1）所有权人受到除剥夺或者扣留占有以外的其他方式的妨害时，可以要求妨害人排除妨害。所有权有继续受侵害之虞的，可以提起停止妨害之诉。

（2）所有权人负有容忍妨害义务的，不享有上述请求权。

《民法总则》

第一百二十六条　民事主体享有法律规定的其他民事权利和利益。

第七十四条　【诉前行为保全】

权利人或者利害关系人有证据证明他人正在实施或者即将实施侵犯知识产权的行为，如不及时制止，将会使其合法权益受到难以弥补的损害的，可以起诉前向人民法院申请责令停止有关行为的措施。

条文说明

本条是诉前行为保全的规定。

诉前行为保全的规定引入我国的直接动因是加入 TRIPS，首先规定于知识产权各单行法中。知识产权之争的本质是市场份额之争，如不及时制止侵权行为将会使市场份额受严重影响甚至完全丧失情况下，权利人可主张诉前行为保全，以免出现到诉讼中再提出主张最终赢了官司输了市场的荒谬局面。立法要有引导作用，相关法益有向知识产权实现效力转换的可能，相比于相关法益，知识产权的存在更有利于公共利益的实现，在立法上保护强度自然高于相关法益，相关法益享有者不能主张诉前行为保全是符合立法者的价值判断的，此其一。相关法益的生成不需要申请登记，不经过公示程序，第三人无理由得知该法益的存在，相关法益的享有主体、内容和利用情况在诉讼之前很难作准确的预判，诉前行为保全的主张缺乏法理、逻辑上的支持，此其二。因此，对于妨害知识产权相关法益的行为，法益享有者只能在诉讼中请求排除妨害。

目前在司法实践中适用诉前行为保全，实体上一般应审查以下四个要件：（1）被申请人正在实施或者即将实施的行为是否构成侵犯知识产权；（2）不采取有关措施，是否会给申请人的合法权益造成难以弥补的损害；（3）申请人提供担保的情况；（4）行为保全的适用是否会损害公共利益。

按照法益区分保护的原理，对于侵犯知识产权的行为，既可以在诉讼中请求排除妨害或消除危险，也可以在诉前提出前述主张，法律给予积极的、强势的保护。对于侵犯以未注册商标和商业秘密为典型代表的知识产权相关法益的行为，只能在诉讼中请求排除妨碍，无法在诉前提出行为保全的请求，法律给予消极的、弱势的保护。

▶ 现有法规定

《专利法》

第六十六条第一款 专利权人或者利害关系人有证据证明他人正在实施或者即将实施侵犯专利权的行为，如不及时制止将会使其合法权益受到难以弥补的损害的，可以在起诉前向人民法院申请采取责令停止有关行为的措施。

《商标法》

第六十五条 商标注册人或者利害关系人有证据证明他人正在实施或者即将实施侵犯其注册商标专用权的行为，如不及时制止将会使其合法权益受到难以弥补的损害的，可以依法在起诉前向人民法院申请采取责令停止有关行为和财产保全的措施。

《著作权法》

第五十条第一款 著作权人或者与著作权有关的权利人有证据证明他人

正在实施或者即将实施侵犯其权利的行为,如不及时制止将会使其合法权益受到难以弥补的损害的,可以在起诉前向人民法院申请采取责令停止有关行为和财产保全的措施。

立法例借鉴

TRIPS

第五十条【临时措施】

1. 司法机关有权责令采取迅速和有效的临时措施以便:

(a) 防止侵犯任何知识产权,特别是防止货物进入其管辖范围内的商业渠道,包括结关后立即进入的进口货物;

(b) 保存关于被指控侵权的有关证据。

2. 如适当,特别是在任何迟延可能对权利持有人造成不可补救的损害时,或者存在证据被销毁的显而易见的风险时,司法机关有权采取不作预先通知的临时措施。

3. 司法机关有权要求申请人提供任何可合理获得的证据,以使司法机关有足够程度的确定性确信该申请人为权利持有人,且该申请人的权利正在受到侵犯或此种侵权已迫近,并有权责令申请人提供足以保护被告和防止滥用的保证金或相当的担保。

4. 如已经采取不作预先通知的临时措施,则至迟应在执行该措施后立刻通知受影响的各方。应被告请求,应对这些措施进行审查,包括进行听证,以期在作出关于有关措施的通知后一段合理期限内,决定这些措施是否应进行修改、撤销或确认。

5. 执行临时措施的主管部门可要求申请人提供确认有关货物的其他必要信息。

6. 在不损害第 4 款规定的情况下,如导致根据案件事非曲直作出裁决的程序未在一合理期限内启动,则应被告请求,根据第 1 款和第 2 款采取的临时措施应予撤销或终止生效,该合理期限在一成员法律允许的情况下由责令采取该措施的司法机关确定,如未作出此种确定,则不超过 20 个工作日或 31 天,以时间长者为准。

7. 如临时措施被撤销或由于申请人的任何作为或不作为而失效，或如果随后认为不存在知识产权侵权或侵权威胁，则应被告请求，司法机关有权责令申请人就这些措施造成的任何损害向被告提供适当补偿。

8. 在作为行政程序的结果可责令采取任何临时措施的限度内，此类程序应符合与本节所列原则实质相当的原则。

> **第七十五条　【停止侵害请求权行使的例外】**
> 权利人或者利害关系人主张停止侵害请求权，将会造成另一方当事人重大损失或者损害公共利益的，人民法院可以判决支付合理费用后继续使用，但侵害他人人身权利的除外。

条文说明

本条规定停止侵害请求权行使的例外。

停止侵害请求权的适用如果会造成另一方当事人重大损失，基于比例原则的考虑，人民法院可以采用其他替代救济措施。基于比例原则限制停止侵害请求权的行使，仅限于适用结果会造成重大损失，一般的损失是侵害人应当容忍的，救济措施是对侵害人相应行为的否定性评价，对于侵害人而言本身就是一种不利益。停止侵害请求权的适用如果会造成公共利益损害的，人民法院也可以判决采用其他替代救济措施。人民法院可以采用的替代救济措施限于判决支付合理费用后继续使用，合理费用应当略高于正常情况下的许可使用费用，既维护权利人的经济利益，又不至于让侵害人过分受损或者损害公共利益。如果被侵害的是人身权利，则不能通过判决支付合理费用后继续使用的方式进行矫正，人身权利不具有财产属性，位阶高于财产权利，不得基于经济考虑而限制人身权利。

为了妥善解决权利保护和知识利用之间的冲突，在权衡停止侵害请求权与损害赔偿请求权适用利弊的基础上，我国《计算机软件保护条例》《集成电路布图设计保护条例》《最高人民法院关于审理侵犯专利权纠纷案件应用法律若干问题的解释（二）》以及《最高人民法院关于审理侵犯植物新品种权纠纷案件具体应用法律问题的若干规定》中均已出现了停止侵害请求权适用的例外规定，法院系统更是早在 2004 年珠海市晶艺玻璃工程有限公司诉广州白云国际机场股份有限公司等侵犯专利权纠纷中作出过以合理使用费的支付代替停止侵害请求权适用的判决。停止侵害请求权适用的例外规定符合比例原则和公共利益保护的目标，对经济生活的健康稳定意义重大，应当在知识产权各单行法中普遍推广。

现有法规定

《计算机软件保护条例》

第三十条　软件的复制品持有人不知道也没有合理理由应当知道该软件是侵权复制品的，不承担赔偿责任；但是，应当停止使用、销毁该侵权复制品。如果停止使用并销毁该侵权复制品将给复制品使用人造成重大损失的，复制品使用人可以在向软件著作权人支付合理费用后继续使用。

《最高人民法院关于审理侵犯专利权纠纷案件应用法律若干问题的解释（二）》

第二十五条　为生产经营目的使用、许诺销售或者销售不知道是未经专利权人许可而制造并售出的专利侵权产品，且举证证明该产品合法来源的，对于权利人请求停止上述使用、许诺销售、销售行为的主张，人民法院应予支持，但被诉侵权产品的使用者举证证明其已支付该产品的合理对价的除外。

本条第一款所称不知道，是指实际不知道且不应当知道。

本条第一款所称合法来源，是指通过合法的销售渠道、通常的买卖合同等正常商业方式取得产品。对于合法来源，使用者、许诺销售者或者销售者应当提供符合交易习惯的相关证据。

第二十六条　被告构成对专利权的侵犯，权利人请求判令其停止侵权行为的，人民法院应予支持，但基于国家利益、公共利益的考量，人民法院可以不判令被告停止被诉行为，而判令其支付相应的合理费用。

《最高人民法院关于审理侵犯植物新品种权纠纷案件具体应用法律问题的若干规定》

第七条　被侵权人和侵权人均同意将侵权物折价抵扣被侵权人所受损失的，人民法院应当准许。被侵权人或者侵权人不同意折价抵扣的，人民法院依照当事人的请求，责令侵权人对侵权物作灭活性等使其不能再被用作繁殖材料的处理。

侵权物正处于生长期或者销毁侵权物将导致重大不利后果的，人民法院可以不采取责令销毁侵权物的方法，但法律、行政法规另有规定的除外。

《集成电路布图设计保护条例》

第三十三条　在获得含有受保护的布图设计的集成电路或者含有该集成电路的物品时，不知道也没有合理理由应当知道其中含有非法复制的布图设计，而将其投入商业利用的，不视为侵权。

前款行为人得到其中含有非法复制的布图设计的明确通知后，可以继续将现有的存货或者此前的订货投入商业利用，但应当向布图设计权利人支付合理的报酬。

第二节　知识产权侵权损害赔偿请求权

> **第七十六条　【废弃请求权】**
>
> 权利人或者利害关系人可以要求侵权人从商业渠道中召回并彻底去除或者销毁被认定侵权的产品以及主要用于制造、生产侵权产品的原料和工具，相关措施的采用将会严重损害侵权人利益的除外。

▎条文说明

本条规定废弃请求权。

知识产品能够同时被多个主体使用，侵权行为不易察觉，因此，要想彻底排除对知识产权的侵害，应当赋予权利人或者利害关系人要求召回并彻底销毁侵权产品和销毁主要用于生产侵权产品的工具和原料的请求权。如果仅要求停止侵害，侵权产品仍在市场上流通，侵害行为仍然可能继续出现；主要用于生产侵权产品的工具和原料如果没有被销毁，侵权行为随时可能实施。所以，废弃请求权实际上是停止侵害、排除妨碍和消除危险请求权的延续，应当与这三项请求权结合起来一并行使。

废弃请求权的行使需注意以下两个问题：其一，废弃请求权的主张对象必须是被认定侵权的产品和主要用于制造、生产侵权产品的原料和工具。从商业渠道召回产品关系到第三人的利益，因此，主张对象须作严格限定，只能是被认定侵权的产品和主要用于侵权目的的原料和工具，不得扩大范围。其二，废弃请求权的主张应以不严重损害侵权人利益为限。当侵权产品只是整体装置的一部分时，可以请求废弃构成侵权的部件，也可以请求禁止整体装置的制造和销售，但不能要求侵权人废弃整体装置本身。

侵害知识产权行为的实施过程中，往往伴随着侵权工具的使用和侵权结果物的产生。按主要用途，可将侵权工具分为两类：主要用于生产侵权产品的工具和具有多种用途的工具。为有效实施救济，遏制未来可能重复发生的侵权行为，知识产权权利人或者利害关系人应有权将主要用于制造、生产侵权产品的原料和工具排除出商业渠道乃至彻底销毁。对于侵权结果物的处理，也应配置废弃请求权，恢复知识产权及其相关法益不受侵害的圆满状态。

▎立法例借鉴

TRIPS

第四十六条 其他补救

为有效制止侵权，司法机关有权在不给予任何补偿的情况下，责令将已被发现侵权的货物清除出商业渠道，以避免对权利持有人造成任何损害，或下令将其销毁，除非此点会违背现有的宪法规定的必要条件。司法机关还有权在不给予任何补偿的情况下，责令将主要用于制造侵权货物的材料和工具清除出商业渠道，以便将产生进一步侵权的风险减少到最低限度。在考虑此类请求时，应考虑侵权的严重程度与给予的救济以及第三方利益之间的均衡性。对于冒牌货，除例外情况外，仅除去非法加贴的商标并不足以允许该货物放行进入商业渠道。

《美国兰海姆法案》

第 1118 条 销毁侵权物品

在依照本法产生的对在专利商标局注册的商标的注册人权利的侵犯，或者依照本法第 1125 条第（a）款规定的侵权，或者依照本法第 1125 条第（c）款规定的故意侵权进行确认的诉讼中，法院可以颁布命令，将被告所持有的带有该注册商标的所有标签、标识、印刷品、包装、包装纸、容器或广告上交并销毁，或者在依照本法第 1125 第（a）款规定的侵权或者依照本法第 1125 条第（c）款规定的故意侵权案件中，将侵权涉及的文字、术语、名称、符号、图形或其组合、标示、描述或表述，或者其复制品、伪造品、仿冒品或欺骗性的仿制品，以及所有印版、铸模、字模和其他复制工具，全部上交并销毁。依照本条规定寻求获得对本法第 1116 条第（d）款规定的扣押物品进行销毁命令的当事人，应提前 10 日通知发布该命令的司法管辖区的美国检察官（除非有充分理由显示预先通知的时间可较短一些），并且如果该项销毁可能影响到一项对美国犯罪的证据，该美国检察官可以请求对该项销毁进行审理或者参加其他关于该项销毁进行的审理。

《德国商标和其他标志保护法》

第十八条 销毁请求权

（1）在适用第 14 条、第 15 条、第 17 条所指案件时，商标或商业标志的所有人可以要求销毁由侵权人占有的或其财产中含有的非法标记的产品，除非可以其他方式去掉该产品的侵权特征，并且在个案中，对于侵权者或所有权人，这种销毁是不适宜的。

（2）第（1）款也应比照适用于作为侵权人财产并且专门或几乎专门用于或意图用于非法标记一项产品的设备。

（3）其他销毁请求权不应受影响。

《法国知识产权法典》

第 L615-7-1 条 如民事诉讼中判决有伪造行为，法院可应被侵权方请求命令从市场上召回被判定为伪造产品的商品和用于生产或制造伪造产品的主要器材和器具，使其永远不得流通于商业渠道，销毁这些产品或没收这些产品给被侵权方。

法院还可以下令以适当方式公布判决结果，尤其是将判决结果根据其规定的方式全部或部分刊登或公布在其指定的报纸或公告部门的在线网站上。

与以上两款提到的措施有关的费用由伪造行为人承担。

《日本商标法》

第三十六条　差止请求权

（一）商标权人或专有使用权人对侵害或有可能侵害自己商标权或专有使用权者，可请求其停止或预防该侵害。

（二）商标权人或专有使用权人依前款规定提出请求时，可请求销毁构成侵害行为的物品、撤销带来侵害行为的设备或采取其他预防侵害的必要行为。

《俄罗斯联邦商标、服务商标和商品产地名称法》

第四十六条　非法使用商标与商品原产地名称的责任

1. 如果使用商标与商品原产地名称或者与商标或商品原产地名称相似的标识与本法第四条第二款与第四十条第二款的规定相冲突，则应当根据俄罗斯联邦的法律承担民事、行政与刑事责任。

2. 除要求终止违法行为或赔偿合理损失外，防止非法使用商标的民事法律保护方式还有：

公布法院判决，恢复受害者的商誉；

由违法者去掉假冒商品、标签和包装上非法使用的商标或相似标识；如果这些非法使用的商品商标或相似标识无法去掉，则由违法者销毁这些假冒商品、标签和包装。除此以外，将非法使用商品商标或导致混淆的相近标识的假冒商品、标签和包装纳入国家收入；或者根据权利人的申请，将这些假冒商品、标签和包装转给权利人，以赔偿损失或让其销毁。

3. 非法使用已注册商品原产地名称或相似标识的人根据商品原产地名称使用权证书的所有人、国家机关、检察官或社会组织的要求应当：

终止使用该商品原产地名称,并根据民事法律赔偿损失;

公布法院判决,恢复受害者的商誉;

去掉假冒商品、标签和包装上非法使用的商品原产地名称或导致混淆的相似标识;如果这些非法使用的商品原产地名称或导致混淆的相似标识无法去掉,则销毁这些假冒商品、标签和包装。

4. 权利人和商品原产地名称使用权证书的所有人有权要求非法使用商品或商品原产地名称的人支付由法院能在联邦法律规定的最低劳动报酬额的一千至五万卢布的范围内确定的金钱赔偿,而不要求赔偿损失。

5. 生产在俄罗斯联邦未注册商品商标或商品原产地名称的警示性标记的人根据俄罗斯联邦法律规定的程序承担责任。

《韩国商标法》

第六十五条　禁止侵权的请求权等

1. 商标权人或专有使用权人可以请求侵害或可能侵害其权利的人停止或预防该侵权行为的发生。

2. 依据本条第一款提出请求的商标权人或专有使用权人可以要求销毁侵权产品,拆除用于侵权行为的设备以及防止侵害的其他必要措施。

《巴西工业产权法典》

第二百零二条　除了搜查和扣押的初步程序之外,利益相关人还可以请求相应机关实施如下措施:

扣押已发现的假冒的、被篡改的或被模仿的商标,以防其用于商业用途;

销毁附属在包装或者商品上的假冒商标,即使这意味着销毁包装和商品本身。

《埃及标志、商标、地理标志和外观设计法》

第一百一十七条　在任何民事或刑事诉讼中,法院均可以命令出售扣押或将要扣押的物品,并将其价值从赔偿金或罚金的总额中扣除,或者以法院认为合适的其他方式加以处置。

法院也可以下令销毁非法商标,以及必要时,销毁贴有这些非法商标或非法说明或非法地理标志，从而违反本编规定的产品、商品、标记招牌、包装、发票、通信、广告或其他物品。法院亦可以下令销毁专门用于侵权的机器和工具。

另外，法院还可以命令将其判决刊登在一家或多家报纸上，费用由被判承担责任方负担。

即使在无罪判决的情况下，法院也可以命令采取上述的部分或全部措施。

> **第七十七条　【损害赔偿请求权】**
> 故意或者过失侵害知识产权，造成权利人或者利害关系人损害的，权利人或者利害关系人可以请求损害赔偿。

条文说明

本条规定损害赔偿请求权与损害赔偿的归责原则。赔偿损失是指行为人向受害人支付一定数额的金钱以弥补其损失的救济方式，是运用范围最广的请求权。损害赔偿的目的在于补偿损害，采取填平原则，使受害人能恢复到未受到损害前的状态。知识产权受到侵害，给权利人或者利害关系人造成损失，权利人或者利害关系人有权请求赔偿损失。

根据本条规定，损害赔偿责任的承担须同时满足以下条件：（1）行为人实施了侵害行为。这里的行为，包括作为和不作为。（2）行为人实施行为时有过错。过错分为故意和过失。故意是指行为人预见到自己的行为会导致某一损害后果，希望或者放任该后果发生的心理状态。过失是指行为人虽然预见到自己的行为可能会导致某一损害后果的发生，但因疏忽大意或者过于自信而未履行应有注意义务的心理状态。（3）权利人或者利害关系人受到损害。损害是指行为人的行为对权利人或者利害关系人的民事权益造成的不利后果，是现实的已经存在的不利后果。（4）行为人的行为与权利人或者利害关系人所受到的损害之间有因果关系。因果关系是指行为人的行为作为原因，损害事实作为结果，在两者之间存在的前者导致后者发生的客观联系。

侵害知识产权造成损害的，损害赔偿责任的追究适用过错责任原则。我国部分学者所主张的在知识产权侵权归责原则中适用的无过错责任原则，无关乎风险分担，不是本来意义上的无过错责任原则，而是类似于物上请求权的行使，只是不需要考虑对方的过错而已。在侵权法的历史演进过程中，从结果责任到过错责任再到无过错责任，所关涉的都是特定损害结果是否能够得到赔偿、由谁赔偿的问题，归责原则所要确定归属的责任，仅仅指的是损害赔偿，舍此无他。

现有法规定

《物权法》

第三十七条　侵害物权，造成权利人损害的，权利人可以请求损害赔偿，也可以要求承担其他民事责任。

《侵权责任法》

第六条　行为人因过错侵害他人民事权益，应当承担侵权责任。

根据法律规定推定行为人有过错，行为人不能证明自己没有过错的，应当承担侵权责任。

立法例借鉴

《法国民法典》

第1382条　任何行为致他人损害的，因其过错致行为发生之人，应对他人负赔偿责任。

《德国民法典》

第823条　因故意或者过失不法侵害他人生命、身体、健康、自由、所有权或者其他权利者，对他人因此而产生的损害负赔偿责任。

违反以保护他人为目的的法律，负相同的义务。如果根据法律的内容并无过失也可能违反此种法律的，仅在有过失的情况下，始负赔偿义务。

第826条　以违反善良风俗的方式故意对他人施加损害的，行为人对他人负有损害赔偿义务。

《意大利民法典》

第 2043 条　对因任何故意或者过失行为给他人造成不法损害的，行为人应承担损害赔偿责任。

《荷兰民法典》

第 162 条　任何人对他人实施可被归责的侵权行为的，应当赔偿该行为使他人遭受的损害。

除有正当理由外，下列行为视为侵权行为：侵犯权利、违反法定义务或者有关正当社会行为的不成文法规则的作为或者不作为。

侵权行为是由行为人过错的，或者依法律或者公认的准则应由其负责的原因所致的，归责于该行为人。

《俄罗斯联邦民法典》

第 1064 条　造成公民人身或财产损害及法人财产损害的，应由致害人赔偿全部损失。法律可以规定非致害人的损害赔偿责任。法律或合同可以规定致害人于赔偿损害之外有向受害人付补偿金的义务。

致害人如能证明损害并非因其过错所致，免负赔偿责任。但是，法律可以规定致害人虽无过错仍需要负责的情形。

合法行为致人损害，在法律规定的情形下，才负责任。损害如系应受害人的请求或者经其同意所致，致害人的行为又不违反社会公共道德准则的，可以拒绝赔偿。

《日本民法典》

第 709 条　因故意或过失侵害他人权利或受法律保护的利益的人，负因此而产生的赔偿责任。

我国台湾地区"民法"

第 184 条　因故意或过失，不法侵害他人之权利者，负损害赔偿责任。故意以背于善良风俗之方法，就爱损害于他人者亦同。

违反保护他人之法律，致生损害于他人者，负赔偿责任。但能证明其行为无过失者，不在此限。

> **第七十八条　【损害赔偿额的计算方式】**
>
> 　　侵犯知识产权的赔偿数额，按照权利人或者利害关系人因侵权行为所受到的实际损失确定；实际损失难以确定的，可以按照侵害人以侵权行为所获得的利益确定；权利人或者利害关系人的损失或侵害人获得的利益难以确定的，参照许可使用费的倍数合理确定。
>
> 　　赔偿数额应当包括权利人或者利害关系人为制止侵权行为所支付的合理开支。
>
> 　　权利人或者利害关系人因侵权行为所受到的实际损失、侵害人因侵权行为所获得的利益以及许可使用费难以确定的，由人民法院根据侵害行为的情节判决给予法定限额以下的赔偿，具体数额由法律、法规规定。

条文说明

本条规定损害赔偿额的计算方式。

侵犯知识产权的损害赔偿，难点在于赔偿数额的计算方式。知识产权的赔偿数额计算方式，包括实际损失、侵权人获利、许可使用费的合理倍数和法定赔偿，适用时应遵循自先及后的顺序。损害赔偿以损害填平为原则，但权利人或者利害关系人因侵权行为所受到的实际损失往往难以确定，特别是在相关产品还未上市之前或一方举证能力不足时。因此，在权利人或者利害关系人的实际损失难以确定的情况下，可以按照侵权人因实施侵害行为所获利益确定赔偿数额。在无法获知侵权人的获利数额情况下，也可以参照许可使用费的倍数合理确定，前提是存在真实有效的许可使用。前述三种方法都无法确定赔偿数额时，可以由法院决定采用法定赔偿，具体数额由各单行法规定。

本条中关于损害赔偿数额计算方法的规定，将现行法中的成熟经验上升到民法总则的高度，以便有效推广到所有单行法中。《专利法》第65条和《商标法》第63条均作了类似规定，对于侵权行为的制止起到了一定作用。因此，可将侵害知识产权时损害赔偿数额的计算方法统一在民法典知识产权编中规定。出于不影响民法典稳定性的考虑，法定赔偿的限额范围由各单行法具体规定。同时，在民法典中统一规定也有助于将这一成熟规则推广到所有单行法中。

现有法规定

《著作权法》

第四十九条　侵犯著作权或者与著作权有关的权利的，侵权人应当按照权利人的实际损失给予赔偿；实际损失难以计算的，可以按照侵权人的违法所得给予赔偿。赔偿数额还应当包括权利人为制止侵权行为所支付的合理开支。

权利人的实际损失或者侵权人的违法所得不能确定的，由人民法院根据侵权行为的情节，判决给予五十万元以下的赔偿。

《专利法》

第六十五条　侵犯专利权的赔偿数额按照权利人因被侵权所受到的实际损失确定；实际损失难以确定的，可以按照侵权人因侵权所获得的利益确定。权利人的损失或者侵权人获得的利益难以确定的，参照该专利许可使用费的倍数合理确定。赔偿数额还应当包括权利人为制止侵权行为所支付的合理开支。

权利人的损失、侵权人获得的利益和专利许可使用费均难以确定的，人民法院可以根据专利权的类型、侵权行为的性质和情节等因素，确定给予一万元以上一百万元以下的赔偿。

《商标法》

第六十三条　侵犯商标专用权的赔偿数额，按照权利人因被侵权所受到的实际损失确定；实际损失难以确定的，可以按照侵权人因侵权所获得的利益确定；权利人的损失或者侵权人获得的利益难以确定的，参照该商标许可使用费的倍数合理确定。对恶意侵犯商标专用权，情节严重的，可以在按照上述方法确定数额的一倍以上三倍以下确定赔偿数额。赔偿数额应当包括权利人为制止侵权行为所支付的合理开支。

人民法院为确定赔偿数额，在权利人已经尽力举证，而与侵权行为相关的账簿、资料主要由侵权人掌握的情况下，可以责令侵权人提供与侵权行为相关的账簿、资料；侵权人不提供或者提供虚假的账簿、资料的，人民法院可以参考权利人的主张和提供的证据判定赔偿数额。

权利人因被侵权所受到的实际损失、侵权人因侵权所获得的利益、注册商标许可使用费难以确定的，由人民法院根据侵权行为的情节判决给予三百万元以下的赔偿。

第七十九条　【恶意侵权行为的惩罚性赔偿】

对恶意侵犯知识产权的行为，情节严重的，可以在按照第七十八条所使用方法确定数额的一倍以上三倍以下确定赔偿数额，依法定赔偿确定的赔偿数额不适用本条。

条文说明

本条是对恶意侵权行为适用惩罚性赔偿的规定。

我国《侵权责任法》中规定了惩罚性赔偿。惩罚性赔偿，是指当侵权人以恶意、故意等方式实施加害行为而致权利人受到损害的，权利人可以获得实际损害赔偿之外的增加赔偿。其目的是通过对侵权人施以惩罚，阻止其重复实施恶意行为，并警示他人不要采取类似行为。从赔偿功能上将，惩罚性赔偿的主要作用在于威慑，并不在于补偿、填平损害。1993年10月制定的《消费者权益保护法》第49条在我国首开惩罚性赔偿规定的先河，该条规定："经营者提供商品或者服务有欺诈行为的，应当按照消费者的要求增加赔偿其受到的损失，增加赔偿的金额为消费者购买商品的价款或者接受服务的费用的一倍"。从我国实际情况看，恶意侵权行为屡有发生，且有蔓延扩大的趋势。对这些恶意侵害人科加惩罚性赔偿，对有效遏制恶意侵害行为具有明显的效果。

惩罚性赔偿的适用应当受到严格限制。在知识产权的保护中，只有恶意侵犯知识产权且情节严重的，才能适用惩罚性赔偿。根据本条规定，适用惩罚性赔偿的条件是：（1）侵害人主观上有过错，基于故意实施侵害行为；（2）情节严重，造成了较为严重的损害后果或有其他的不良影响；（3）具有因果关系，严重情节是由侵害人的行为造成的。本条对惩罚性赔偿的额度作了明确限定，必须在按照第 7 条所使用方法确定数额的 1 倍以上 3 倍以下确定赔偿数额。法定赔偿不适用于惩罚性赔偿。

惩罚性赔偿，是加害人向受害人给付超过实际损害数额的金钱赔偿方式，集补偿、惩罚、遏制等功能于一身，重点在于通过惩罚实现对潜在加害人的威慑。惩罚性赔偿并非独立的请求权，必须依附于以补偿为主要目的的一般损害赔偿。美国最初采用惩罚性赔偿是为了保护消费者利益，后来逐渐延伸到产品责任上。目前，美国大多数州都采纳了这一制度。大陆法系国家则长期拒绝接受惩罚性赔偿制度，但近年来已有所松动，部分国家和地区开始引入惩罚性赔偿。侵权责任法制定之前，我国就已在《消费者权益保护法》第 49 条、《食品安全法》第 148 条第 2 款、《合同法》第 113 条第 2 款、《最高人民法院关于审理商品房买卖合同纠纷案件适用法律若干问题的解释》第 8—9 条中规定了惩罚性赔偿。近年来，针对知识产权的恶意侵害行为越来越多，单靠一般的损害赔偿已经很难有效遏制此类侵权行为，所以，有必要将 2013 年修订后的《商标法》第 63 条新增加的惩罚性赔偿的规定推广到其他知识产权的保护中，以期实现对恶意侵害行为的有效遏制。

现有法规定

《商标法》

第六十三条第一款　侵犯商标专用权的赔偿数额，按照权利人因被侵权所受到的实际损失确定；实际损失难以确定的，可以按照侵权人因侵权所获得的利益确定；权利人的损失或者侵权人获得的利益难以确定的，参照该商标许可使用费的倍数合理确定。对恶意侵犯商标专用权，情节严重的，可以在按照上述方法确定数额的一倍以上三倍以下确定赔偿数额。赔偿数额应当包括权利人为制止侵权行为所支付的合理开支。

《食品安全法》

第一百四十八条第二款　生产不符合食品安全标准的食品或者经营明知

是不符合食品安全标准的食品，消费者除要求赔偿损失外，还可以向生产者或者经营者要求支付价款十倍或者损失三倍的赔偿金；增加赔偿的金额不足一千元的，为一千元。但是，食品的标签、说明书存在不影响食品安全且不会对消费者造成误导的瑕疵的除外。

《侵权责任法》

第四十七条　明知产品存在缺陷仍然生产、销售，造成他人死亡或者健康严重损害的，被侵权人有权请求相应的惩罚性赔偿。

第三节　确认不侵权之诉与侵权抗辩

> **第八十条　【确认不侵权请求权】**
>
> 权利人向他人发出侵犯知识产权的警告，被警告人或者利害关系人经书面催告权利人行使诉权，自权利人收到该书面催告之日起一个月内或者书面催告发出之日起二个月内，权利人不撤回警告也不提起诉讼的，被警告人或者利害关系人有权向人民法院提起确认不侵犯知识产权的诉讼。

▍条文说明

本条规定确认不侵权请求权。

针对权利人发出的侵犯知识产权的警告，被警告人或者利害关系人可以提起不侵权之诉。不侵权之诉的提起，应当以被警告人或者利害关系人进行书面催告，权利人在期限内既不撤回警告也不提起诉讼为前提。

知识产权是把"双刃剑"，它既是合法经营者展开市场竞争的有力武器，也可能被用于非法目的，充当不正当竞争的工具。特别是在资讯传播异常发达的当下，知识产权作为竞争工具的负面效应常常被放大，需要在制度设计上予以矫正。在知识产权诉讼中，确认不侵权请求权对于合法经营主体而言非常重要。权利人向他人发出侵犯知识产权的警告，只是表明一种可能性，是权利人的主观愿望表达，如果经催告后不撤回警告也不在法定期限内提起诉讼，为恢复被警告人的商业信誉，被警告人有权请求法院确认己方行为不构成侵权。确认不侵权之诉已在《最高人民法院关于审理侵犯专利权纠纷案件应用法律若干问题的解释》第 18 条中规定。

现有法规定

《最高人民法院关于审理侵犯专利权纠纷案件应用法律若干问题的解释》

第十八条　权利人向他人发出侵犯专利权的警告，被警告人或者利害关系人经书面催告权利人行使诉权，自权利人收到该书面催告之日起一个月内或者自书面催告发出之日起二个月内，权利人不撤回警告也不提起诉讼，被警告人或者利害关系人向人民法院提起请求确认其行为不侵犯专利权的诉讼的，人民法院应当受理。

第八十一条　【在先使用抗辩】

须经法定程序产生的知识产权，相同或近似知识在申请日以前已经被制造、销售或者已经做好制造、销售的必要准备，权利人不得禁止他人在原有范围内继续使用该项知识。

条文说明

本条规定在先使用抗辩。

根据权利的作用方式，可将权利分为支配权、请求权、形成权、抗辩权。从法理上看，在先使用抗辩就是抗辩权之一。知识产权中，有经由创作等事实行为直接产生的，也有须在事实行为完成后经法定程序产生的，前者不存在在先使用抗辩一说，后者则存在主张在先使用抗辩的可能。对于须经法定程序产生的知识产权，相同知识的在先使用人可以主张在先使用抗辩，对抗权利人停止使用请求权、排除妨碍请求权、损害赔偿请求权等请求权的主张。在先使用抗辩本身只是一项抗辩权，不能产生排他性的效力，在先使用人在原有范围内继续使用该项知识方才具有正当性。根据《最高人民法院关于审理侵犯专利权纠纷案件应用法律若干问题的解释》第 15 条第 3 款的解释，原有范围包括专利申请日前已有的生产规模以及利用已有的生产设备或者根据已有的生产准备可以达到的生产规模。该条规定对理解原有范围有重要的参考价值。在先使用抗辩中的原有范围，是指申请日前已有的生产规模、种类和利用已有的产生设备或者根据已有的生产准备可以达到的生产规模。

我国《商标法》和《专利法》中均规定了在先使用抗辩，《著作权法》则未作规定。这一区别的原因在于注册商标专用权和专利权均依申请这一法定程序取得，在先使用具有正当性但又不宜扩展其效力范围，只能将相同知识产品的使用行为限定在原有范围之内；著作权自作品创作完成之日起自动产生，只要没有剽窃、抄袭，独立完成的作品之上均产生著作权，彼此间不具有排他效力，没有必要规定在先使用抗辩。除《商标法》、《专利法》和《著作权法》外，凡是依据申请这一法定程序产生的知识产权，也应在其保护的单行法中规定在先使用抗辩。

现有法规定

《商标法》

第五十九条第三款　商标注册人申请商标注册前，他人已经在同一种商品或者类似商品上先于商标注册人使用与注册商标相同或者近似并有一定影响的商标的，注册商标专用权人无权禁止该使用人在原使用范围内继续使用该商标，但可以要求其附加适当区别标识。

《专利法》

第六十九条　有下列情形之一的，不视为侵犯专利权：

（一）专利产品或者依照专利方法直接获得产品，由专利权人或者经其许可的单位、个人售出后，使用、许诺销售、销售、进口该产品的；

（二）在专利申请日前已经制造相同产品、使用相同方法或者已经作好制造、使用的必要准备，并且仅在原有范围内继续制造、使用的；……

《最高人民法院关于审理侵犯专利权纠纷案件应用法律若干问题的解释》

第十五条　被诉侵权人以非法获得的技术或者设计主张先用权抗辩的，人民法院不予支持。

有下列情形之一的，人民法院应当认定属于专利法第六十九条第（二）项规定的已经作好制造、使用的必要准备：

（一）已经完成实施发明创造所必需的主要技术图纸或者工艺文件；

（二）已经制造或者购买实施发明创造所必需的主要设备或者原材料。

专利法第六十九条第（二）项规定的原有范围，包括专利申请日前已有的生产规模以及利用已有的生产设备或者根据已有的生产准备可以达到的生产规模。

先用权人在专利申请日后将其已经实施或作好实施必要准备的技术或设计转让或者许可他人实施，被诉侵权人主张该实施行为属于在原有范围内继续实施的，人民法院不予支持，但该技术或设计与原有企业一并转让或者承继的除外。

第八十二条　【合法来源抗辩】

销售不知道是侵犯知识产权的商品，能证明该商品是自己合法取得并说明提供者的，不承担赔偿责任。

个人使用不知道是侵犯知识产权的商品，不承担赔偿责任。

商业性使用不知道是侵犯知识产权的商品，能证明该商品是自己合法取得的，不承担赔偿责任。

条文说明

本条规定合法来源抗辩。

损害赔偿责任承担的前提是过错的存在，过错使得侵害人主观上具有可归责性。而在商品销售过程中，销售者不具备鉴定是否侵犯知识产权的知识储备、技术水平和鉴定仪器，如果能够证明所销售商品的合法来源并说明提供者的，不存在过错，也就无须承担损害赔偿责任，但应停止销售，防止损害扩大；如不及时停止销售行为，主观上存在过错，就要对扩大的损害部分承担赔偿责任。

终端用户可以分为两种：普通消费者的个人使用和机构的商业性使用。

商品销售者尚且不具备检验的可能,普通消费者更是无从判断所购买的商品是否存在侵权情形,只要证明合法来源,就无须承担赔偿责任。与销售者不同,普通消费者并非专业生产、经营者,不能要求其对所购买的日常消费品保持高度注意义务,只要能以发票等方式证明合法来源的,均不应承担赔偿责任,不应要求其必须说明提供者才能免除损害赔偿责任。商业性终端用户,作为机构,理应履行较高的注意义务,在不能证明合法来源的情况下应承担赔偿责任。

侵害知识产权及其相关法益的行为,损害赔偿责任的追究实行过错责任原则。在销售活动中,销售者很难具备相应的检测条件,要求其对所销售商品是否侵害他人知识产权作出判断完全超出了期待可能性,自然不能据此推定销售者主观上是否有过错,只要能证明合法来源并说明提供者的,不承担赔偿责任,但应停止销售,防止损失进一步扩大。对于侵权商品的使用,应当按照使用性质,明确应当承担的责任类型,个人使用无须合法来源即可免除损害赔偿责任,商业性使用在证明合法来源的情况下可免除损害赔偿责任。

现有法规定

《专利法》

第七十条　为生产经营目的使用、许诺销售或者销售不知道是未经专利权人许可而制造并售出的专利侵权产品,能证明该产品合法来源的,不承担赔偿责任。

《著作权法》

第五十三条　复制品的出版者、制作者不能证明其出版、制作有合法授权的,复制品的发行者或者电影作品或者以类似摄制电影的方法创作的作品、计算机软件、录音录像制品的复制品的出租者不能证明其发行、出租的复制品有合法来源的,应当承担法律责任。

《最高人民法院关于审理著作权民事纠纷案件适用法律若干问题的解释》

第二十一条　计算机软件用户未经许可或者超过许可范围商业使用计算机软件的,依据著作权法第四十七条第(一)项、《计算机软件保护条例》第二十四条第(一)项的规定承担民事责任。

《商标法》

第六十四条第二款　销售不知道是侵犯注册商标专用权的商品，能证明该商品是自己合法取得并说明提供者的，不承担赔偿责任。

第四节　知识产权共同侵权行为

> **第八十三条　【知识产权的共同侵权行为】**
>
> 两人以上共同实施侵犯知识产权行为，造成他人损害的，应当承担连带责任。
>
> 知识产品的制造者、销售者应当对其制造、销售的产品是否有合法授权或者合法来源尽到合理注意义务，未尽到合理注意义务的，应当承担连带责任。

条文说明

本条规定针对知识产权的共同侵权行为。共同侵权，是指数人共同不法侵害他人权利及其相关法益造成损害的行为。在侵害知识产权的行为中，共同侵权比较常见，侵权产品的制造、销售，往往需要多个主体之间配合才能最终完成。共同侵权成立的构成要件之一是共同过错的存在，既包括共同故意，也包括共同过错。数个行为人共同故意实施侵害行为的，当然构成共同侵权，承担连带责任。数个行为人中有人故意实施侵害行为，有人基于过失实施侵害行为，也构成共同侵权。因此，当知识产品的制造者、销售者未尽到合理注意义务、存在过失时，应当对共同侵权行为承担连带责任。

共同侵权人应当承担连带责任。连带责任，是指依照法律规定或者当事人的约定，两个或者两个以上当事人对共同造成的不履行民事义务的民事责任承担全部责任，并因此引起当事人内部债务关系的一种民事责任形式。连带责任既可以基于合同产生，也可能基于侵权行为产生。

《民法通则》第 130 条规定："两人以上共同侵权造成他人损害的，应当承担连带责任。"这是我国立法上首次使用的"共同侵权"概念。根据该条规定，构成共同侵权的，数个行为人对受害人承担连带责任，受害人可以要求任意一个行为人承担全部侵权责任。连带责任制度重在增加责任主体的数量，加强对受害人请求权的保护，确保受害人能获得充分赔偿。本条结合知识产权民事救济中的具体情况，继承、吸收了《民法通则》第130条制定以来各单行法中的成熟规定，对共同侵权进行规制。

现有法规定

《民法总则》

第一百七十八条 二人以上依法承担连带责任的，权利人有权请求部分或者全部连带责任人承担责任。

连带责任人的责任份额根据各自责任大小确定；难以确定责任大小的，平均承担责任。实际承担责任超过自己责任份额的连带责任人，有权向其他连带责任人追偿。

《侵权责任法》

第八条 二人以上共同实施侵权行为，造成他人损害的，应当承担连带责任。

第十三条 法律规定承担连带责任的，被侵权人有权请求部分或者全部连带责任人承担责任。

《最高人民法院关于审理涉及计算机网络著作权纠纷案件适用法律若干问题的解释》

第三条 网络服务提供者通过网络参与他人侵犯著作权行为，或者通过网络教唆、帮助他人实施侵犯著作权行为的，人民法院应当根据民法通则第一百三十条的规定，追究其与其他行为人或者直接实施侵权行为人的共同侵权责任。

《最高人民法院关于审理侵害信息网络传播权民事纠纷案件适用法律若干问题的规定》

第四条 有证据证明网络服务提供者与他人以分工合作等方式共同提供作品、表演、录音录像制品，构成共同侵权行为的，人民法院应当判令其承担连带责任。网络服务提供者能够证明其仅提供自动接入、自动传输、信息存储空间、搜索、链接、文件分享技术等网络服务，主张其不构成共同侵权行为的，人民法院应予支持。

第七条　网络服务提供者在提供网络服务时教唆护着帮助网络用户实施侵害信息网络传播权行为的，人民法院应当判令其承担侵权责任。

网络服务提供者以语言、推介技术支持、奖励积分等方式诱导、鼓励网络用户实施侵害信息网络传播权行为的，人民法院应当认定其构成教唆侵权行为。

《最高人民法院关于审理侵犯专利权纠纷案件应用法律若干问题的解释（二）》

第二十一条第二款　明知有关产品、方法被授予专利权，未经专利权人许可，为生产经营目的积极诱导他人实施了侵犯专利权的行为，权利人主张该诱导者的行为属于侵权责任法第九条规定的教唆他人实施侵权行为的，人民法院应予支持。

第八十四条　【知识产权的帮助侵权】

故意为侵害他人知识产权的行为提供便利条件，帮助他人实施侵害行为的，应当与该侵权人承担连带责任。

网络服务提供者明知或者应知网络用户利用网络服务侵害知识产权，未采取删除、断开链接等必要措施，或者提供技术支持等帮助行为的，应当与该侵权人承担连带责任。

条文说明

本条规定知识产权的帮助侵权。

为侵害他人知识产权及其相关法益提供仓储、运输、邮寄、印制、隐匿、经营场所、网络交易平台等，均为提供便利条件，属于帮助行为。帮助行为，是指给予他人以帮助，以便使该他人方便实施侵权行为。侵犯知识产权的帮助行为通常是以积极的作为方式作出，但具有作为义务的人故意不作为时也可能构成帮助行为，本条第2款即为此种情形。帮助行为可能发生在行为人实施侵权行为前，也可以在实施过程中，明知或者应知他人实施侵权行为，负有注意义务的主体不采取积极措施的，构成帮助侵权。帮助侵权的后果是帮助人与行为人承担连带责任，受害人可以请求帮助人或者行为人中的一人或者数人赔偿全部损失。

但凡规定共同侵权行为的民法典，大多都对教唆和帮助侵权作出了明确规定，一般都是放在同一条款之中。在侵犯知识产权的诸种行为中，帮助侵权有着不同于侵犯其他类型权利的帮助侵权的特点，而教唆侵权则共性明显，所以，本条就针对知识产权的帮助侵权作了单独规定，未就教唆侵权一并规定。

现有法规定

《侵权责任法》

第九条 教唆、帮助他人实施侵权行为的，应当与行为人承担连带责任。

教唆、帮助无民事行为能力人、限制民事行为能力人实施侵权行为的，应当承担侵权责任；该无民事行为能力人、限制民事行为能力人的监护人未尽到监护责任的，应当承担相应的责任。

《最高人民法院关于审理涉及计算机网络著作权纠纷案件适用法律若干问题的解释》

第三条 网络服务提供者通过网络参与他人侵犯著作权行为，或者通过网络教唆、帮助他人实施侵犯著作权行为的，人民法院应当根据民法通则第一百三十条的规定，追究其与其他行为人或者直接实施侵权行为人的共同侵权责任。

《信息网络传播权保护条例》

第十九条 违反本条例规定，有下列行为之一的，由著作权行政管理部门予以警告，没收违法所得，没收主要用于避开、破坏技术措施的装置或者部件；情节严重的，可以没收主要用于提供网络服务的计算机等设备；非法经营额 5 万元以上的，可处非法经营额 1 倍以上 5 倍以下的罚款；没有非法经营额或者非法经营额 5 万元以下的，根据情节轻重，可处 25 万元以下的罚款；构成犯罪的，依法追究刑事责任：

（一）故意制造、进口或者向他人提供主要用于避开、破坏技术措施的装置或者部件，或者故意为他人避开或者破坏技术措施提供技术服务的；……

《商标法》

第五十七条第（六）项　故意为侵犯爱人商标专用权行为提供便利条件，帮助他人实施侵犯商标专用权行为的。

《最高人民法院关于审理侵犯信息网络传播权民事纠纷案件适用法律若干问题的规定》

第七条第三款　网络服务提供者明知或者应知网络用户利用网络服务侵害信息网络传播权，未采取删除、屏蔽、断开链接等必要措施，或者提供技术支持等帮助行为的，人民法院应当认定其构成帮助侵权行为。

《最高人民法院关于审理侵犯专利权纠纷案件应用法律若干问题的解释（二）》

第二十一条第一款　明知有关产品系专门用于实施专利的材料、设备、零部件、中间物等，未经专利权人许可，为生产经营目的将该产品提供给他人实施了侵犯专利权的行为，权利人主张该提供者的行为属于侵权责任法第九条规定的帮助他人实施侵权行为的，人民法院应予支持。

第八十五条【网络服务提供者侵犯知识产权行为】

网络服务提供者为网络用户提供存储、搜索或者链接等单纯网络技术服务时，不承担与知识产权有关的审查义务。

他人利用网络服务实施侵犯知识产权行为的，权利人可以书面通知网络服务提供者，要求其采取删除、断开链接等必要措施。网络服务提供者接到通知后及时采取必要措施的，不承担赔偿责任；未及时采取必要措施的，对损害的扩大部分与该侵权人承担连带责任。

网络服务提供者知道或者应当知道他人利用其网络服务侵害知识产权，未及时采取必要措施的，与该侵权人承担连带责任。

网络服务提供者教唆他人侵犯知识产权的，与该侵权人承担连带责任。

网络服务提供者通过网络向公众提供他人作品、表演或者录音制品，不适用本条第一款规定。

条文说明

本条规定网络服务提供者侵犯知识产权行为的处理规则。

为解决日益突出的通过网络侵犯著作权的现象，《最高人民法院关于审理涉及计算机网络著作权纠纷案件适用法律若干问题的解释》于 2000 年被制定，该解释分别在 2003 年和 2006 年进行了修改，国务院也在 2006 年制定了《信息网络传播权保护条例》，并于 2013 年作了修改。实际上，上述内容也可以用于制止通过网络侵犯包括商标权、专利权等在内的其他知识产权的行为。

本条第 1 款规定的是网络服务提供者在向网络用户提供单纯网络技术服务时的审查义务。本条第 2—4 款规定的是网络用户利用网络实施侵犯知识产权的行为时，网络服务提供者在何种情况下免责，何种情况下需要与网络用户承担连带责任。本条第 5 款规定的是网络服务提供者直接实施侵权行为时的审查义务。

第 2 款中沿用了《最高人民法院关于审理涉及计算机网络著作权纠纷案件适用法律若干问题的解释》第 4 条和《信息网络传播权保护条例》第 14 条、第 15 条中引入的"通知—删除"规则。根据第 2 款的规定，网络服务提供者在收到书面通知后，应当及时采取必要措施，阻止公众访问侵权信息。第 2 款只是"通知—删除"规则的原则性规定，书面通知的形式、应当包括的内容和发送通知的程序可以适用《信息网络传播权保护条例》中的有关规定。

网络服务关乎每个人的日常生活。面对海量信息，网络服务者无法承担起一一审查的注意义务，要求其针对所有侵权信息承担责任显然不公平。出于平衡网络产业正常发展和有效维权的考虑，在整合《信息网络传播权保护条例》和《最高人民法院关于审理涉及计算机网络著作权纠纷案件适用法律若干问题的解释》相关规定的基础上，制定本条。

现有法规定

《侵权责任法》

第三十六条　网络用户、网络服务提供者利用网络侵害他人民事权益的，应当承担侵权责任。

网络用户利用网络服务实施侵权行为的，被侵权人有权通知网络服务提供者采取删除、屏蔽、断开链接等必要措施。网络服务提供者接到通知后未及时采取必要措施的，对损害的扩大部分与该网络用户承担连带责任。

网络服务提供者知道网络用户利用其网络服务侵害他人民事权益，未采取必要措施的，与该网络用户承担连带责任。

《信息网络传播权保护条例》

第十三条 著作权行政管理部门为了查处侵犯信息网络传播权的行为，可以要求网络服务提供者提供涉嫌侵权的服务对象的姓名（名称）、联系方式、网络地址等资料。

第十四条 对提供信息存储空间或者提供搜索、链接服务的网络服务提供者，权利人认为其服务所涉及的作品、表演、录音录像制品，侵犯自己的信息网络传播权或者被删除、改变了自己的权利管理电子信息的，可以向该网络服务提供者提交书面通知，要求网络服务提供者删除该作品、表演、录音录像制品，或者断开与该作品、表演、录音录像制品的链接。通知书应当包含下列内容：

（一）权利人的姓名（名称）、联系方式和地址；

（二）要求删除或者断开链接的侵权作品、表演、录音录像制品的名称和网络地址；

（三）构成侵权的初步证明材料。

权利人应当对通知书的真实性负责。

第十五条 网络服务提供者接到权利人的通知书后，应当立即删除涉嫌侵权的作品、表演、录音录像制品，或者断开与涉嫌侵权的作品、表演、录音录像制品的链接，并同时将通知书转送提供作品、表演、录音录像制品的服务对象；服务对象网络地址不明、无法转送的，应当将通知书的内容同时在信息网络上公告。

第十六条 服务对象接到网络服务提供者转送的通知书后，认为其提供的作品、表演、录音录像制品未侵犯他人权利的，可以向网络服务提供者提交书面说明，要求恢复被删除的作品、表演、录音录像制品，或者恢复与被断开的作品、表演、录音录像制品的链接。书面说明应当包含下列内容：

（一）服务对象的姓名（名称）、联系方式和地址；

（二）要求恢复的作品、表演、录音录像制品的名称和网络地址；

（三）不构成侵权的初步证明材料。

服务对象应当对书面说明的真实性负责。

第十七条　网络服务提供者接到服务对象的书面说明后，应当立即恢复被删除的作品、表演、录音录像制品，或者可以恢复与被断开的作品、表演、录音录像制品的链接，同时将服务对象的书面说明转送权利人。权利人不得再通知网络服务提供者删除该作品、表演、录音录像制品，或者断开与该作品、表演、录音录像制品的链接。

第二十条　网络服务提供者根据服务对象的指令提供网络自动接入服务，或者对服务对象提供的作品、表演、录音录像制品提供自动传输服务，并具备下列条件的，不承担赔偿责任：

（一）未选择并且未改变所传输的作品、表演、录音录像制品；

（二）向指定的服务对象提供该作品、表演、录音录像制品，并防止指定的服务对象以外的其他人获得。

第二十一条　网络服务提供者为提高网络传输效率，自动存储从其他网络服务提供者获得的作品、表演、录音录像制品，根据技术安排自动向服务对象提供，并具备下列条件的，不承担赔偿责任：

（一）未改变自动存储的作品、表演、录音录像制品；

（二）不影响提供作品、表演、录音录像制品的原网络服务提供者掌握服务对象获取该作品、表演、录音录像制品的情况；

（三）在原网络服务提供者修改、删除或者屏蔽该作品、表演、录音录像制品时，根据技术安排自动予以修改、删除或者屏蔽。

第二十二条　网络服务提供者为服务对象提供信息存储空间，供服务对象通过信息网络向公众提供作品、表演、录音录像制品，并具备下列条件的，不承担赔偿责任：

（一）明确标示该信息存储空间是为服务对象所提供，并公开网络服务提供者的名称、联系人、网络地址；

（二）未改变服务对象所提供的作品、表演、录音录像制品；

（三）不知道也没有合理的理由应当知道服务对象提供的作品、表演、录音录像制品侵权；

（四）未从服务对象提供作品、表演、录音录像制品中直接获得经济利益；

（五）在接到权利人的通知书后，根据本条例规定删除权利人认为侵权的作品、表演、录音录像制品。

第二十三条　网络服务提供者为服务对象提供搜索或者链接服务，在接到权利人的通知书后，根据本条例规定断开与侵权的作品、表演、录音录像制品的链接的，不承担赔偿责任；但是，明知或者应知所链接的作品、表演、录音录像制品侵权的，应当承担共同侵权责任。

第二十四条　因权利人的通知导致网络服务提供者错误删除作品、表演、录音录像制品，或者错误断开与作品、表演、录音录像制品的链接，给服务对象造成损失的，权利人应当承担赔偿责任。

《最高人民法院关于审理涉及计算机网络著作权纠纷案件适用法律若干问题的解释》

第三条　因权利人的通知导致网络服务提供者错误删除作品、表演、录音录像制品，或者错误断开与作品、表演、录音录像制品的链接，给服务对象造成损失的，权利人应当承担赔偿责任。

第四条　提供内容服务的网络服务提供者，明知网络用户通过网络实施侵犯他人著作权的行为，或者经著作权人提出确有证据的警告，但仍不采取移除侵权内容等措施以消除侵权后果的，人民法院应当根据民法通则第一百三十条的规定，追究其与该网络用户的共同侵权责任。

第五条　提供内容服务的网络服务提供者，对著作权人要求其提供侵权行为人在其网络的注册资料以追究行为人的侵权责任，无正当理由拒绝提供的，人民法院应当根据民法通则第一百零六条的规定，追究其相应的侵权责任。

第六条　网络服务提供者明知专门用于故意避开或者破坏他人著作权技术保护措施的方法、设备或者材料，而上载、传播、提供的，人民法院应当根据当事人的诉讼请求和具体案情，依照著作权法第四十七条第（六）项的规定，追究网络服务提供者的民事侵权责任。

第七条　著作权人发现侵权信息向网络服务提供者提出警告或者索要侵权行为人网络注册资料时，不能出示身份证明、著作权权属证明及侵权情况证明的，视为未提出警告或者未提出索要请求。

著作权人出示上述证明后网络服务提供者仍不采取措施的，著作权人可以依照著作权法第四十九条、第五十条的规定在诉前申请人民法院作出停止有关行为和财产保全、证据保全的裁定，也可以在提起诉讼时申请人民法院先行裁定停止侵害、排除妨碍、消除影响，人民法院应予准许。

第八条　网络服务提供者经著作权人提出确有证据的警告而采取移除被控侵权内容等措施，被控侵权人要求网络服务提供者承担违约责任的，人民法院不予支持。

著作权人指控侵权不实，被控侵权人因网络服务提供者采取措施遭受损失而请求赔偿的，人民法院应当判令由提出警告的人承担赔偿责任。

第五节　其他规定

第八十六条　【知识产权救济方式的合并适用】

本章规定的知识产权的保护方式，可以单独适用，也可以根据权利被侵害的情形合并适用。

侵害知识产权，除承担民事责任外，违反行政管理规定的，依法承担行政责任；构成犯罪的，依法追究刑事责任。

条文说明

本条规定知识产权保护方式的单用和并用，以及三大法律责任的适用。

知识产权受到侵害的，当事人可以通过请求确认权利、停止侵害、排除妨碍、消除危险、提供必要信息、消除影响、损害赔偿等方式保护自己的合法权益。上述保护方式，可以单独适用，也可以根据权利被侵害的情形合并适用。

法律责任包括民事责任、行政责任、刑事责任。侵害知识产权，除承担民事责任外，违反行政管理规定的，依法承担行政责任；构成犯罪的，依法追究刑事责任。

现有法规定

《民法通则》

第一百三十四条第二款　以上承担民事责任的方式，可以单独适用，也可以合并适用。

《物权法》

第三十八条　本章规定的物权保护方式，可以单独适用，也可以根据权利被侵害的情形合并适用。

侵害物权，除承担民事责任外，违反行政管理规定的，依法承担行政责任；构成犯罪的，依法追究刑事责任。

《侵权责任法》

第十五条　承担侵权责任的方式主要有：（一）停止侵害；（二）排除妨碍；（三）消除危险；（四）返还财产；（五）恢复原状；（六）赔偿损失；（七）赔礼道歉；（八）消除影响、恢复名誉。

以上承担侵权责任的方式，可以单独适用，也可以合并适用。

《民法总则》

第一百七十九条　承担民事责任的方式主要有：（一）停止侵害；（二）排除妨碍；（三）消除危险；（四）返还财产；（五）恢复原状；（六）修理、重作、更换；（七）继续履行；（八）赔偿损失；（九）支付违约金；（十）消除影响、恢复名誉；（十一）赔礼道歉。

法律规定惩罚性赔偿的，依照其规定。

本条规定的承担民事责任的方式，可以单独适用，也可以合并适用。

> **第八十七条　【知识产权的诉讼时效】**
>
> 　　侵害知识产权的诉讼时效为三年，从权利人或者利害关系人知道或者应当知道侵害行为之日起计算。
>
> 　　权利人或者利害关系人超过三年起诉的，如果侵害行为在起诉时仍然持续，在该项权利有效期限内，人民法院应当判决侵害人停止侵害行为；损害赔偿额应当自权利人或者利害关系人向人民法院起诉之日向前推算三年计算。

条文说明

本条是关于诉讼时效的规定。

侵害知识产权及其相关法益的诉讼时效属于普通诉讼时效，从权利人、法益享有人或者利害关系人知道或者应当知道侵害行为之日起计算，超过时效不起诉的，侵害人产生抗辩权，请求权的主张受到限制。按照我国《专利法》的规定，发明专利权的取得采取"早期公开、延迟审查"制，发明专利申请公布后至专利权授权前这段时间内该发明专利申请是不能以专利权的属性获得专利法的保护，任何人都可以通过查阅相关文件得知该申请的具体内容，出于鼓励技术公开的考虑，如果该项申请最终能获得授权，那么专利权人可要求使用人支付适当使用费；如果该项申请最终未能获得授权，那么申请人无权要求使用人支付任何费用。对于侵害行为持续进行的，权利人、法益享有人或者利害关系人超过3年起诉的仍然可能受到法院支持，前提是该项权利仍在有效期限内，法院应当判决侵害人停止侵害行为，损害赔偿数额只能是自起诉之日起向前推算3年计算，以此反向激励受害人尽快维权。

诉讼时效的存在，旨在通过科加给"躺在权利上睡眠"之人以不利的法律后果，督促权利人尽快行使权利，尽早结束不确定状态，保障交易的安全。我国《专利法》《最高人民法院关于审理商标民事纠纷案件适用法律若干问题的解释》和《最高人民法院关于审理著作权民事纠纷案件适用法律若干问题的解释》中规定的诉讼时效均为 2 年，《民法总则》将普通诉讼时效统一规定为 3 年，所以本条也将诉讼时效改为 3 年。

现有法规定

《专利法》

第六十八条　侵犯专利权的诉讼时效为二年，自专利权人或者利害关系人得知或者应当得知侵权行为之日起计算。

发明专利申请公布后至专利权授予前使用该发明未支付适当使用费的，专利权人要求支付使用费的诉讼时效为二年，自专利权人得知或者应当得知他人使用其发明之日起计算，但是，专利权人于专利权授予之日前即已得知或者应当得知的，自专利权授予之日起计算。

《最高人民法院关于审理商标民事纠纷案件适用法律若干问题的解释》

第十八条　侵犯注册商标专用权的诉讼时效为二年，自商标注册人或者利害关系人知道或者应当知道侵权行为之日起计算。商标注册人或者利害关系人超过二年起诉的，如果侵权行为在起诉时仍在持续，在该注册商标专用权有效期限内，人民法院应当判决自权利人向人民法院起诉之日起向前推算二年计算。

《最高人民法院关于审理著作权民事纠纷案件适用法律若干问题的解释》

第二十八条　侵犯著作权的诉讼时效为二年，自著作权人知道或者应当知道侵权行为之日起计算。

权利人超过二年起诉的，如果侵权行为在起诉时仍在持续，在该著作权保护期内，人民法院应当判决被告停止侵权行为。

侵权损害赔偿数额应当自权利人向人民法院起诉之日起向前推算二年计算。

> **第八十八条　【知识产权许可使用中被许可人的诉权】**
>
> 　　知识产权独占使用许可合同中的被许可人，在合同备案登记后可以直接向人民法院提起诉讼；排他许可使用合同中的被许可人，在合同备案登记后可以和许可人共同诉讼，也可以在许可人不起诉的情况下，自行提起诉讼；知识产权普通许可使用合同中的被许可人，不论该合同是否经过备案登记，只能经许可人的明确授权才可以提起诉讼。
>
> 　　未经备案登记的独占许可使用和排他许可使用合同，被许可人不能以自己名义提起诉讼。

条文说明

本条规定知识产权许可使用中被许可人的诉权。

许可使用在知识产权利用中非常普遍，许可使用中被许可人的诉权直接关系到其权益能否得到法律维护。被许可人的诉权由许可使用的类型和合同是否经备案登记而定：经备案登记的独占许可使用，被许可人可以直接以自己的名义提起诉讼；经备案登记的排他许可使用，被许可人可以和许可人一起提起诉讼，也可以在许可人不起诉的情况下提起诉讼；普通许可使用和未经备案登记的独占许可使用与排他许可使用，被许可人不能以自己的名义提起诉讼，只能经许可人明确授权，才享有诉权。

本条是关于许可使用情形下被许可人诉讼主体资格的规定。许可使用是知识产权迥异于物权的一种利用方式，彰显了知识产权的本质特征——权利对象的非实体性——可分时共享。被许可人的诉讼主体资格对于被许可人的权利保护至关重要，对于许可使用合同外的第三人而言也是意义非凡，必须要谨慎处理。诉讼主体资格授予的实质是请求权的配置，无相应的请求权，自然不存在诉讼主体资格。而请求权配置的前提，是请求权所指向的他方或第三人相应义务的存在。许可使用是合同行为，本不能对合同关系外第三人产生拘束力，第三人无理由得知该合同的存在，所以，未经备案登记的许可使用合同，不论是独占许可还是排他许可，被许可人均不能依据合同本身获得诉讼主体资格。但是，知识产权许可使用合同可以进行备案登记，登记之后即产生公示公信效力，第三人因此产生注意义务，对于违反注意义务的第三人，被许可人就可向其主张请求权，即获得诉讼主体资格。独占许可使用和排他许可使用中，被许可人仅为一人，一旦发生侵权行为，则损害与侵权行为之间的因果关系容易证明，诉讼主体资格的授予没有任何障碍。普通许可使用中，被许可人的数量较多，一旦发生侵权行为，则一方所受到的损害与侵权行为之间的因果关系很难证明，诉讼主体资格的授予存在技术与法理上的障碍。因此，本条中对许可使用情形下诉讼主体资格的授予，按照许可使用类型的不同作了区别规定。

举重以明轻，基于法益区分保护的基本原理，知识产权相关法益的许可使用，不论合同是否经备案登记，被许可人均不能获得诉讼主体资格。法律本身并未要求知识产权相关法益的许可使用须进行备案登记，相关法益主体的身份资格本身又不能通过公开查询得知，也没有理由推定第三人当然知晓，第三人不存在注意义务，更不能因此对第三人产生请求权。皮之不存，毛将焉附！相关法益许可使用合同中的被许可人更不会产生对第三人的请求权，无法获得诉讼主体资格。

现有法规定

《商标法》

第四十三条第三款　许可他人使用其注册商标的，许可人应当将其商标使用许可报商标局备案，由商标局公告。商标使用许可未经备案不得对抗善意第三人。

《最高人民法院关于审理商标民事纠纷案件适用法律若干问题的解释》

第四条　商标法第53条规定的利害关系人，包括注册商标使用许可合同的被许可人、注册商标财产权利的合法继承人等。

在发生注册商标专用权被侵害时，独占使用许可合同的被许可人可以向人民法院提起诉讼；排他使用许可合同的被许可人可以和商标注册人共同起诉，也可以在商标注册人不起诉的情况下，自行提起诉讼；普通使用许可合同的被许可人经商标注册人明确授权，可以提起诉讼。

《最高人民法院关于审理不正当竞争民事案件应用法律若干问题的解释》

第十五条 对于侵犯商业秘密行为，商业秘密独占使用许可合同的被许可人提起诉讼的，人民法院应当依法受理。

排他使用许可合同的被许可人和权利人共同提起诉讼，或者在权利人不起诉的情况下，自行提起诉讼，人民法院应当依法受理。

普通使用许可合同的被许可人和权利人共同提起诉讼，或者经权利人书面授权，单独提起诉讼的，人民法院应当依法受理。

第八十九条 【知识产权中人身权利的保护】

在知识产权中的人身性权利受到侵害时，权利人可以通过确认权利、请求停止侵害、消除影响、恢复名誉、赔礼道歉、损害赔偿等方式保护自己的权利。

人身性权利的权利人有权通过遗嘱、遗赠抚养协议指定在自己死后维护其权利的人。在没有指定权利维护人时，或者被指定人拒绝履行有关职责时，以及被指定人死亡后，人身性权利由继承人保护。

条文说明

本条规定知识产权中人身权利的保护。

消除影响、恢复名誉，是指人民法院根据受害人的请求，责令行为人在一定范围内采取适当方式消除对受害人名誉的不利影响，以使其名誉得到恢复的一种请求权。具体适用消除影响、恢复名誉，要根据侵害行为所造成的影响和受害人名誉受损的后果决定。处理的原则是，行为人应当根据造成不良影响的大小，采取程度不同的措施给受害人消除不良影响。赔礼道歉，是指行为人通过口头、书面或者其他方式向受害人道歉，以取得对方谅解的一种请求权。行为人不赔礼道歉的，人民法院可以判决按照确定的方式进行，由此产生的费用由行为人承担。消除影响、恢复名誉和赔礼道歉主要适用于侵犯人身性权利的情形，对于人身权利的维护至关重要。除此之外，权利人还可以主张确认权利、停止侵害、损害赔偿请求权保护自己的权利。

人身权利不能继承，受到侵害后负有保护职责的人有权请求人民法院予以保护。负有保护职责的人，主要是通过遗嘱或遗赠抚养协议指定的人，没有遗嘱、遗赠抚养协议或遗嘱、遗赠抚养协议中未指定权利维护人的，按法定继承处理，由继承人保护；被指定人拒绝履行相关职责或被指定人死亡的，权利人的预期落空，此时，按照法定继承处理，由继承人保护。

立法例借鉴

《俄罗斯联邦民法典》

第1251条　人身非财产权的保护

1. 在作者的人身非财产权受到侵犯时，权利的保护通过确认权利、恢复原状、制止侵权和构成侵权威胁的行为、补偿精神损害、公布侵权的裁判等方式进行。

2. 本条第1款的规定，也适用于第1240条第4款、第1260条第7款、第1263条第4款、第1295条第3款、第1323条第1款、第1333条第2款和第1338条第1款第2项所规定的权利的保护。

3. 作者名誉、人格和商业信誉的保护依照本法典第152条进行。

第1267条　作者死后作者身份权、署名权和作品不受侵犯权的保护

1. 作者身份权、署名权和作品不受侵犯权无限期受到保护。

2. 作者有权通过指定遗嘱执行人的程序（第1134条）指定在自己死后维护其作者身份权、署名权和作品不受侵犯权的人（第1266条第1款第2项）。该人终身行使这些权限。

在没有指定权利维护人时，或者作者指定的人拒绝行使有关权限时，以及被指定人死亡后，作者身份权、署名权和作品不受侵犯的维护由作者的继承人、继承人的权利继承人和其他利害关系人进行。

第九十条 【违法所得、侵权产品和进行违法活动的财物的处理】

人民法院审理案件，对于侵害知识产权的，可以判决没收违法所得、侵权产品以及进行违法活动的财物。

被没收的违法所得、侵权产品以及进行违法活动的财物，人民法院应当转交给有关公益机构用于社会公益事业；权利人有意收购侵权产品的，可以有偿转让给权利人。权利人对侵权产品没有购买意愿的，在消除侵权特征后，可以依法拍卖，拍卖所得应当转交给社会公益机构。侵权产品上的侵权特征无法消除的，应当予以销毁。

条文说明

本条是违法所得、侵权产品和进行违法活动的财物的处理规定。

人民法院在审理案件的过程中，有权判决没收违法所得、侵权产品以及进行违法活动的财物。民事诉讼中损害赔偿秉持填平原则，在受害人得到充分赔偿之后，人民法院可以判决没收违法所得。为有效制止并遏制侵权行为，人民法院也可以判决没收侵权产品和进行违法活动的财物。人民法院判决没收违法所得、侵权产品和进行违法活动的财物后，应当转交给有关公益机构用于社会公益事业。对于侵权产品，权利人有权收购，这一规定符合效率原则。权利人没有购买意愿的，在消除侵权特征、不再产生侵权行为后，人民法院可以依法拍卖，拍卖所得应当转交给社会公益机构，这是在不损及权利人的前提下的共赢选择。当侵权产品上的侵权特征无法消除时，侵权行为仍然可能发生，此种情形下，只能对侵权产品进行销毁。

违法所得、侵权产品和进行违法活动的财物如何处理，目前立法上规定不一。著作权法中规定人民法院有权判决没收，商标法则将此项权利赋予工商行政管理部门，专利法未对此作任何规定。对于侵权产品，权利人是否有权收购，三大单行法中均未作规定。因此，有必要在民法典中统一规定。知识产权属于民事权利，应当赋予人民法院以判决方式没收违法所得、侵权产品和进行违法活动的财物之权力，并将上述财物转交给社会公益机构，实现权利人和社会公众的共赢。

现有法规定

《著作权法》

第五十二条 人民法院审理案件,对于侵犯著作权或者与著作权有关的权利的,可以没收违法所得、侵权复制品以及进行违法活动的财物。

《商标法》

第六十条第二至三款 工商行政管理部门处理时,认定侵权行为成立的,责令立即停止侵权行为,没收、销毁侵权商品和主要用于制造侵权商品、伪造注册商标标识的工具,违法经营额五万元以上的,可以处违法经营额五倍以下的罚款,没有违法经营额或者违法经营额不足五万元的,可以处二十五万元以下的罚款。对五年内实施两次以上商标侵权行为或者有其他严重情节的,应当从重处罚。销售不知道是侵犯注册商标专用权的商品,能证明该商品是自己合法取得并说明提供者的,由工商行政管理部门责令停止销售。

对侵犯商标专用权的赔偿数额的争议,当事人可以请求进行处理的工商行政管理部门调解,也可以依照《中华人民共和国民事诉讼法》向人民法院起诉。经工商行政管理部门调解,当事人未达成协议或者调解书生效后不履行的,当事人可以依照《中华人民共和国民事诉讼法》向人民法院起诉。

第六章　与知识产权有关的不正当竞争

> **第九十一条　【正当竞争权益的维护】**
>
> 经营者的正当竞争权益根据本章规定和《中华人民共和国反不正当竞争法》受到保护。

条文说明

本条是关于正当竞争权益维护的规定。反不正当竞争和知识产权法律是两种并行的保护知识的方式。知识产权法律是精巧设计的产物，是通过"授予权利"的方式来保护知识的，知识产权法律往往预先设置严格的权利取得条件，在符合法律规定的条件下权利人依照法定程序取得或者自动取得权利，权利人的权利和权利取得条件是严格对应的，这就是所谓的"对价"理论。知识产权法律是保护知识的主要方式，大多数情况下知识产权法律已经对知识提供了较为充分的保护。反不正当竞争法是保护知识的另一种方式，它在很大程度上不是通过"授予权利"的方式而是通过对不正当行为的规制而保护知识的，可以说是一种根据个案衡量某种经营行为的正当性而对知识的补充保护。反不正当竞争法对知识的保护是有限的，不仅受到知识产权法律的限制，而且必须符合反不正当竞争法的规定。只有在知识产权法律没有规定或者规定不明确的情况下才能够适用反不正当竞争法来保护知识。

> **第九十二条 【知识产权保护相对于反不正当竞争保护的优先性】**
> 对于擅自利用他人作品、商标、发明等知识的行为，知识产权法律有规定的，应当适用知识产权法律的规定。知识产权法律没有规定的，只有符合本编第四十条的规定时才能够适用反不正当竞争法的规定。

条文说明

本条主要是规定知识产权法和反不正当竞争法之间的关系，反不正当竞争法本身属于侵权法的特别法，其所保护的利益是不确定的法益，是否保护需要在个案中进行具体衡量。而知识产权所体现、保护的也是权利人的利益。法益和权利的区别在于：后者所要保护的利益更为明确，为保护利益所采取的手段（权能）更为全面，可以说，权利是在法益基础上形成和完善起来的，更有助于明晰当事人之间的法律关系。在涉及是否侵权等定性上，适用知识产权法比适用反不正当竞争法更为准确，自由裁量的因素更少。因此，在知识产权法和反不正当竞争法之间，应当优先适用知识产权法。当然，对于反不正当竞争法的适用也有着严格的限制。主要是看这种利用有无违反商业道德、明显丧失公平。

立法例借鉴

《美国版权法》

第301条　对于其他法律的优先地位

（a）1978年1月1日或以后，相当于第106条规定的下述作者作品的版权总范围内任何专有权利的一切法定权利或衡平法上的权利完全都受本法的约束，这些作品是固定在有形的表现媒介上而且属于第102条和第103条规定的版权客体范围以内，不管作品在该日期以前或以后创作的，也不管出版与否。其后，任何人都不得依任何州的普通法或成文法享有任何此类作品的任何此类权利或相当的权利。

（b）本法任何条文都不废除或限制任何州的普通法或成文法有关以下事项的任何权利或补救方法：

（1）不属于第 102 条和第 103 条规定的版权客体范围内的客体，包括未固定在任何有形表现媒介上的作者作品；或者

（2）1978 年 1 月 1 日以前开始的活动所引起的任何诉讼案件；或者

（3）侵犯与第 106 条规定的属于版权总范围内任何专有权利不相当的法定权利或衡平法上的权利的活动。

(c) 关于 1972 年 2 月 15 日以前录制的录音作品，依据任何州的普通法或成文法规定的任何权利或补救方法在 2047 年 2 月 15 日以前，均不应被本法废除或受到本法的限制。（a）款的优先规定应适用于与在 2047 年 2 月 15 日和以后开始的活动所引起的任何诉讼案件有关的任何此类权利和补救方法。尽管有第 303 条的规定，但在 1972 年 2 月 15 日以前录制的录音作品在 2047 年 2 月 15 日以前 2047 年 2 月 15 日或以后均不按本法关于版权之规定。

(d) 本法任何条文均不废除或限制任何其他联邦法规的任何权利或补救方法。

> **第九十三条　【知识利用行为构成不正当竞争行为的条件】**
>
> 知识利用行为符合以下条件之一的，构成不正当竞争：
>
> （一）属于反不正当竞争法明确规定的不正当竞争行为的；
>
> （二）明显违反商业道德的；
>
> （三）无正当理由且导致严重不公平结果的。

条文说明

本条为上一条的具体化，限定了反不正当竞争法对于知识利用行为的适用范围。知识产权保护并不禁止全部的知识利用，而只是禁止少部分严重影响创新的知识利用行为。未经许可，擅自利用了他人创造的知识，才构成不正当竞争。主要判断标准有以下三条：

第一，属于反不正当竞争法明确规定的行为，例如，仿冒知名商品特有名称、包装、装潢等范畴。这些行为自然属于不正当竞争。

第二，明显违反商业道德的。商业道德是诚信原则在商业竞争领域中的

具体体现，违反商业道德即违反民法诚信原则。如果他人的知识利用行为明显违反了商业道德，可以认为构成不正当竞争。例如，超出传统的假冒他人注册商标、仿冒知名商品特有名称、包装、装潢等范畴，仿冒他人知名的商业外观、域名等商业标识，这些行为的目的在于掠夺他人创造的商业价值，攀附他人的商业信誉，不劳而获，即明显违反商业道德。

第三，无正当理由并导致当事人之间严重不公平结果的。这里实际上是要参照合理使用的规定，综合衡量他人知识利用行为的目的、使用的方式、对知识创造者造成的影响等方面因素，综合考量是否存在着不正当竞争。如果没有正当理由，对知识创造者影响极大，使用方式基本相同，不能促进知识创新，构成不正当竞争的可能性就很大。

> **第九十四条　【恶意警告的损害赔偿请求权】**
>
> 出于不正当竞争的目的，采用发送律师函等侵犯知识产权的警告，被警告人或者利害关系人因此丧失竞争机会或者造成其他损失的，可以请求权利人赔偿损失。

条文说明

本条规定针对恶意警告的损害赔偿请求权。

针对出于不正当竞争的目的、采用发送律师函等方式并公开他人可能侵害知识产权的行为，导致被警告人或者利害关系人丧失竞争机会或者造成其他损失的，被警告人或者利害关系人可以提起损害赔偿之诉。损害赔偿责任的追究，应当举证证明警告人的不正当竞争目的、被警告人或者利害关系人所受损害、警告行为与损害后果间的因果关系。基于两者的关联性，确认不侵权之诉和损害赔偿之诉可以一并提起。

确认不侵权之诉已在《最高人民法院关于审理侵犯专利权纠纷案件应用法律若干问题的解释》第18条中规定，而针对恶意警告的损害赔偿之诉在立法中缺失，本条则将上述必要内容上升为一般规定。

现有法规定

《最高人民法院关于审理侵犯专利权纠纷案件应用法律若干问题的解释》

第十八条　权利人向他人发出侵犯专利权的警告，被警告人或者利害关系人经书面催告权利人行使诉权，自权利人收到该书面催告之日起一个月内或者自书面催告发出之日起二个月内，权利人不撤回警告也不提起诉讼，被警告人或者利害关系人向人民法院提起请求确认其行为不侵犯专利权的诉讼的，人民法院应当受理。

> **第九十五条　【恶意程序行为的损害赔偿】**
>
> 　　因恶意抢注、恶意异议、恶意诉讼给他人造成损害的，应当给予赔偿。

条文说明

本条规定针对知识产权的恶意程序行为的制裁，恶意抢注、恶意异议、恶意诉讼行为须承担损害赔偿责任。知识产权是重要的市场竞争工具，也容易被异化为不正当竞争的工具。因此，对于以恶意抢注、恶意异议和恶意诉讼为手段进行不正当竞争的，造成损害，就应给予赔偿，以此来实现有效救济，维护正当、有序的竞争秩序。以往的单行法中对恶意异议和恶意诉讼的救济关注不够，致使一些竞争者有恃无恐，此种现状应积极改变。

恶意程序行为的制裁在我国立法中很少体现。2013年《商标法》修改后新增的第36条第2款针对恶意异议作出了赔偿的规定，但作用范围和效果很有限。在同一种或者类似商品上使用相同或近似标志的第三人，属于可提起异议程序的适格主体，如果是基于恶意而提起异议的，应对造成的损害进行赔偿。如果异议人未使用相同或近似标志，该条就无法适用了，哪怕对商标权人造成了损害。

目前《商标法》中缺少对恶意启动异议程序和无效宣告程序的主体的制裁措施，这种现状变相助长了借助商标法上的程序实施不正当竞争行为。知识产权法是正当竞争的工具，也可能沦为不正当竞争的工具。为尽可能减少审查人员主观因素所导致的错误注册，《商标法》《专利法》中创设了异议制度和无效宣告制度进行矫正，但这两项制度设计经常被同业竞争者滥用以展开不正当竞争。所以，在创设异议制度和无效宣告制度的同时，还应增加异议与无效宣告程序启动的限制内容，配置恶意异议与无效宣告行为的救济、惩罚措施。实际上，只要没有惩罚措施存在，则恶意异议与无效宣告都可能会对商标权人造成无法弥补的损害。不当竞争者一方面借助程序，拖延权利的取得，影响权利的效力，延缓竞争对手商品的市场销售、推广；另一方面借助媒体宣传等作有损竞争对手的宣传，影响商誉的形成与发展。这些行为的实施对合法经营者而言，打击都是致命的。异议人和无效宣告请求人的程序成本与可能获得的市场利益相比微不足道，惩罚措施的缺位助长了恶意程序行为。

应当在立法中引入恶意程序行为的损害赔偿责任，提高恶意行为的经济成本代价，减少程序滥用和行政、司法资源的浪费。

第七章 其他规定

第九十六条 知识产权法律适用

知识产权相关事宜，知识产权部门法律有规定的，适用知识产权部门法律的规定；知识产权部门法律没有规定的，适用本编规定。

条文说明

本条为处理知识产权法通则和部门法律之间关系的技术性规定。通则部分属于一般性规定，部门法律是具体规定，自然优先适用具体规定。在部门法律没有规定的情况下，方可适用通则部分的规定。

附　　录

我国《民法典》设立知识产权编的合理性

刘春田[*]

当下，我国人大常委会已经对《民法典》分则草稿开始审议。原本计划中的五编分则，有所变化。其中，根据一些人大常委会组成人员和有关方面的意见，在原计划五编分则的基础上，增加了"人格权编"，形成目前的物权编、合同编、人格权编、婚姻家庭编、继承编和侵权责任编的六编分则方案。另外，出于对知识产权法的不同理解，提出了一些主要是技术上的问题，对知识产权能否提炼出一般规则，并独立成编，融入《民法典》持怀疑态度。出于这种顾虑，立法机关在目前的分则设计中，没有知识产权的安排。个人认为，上述顾虑是可以理解的，但它又是片面的。事实上，关于知识产权应否独立成编编纂入民法分则问题，或许听取一下知识产权法学界的意见是有益的。我国知识产权法学界的主流意见明确、肯定，早有定论。为此，2017年年初，中国知识产权法学研究会组织全国十几所大学的学者，历时近一年，提炼知识产权法的一般规则，五易其稿，完成了一个共七章96条的"《中华人民共和国民法典知识产权编》专家建议稿"。其间，中国知识产权法学研究会还与中国民法学研究会联合召开会议，共同研究知识产权法入《民法典》以及知识产权编的设计问题。这个过程，也是他们反思和深入学

---

[*] 作者简介：刘春田，中国人民大学法学院教授，博士研究生导师。

习的过程。在 20 多年前，他们在包括教育部"全国高等学校法学专业核心课程教材《知识产权法》"在内的多种教材中，早就对知识产权法与民法属于部分和整体，而非特别法与普通法的关系做了清晰的论述。明确指出，知识产权作为基本的民事财产权，国内法、国际法对其性质的认定一致，调整规则雷同，毋庸置疑。将知识产权法的一般规则独立成编融入民法典中，逻辑顺理成章，技术切实可行，制度构建成熟，实践没有障碍。

十三届全国人大常委会第五次会议上，为数不少的委员主张《民法典》分则体系中设置知识产权编。事实上，对知识产权诸单行法律能否提炼出一般规则，以及该一般规则独立成编是否适于编纂融入民法分则，包括知识产权法学在内的民法学界是有不同意见的，全国人民代表大会常务委员会的一些对此有研究的组成人员，也是有不同意见的。显然，目前关于不设知识产权编的安排，是只听取了一方意见的结果。因此，个人建议，立法工作，既然有不同意见，按照中国共产党十八届四中全会的精神，最好的办法是展开专业的讨论，充分听取各种意见与建议。《民法典》乃百年大计，是中华人民共和国建政以来屈指可数的最重要、最宏大的法律建设之一，既是大行，又属细谨，事事不可轻忽。

本文试图说明，知识产权独立成编，纳入《民法典》分则体系，既十分必要，又切实可行。知识产权作为私权，其性质是客观的，作为新型的财产形态，历经工业革命初期，发展到知识经济时代，已经根本改变了人类社会的财产结构。知识产权已经成为财产体系的新成员，在发达国家已经成为现代财产制度的核心。遵循技术、经济与社会发展的客观要求，从全球范围观察民事立法的发展趋势，知识产权法被编纂入《民法典》是民法现代化的大趋势。中国作为近几十年来迅速崛起的发展中大国，作为一个后发的法治社会，应当抓住机遇，顺应历史发展潮流，超越前人，不拘一格，顺应《民法典》立法现代化趋势，将知识产权的一般规则单独成编纳入《民法典》，以便为国家创新驱动发展的长远战略奠定良好的法治基础。

一、知识产权的确立是财产历史上的重大革命

知识、技术成为财产标的是财产历史上的革命。按照传统经济学或法学

的理论，占有或劳动是财产权发生的事实根据。农业社会的生产方式决定，以物质为载体的各种有用物，以及劳动带来的利益，是天经地义的财产。古代社会，黄金是财产，而使矿石成为黄金的"点金术"不是财产。也就是说，囿于技术经济发展水平和人类的认知能力，隐于物质财产和劳动背后的知识、技术，没有条件成为财产的对象。与之相匹配，出现了农业社会延续数千年的财产制度体系及其日臻完善的财产理论。技术进步催生了工业文明。在经济上，使得原本隐于物质与劳动背后的知识、技术走上前台，"点金术"成了财产的对象，成为市场交换的标的。这种现象在法律上的反映，则推动了一个崭新财产形态——知识产权的发生。随着知识、技术交易的成熟和作为财产制度的知识产权法律的完善，人们发现，导致知识产权这种新财产发生的原因既不是传统财产标的的"物"，也不是"劳动"这种有特定意义的行为，而是长期被隐于劳动背后并决定劳动兴亡和劳动具体形态的另类人类活动——创造。这个认识一旦发生，就不可避免地引起财产理论的根本变革。研究发现，创造是一切知识、技术的来源，也是一切财产的来源。没有创造就没有知识、技术，也就没有在技术支配下的劳动。人们发现，技术是劳动的主宰，劳动是技术的附属物，是技术发展在一定形态的产物，劳动是历史的。在有劳动的时代，知识、技术就是劳动的具体形态。以创造成果为标志的和以市场程度为价值衡量标准的知识财产的出现，改变了数千年以物质财产为核心的财产构成，促使文明社会重新调整经过漫长历史形成的财产体系。

知识产权成为事实上的"第一财产权"是财产历史重大革命的标志。

知识财产权的出现也催生了新的思考——究竟什么是财产，财产的本质是什么，其源头是什么。按照经济学的理论，凡是财产均应有"质"与"量"，前者为其本质，后者为可供衡量的尺度。

从财产的"质"的规定看，物作为财产的标的，源于它的有用性。而有用性除去物质的自然属性外，全赖利用该物的知识与技术。抽象劳动作为价值的载体，即财产的来源之一，其真谛在于被转化的能量。具体劳动作为有用性的根据，端在主宰劳动的知识与技术，它决定劳动的具体形态。如果没有知识、技术主宰人的脑力与体力活动，这种活动就不成其为劳动。财产是专属于人世间的观念。任何人类活动，若无知识与技术的规范与驾驭，不过是自然界能量的无谓的转换,既不产生价值,也不产生使用价值,没有任何社会意义。可见,财产之所以为财产,除自然因素外,无论其载体以何种外在形态出现,其核心,其灵魂,其本质,在于知识与技术所造就的一定物质给人类带来的有用性,即利益,或曰"好处"。可见,知识、技术是财产的社会源头。

从财产价值的"量"的规定看,剔除自然因素,知识经济社会决定物质财产价值高低的不是劳动的量的多寡,而是知识产权,是知识、技术扩散,或曰"溢出"所引发的物质变换和运动的多寡。知识经济时代,知识、技术乃至于商业标记在现代社会的财产的价值构成中,已经占据举足轻重的主导地位。众所周知,世界贸易组织管理货物贸易、服务贸易和知识产权贸易,几乎囊括现代世界的全部财产形态。除去知识产权贸易标的全部是知识与技术外,服务贸易的价值多寡也主要来自知识与技术,如金融服务、科技服务、商业服务等。而以物权为主导的货物贸易,其中的货物之所以成为交易对象,抽象掉自然因素,更主要来自知识、技术或商业标记。因此,货物贸易的价值构成也主要来自知识、技术或商业标记。当代物质商品,离开知识产权,几乎难以走上市场。知识经济时代,颠覆了以往传统的"主""附""价值观"。传统财富通常把物质材料和人的劳动量当作产品价值的主体,把知识、技术称作"技术附加值"。今天,但凡人造产品,无论何种货物,价格越高的商品,越是贵在知识、技术或商标上。知识产权在价值构成中所占的比例越高,劳动贡献的价值越低。从航天器、空中客车及波音飞机、轿车、电视机、芯片、电脑、智能手机、法国香水、奢侈品箱包、意大利服装、法国红酒、中国茅台……其价格主体无不来自专利、商标和著作权等知识产权。中国每年要从美国购买芯片,仅此一项,就花掉大量的外汇。中国手机产出数量占全球80%以上,但由于中国企业还处于产业链的制造环节,贡献的主要是技术含量较低的生产劳动,处于产业链的低端,因而只能分得寥寥无几的利润。而提供核心知识与技术的"高通""苹果"与"三星"公司却拿走绝大多数的利润。内蒙古的巴彦淖尔市番茄汁饮料外销的例子,更令人心酸。由于自然地理因素,该地区是地球上几个适合生长优质番茄的地区之一。此间番茄,外观艳丽、味道鲜美,尤其适于制作高档番茄汁饮料。当地的企业用本地的番茄，加工成符合欧盟市场标准的番茄汁，再用精美的玻璃瓶包装，送到欧洲交付欧洲企业。进入市场之前欧方商人的唯一工作，就是贴上它们的商标。该饮品市场价每瓶1.6欧元，中国企业负担了从原材料到加工生产，再到运输产品的全部人力物力投入，全部收入每瓶仅为可怜的0.1欧元，欧企单凭商标一项而坐享1.5欧元的收入。通常有一种误解，以国家论，认为钱多、经济体量大的国家就是"经济强国"。实则不然，当下中国，外汇储备数量世界第一，经济体量不可谓不大，但很难说是"经济强国"。国家的强与弱，衡量的指标是非常复杂、多元的，但核心是以竞争力为标准衡量的。因此，唯有那些知识、技术创新能力强，驰名商标多，商标价值高，富于竞争能力的国家，才是真正的富有，才是名副其实的经济强国。经济强国与国土面积大小、人口多少无关，例如，瑞士、荷兰、以色列、韩国、新加坡，按国土面积、人口数量计算都是小国，但是它们都属于响当当的"经济强国"。可见，在知识经济时代，知识、技术才是物质产品的名副其实的价值主体，物或劳动才是知识与技术财产的"附加值"。随着数字技术的迅猛发展，现代社会财产体系的秩序变动趋势是，知识财产已跃升为先于、优于、重于物质财产的最重要，最关键的财产类型。数十年前，富可敌国的是汽车大王、钢铁大王、铁路大王等以物权对象著称的大公司。今天，"苹果""微软""谷歌""三星"等以知识、技术为核心财产的企业则成为财富的"新宠"。而这种现象、趋势，已经成为财富生产的常态，成为经济规律。众所周知，一枚小小的"芯片"，足可以主宰一个巨大产业的兴衰。可见，知识产权扶摇直上，正在逐步取代传统物权，成为财产体系中基础的、核心的、决定性的、主宰的力量，成为事实上的"第一财产权"，这既是逻辑的，也是实践的，是不争的事实。

二、知识产权法入《民法典》的实践与理论价值

知识产权法编纂入《民法典》具有如下两方面的价值。

（一）促进《民法典》的体系化，保障《民法典》的健全、完善和先进性

体系具有对知识产权法纲领性的统辖功能。知识产权法纳入《民法典》

的体系与框架中，既可以把民法的精神、原则和基本制度，系统地投射到知识产权诸单行法律的立法，又可以把民法的力量浸透到知识产权法的实践中。知识产权融入《民法典》不仅具有形式上的宣示意义，更重要的在于它的实质价值。人类的历史，是人不断获得解放和更大自由的历史。财产权利是人权的基本保障。伴随社会进步，财产制度的历史，也经历了从公权力垄断，管制，再到私权自治的历史。知识财产权的前身，无论技术使用特许、还是出版特许，都是从管制性财产权脱胎而来。知识产权的私权利属性，并非任人主观而定，而是技术、经济、社会、法治发展的必然结果，是市场经济的客观要求。历史实践证明，建立与市场经济相匹配的私权制度，可以激发人的创造活力，有效推动技术进步、经济与社会发展，为人类提高生活水平创造和积累更多的财富。知识产权为私权，已经是当代国际社会的共识。知识产权法入《民法典》是民法法典化运动的发展趋势。所谓法典化，就是法律的体系化。体系化既是思维工具，又是法律行为的依赖路径，还是法律的目标。法律体系化是民法法系国家民法传统与科学、理性思维相结合的成果。背后的深层原因则是技术、经济、社会进步和社会公众对法律改革的客观要求。知识产权法入《民法典》，还可以防止叠床架屋，避免出现与民法并列，甚至相冲突的所谓"知识产权法典"体系。由于历史的原因，中华人民共和国知识产权法律的创立，一直游离于民事立法的体系之外，是在无纲领可统帅，无制度可延续，无理论可遵循，无实践可参酌的情况下，在一个财产单一公有制、计划体制和落后的农业经济，与知识产权制度水土不服的土壤上，白手起家，分别独立地构建起来的。最初，摸着石头过河，更多地看到的是知识产权制度与传统财产制度的表面差异，难以形成对其共性和本质认识的逻辑抽象，没有完成知识产权法的理论构建。立法工作是按照知识产权的确权程序的需要，循着政府主管部门的传统思维和模式，在不同政府职能部门起草的基础上完成的。其中，起草人员大多是长期经历计划经济体制训练的政府官员，技术专家和少有的法律专家，既欠缺私权意识，也没有本土化的立法经验。知识产权诸单行法律既缺乏相互间的关照与衔接，遑论用民法的精神、宗旨和原则对它们的统领与整合。因而影响了各项单行知识产权法律与同步建设的民法制度的协调，致知识产权制度难以与民法体系很好地融合，给法律实践造成先天的困难。例如，商标法、专利法、著作权法都曾经无视民法的规定，自行设立民事主体制度，直到2001年才作修正。其他诸多规定，也多与民法原则相悖。令人欣慰的是，1986年颁布的《中华人民共和国民法通则》将知识产权规定于民事权利之中，为从理论上廓清知识产权的私权性质，提供了宏观的思维框架和制度分野，也为后来的知识产权诸单行法律的健全与完善规制了方向。因此，有观点认为，由《民法通则》统领，诸民事法律的单行法律如物权法、著作权法、商标法、专利法、合同法、亲属法、继承法等构成的民法体系，就是事实上的中国式的民法典。按照这种观点，《民法通则》是纲，其他诸法是目，看起来松散，事实上纲举目张，"形散而神聚"。当然，在知识产权法律的建设过程中，受到权力利益格局的影响，仍存在"去民事权利化"和"去民法化"的倾向，这既阻碍了知识产权法与民法的整合，也影响了知识产权法自身的系统化，给社会生活和司法造成困难。致使司法机构只能通过无休止的创制大量成文的"司法解释"来衔接、协调、整合这些矛盾、冲突与问题。而这些工作的本质就在于衔接知识产权制度与民法基本原则、基本制度，以期促进知识产权制度与民法的整合与系统化。承担的职能是弥补立法的缺位。但是，由专事司法活动的法官承担这项任务，不啻立法。这在我们这样一个成文法国家，并不恰当。就法官的地位而言，无法避免偏颇和以一概全。这种脱离立法，脱离系统思维的修修补补，拾遗补阙的模式，毕竟不同于立法机构的立法活动，终究难以做到知识产权制度在《民法通则》以及其他分则之间建立稳定、系统、法定的联系。法官在司法中更偏重于"司法解释"，实践中适用的规范层级既不统一、又碎片化，久而久之，又会制造新的问题与矛盾。21世纪初中国出现的《民法典》起草运动，在《民法通则》思想的影响下，立法工作机构曾经有过在《民法典》中设立"知识产权编"的设想。遗憾的是，由于主其事者受时代、理论、眼界和理念等主客观条件的限制，专注树木，忽视森林。过于重视表象和技术层面的问题，主要关注知识产权对象与传统物权对象在表象形态上的差别，欠缺对知识产权的财产权本质和它与民法整体之间深刻的内在联系的认识。因此，"心猿意马"，并不情愿知识产权融入《民法典》。所以所提供的寥寥无几条文的"知识产权编"方案与《民法典》貌合神离，差强人意。也因此，给民法学界和社会形成两方面的误解，一是知识产权不适合融入《民法典》；二是知识产权学界不同意知识产权融入《民法典》。十几年过去了，柳暗花明，上述知识、理论和理念问题逐渐得到澄清。当再次启动的《民法典》制定之际，知识产权融入《民法典》在知识产权学界已有统一的认识，国际社会的立法实践也日渐明了。加以前有《民法通则》为天下先，后有《民法总则》结合历史实践，参酌外国法律和国际条约的基本精神和准则，再次以基本法的形式确认了知识产权的本质属性，具有长远的意义。但是，立法仅止于此是远远不够的，《民法总则》第123条的一条条文，高高在上，形单影只，如南飞乌鹊，无枝可依。难以将民法系统、博大而精微的私法精神、理念、原则与制度体系注入由于体制设计造成的天生有"独立"倾向，巴不得各自为政的知识产权诸单行法律中。这种制度缺失，对经济发展是十分不利的。因此，若有"通则"性质的知识产权一般规则独立成编入典，则可以上承接《民法总则》，下统领诸知识产权单行法律，形成"总则—通则—单行法律"的完整法律架构，做到"纲举目张、形神兼聚"。这既不触动现行单行法律，又可"不动声色"地将知识产权法融入民法的体系，务实地解决目前的基本矛盾。无论对于服务经济、社会实践，对法学研究、法学教育，教化公民社会的法律意识，对于与国际社会相衔接，对于节约制度成本，发挥制度体系化的长远、战略功能，保障我国在整个社会主义初级阶段经济、社会的可持续发展，都善莫大焉。

（二）知识产权法理论与制度对民法理论与制度的反哺

万事万物，无论技术还是社会，无论地区性还是国家级的事务，越是复杂多元，要实现和完成的功能越多，成本越低，效果越好，就越需有序，越需共处于一炉，越需体系化。而任何体系的完美都是有条件的，都是相对的。这种完美随着支撑该体系的条件的改变，该体系必然会被打破。在一个近乎完美的体系下，若要追加任何新的要素，增加新的功能，都是一个挑战。设计者必须根据改变了的条件的要求，解构，甚至全盘推翻既有体系，实行革命性的变革，构建新的体系。事物的任何实质性的进步，都不是对既有事物和生活体系的孤立、偶然、简单的物理的叠加。但是，新老体系之间又有内在联系，一切新知识、新技术和新的生活方式都并非无中生有、凭空出现，它们都是从原有的知识、技术和生活体系脱胎而来。新体系对旧体系既是继承，又是突破与质的飞跃。

我们之所以说融入知识产权编的《民法典》的里程碑式的时代意义，不是指在一个固有的《民法典》中简单地追加一个新的财产法成员，而是说，由于这个崭新的子体系的融入，而非"加入"，是对19世纪初自《法国民法典》以来一系列具有代表性的《民法典》的一个历史性的超越。知识产权的实质、制度功能、商业模式、独特的财产权能，以及它所揭示的财产本源的理论与逻辑，其方法和解释力，既是固有民法的延伸，又是一种制度与理论的再创造，可以反哺民法。把传统民法带入知识经济的新时代。知识产权法适应新技术、新经济、新生活方式的需求，可以为传统《民法典》注入新的生命活力。知识产权几百年历史，尤其近几十年来所显示的制度与实践独特、先锐、深邃和与时俱进的精神内核，以及独步财产历史的理论光辉，是对民法制度与理论的提升。

三、知识产权法与民法相融合的模式选择

中国较早在1986年的《民法通则》中，就将知识产权与物权、债权并列为同一位阶的财产权。

体系化是当代成文法国家民事立法的基本追求。以《法国民法典》《德国民法典》为代表的民法典编纂运动，财产法以物权、债权为支柱。最初出现的知识产权法律体系，各国均以专利法、商标法、著作权法等单行法律存在。作为财产制度的新成员，如何安置它在财产法体系中的地位，以及如何规划它在民法中的地位，目前主要有5种模式可供选择。第一种模式：将知识产权诸单行法合编的所谓"知识产权法典"化模式。如较早的"法国知识产权法典"和后来出现的"菲律宾知识产权法典"等。这些"法典"虽在形式上徘徊于民法之外，貌似独成一体，实则为诸单行知识产权法律的简单集合，并没有任何整合与编纂。而且，它们必须在其《民法典》的统领下才得以实施，离开各自国家的《民法典》，可谓"徒典不能自行"。这种"知识产权法典"徒有虚名。第二种模式：将知识产权法诸单行法律统统纳入《民法

典》。随着创新成果在财富生产中的地位迅速凸显，21世纪以来，国际上出现了知识产权法回归民法典的历史趋势。2003年独联体国家议会间大会通过的《独联体国家示范民法典》、2006年《俄罗斯民法典》将知识产权法作为民法典独立的一编，废除了各个知识产权法的单行法律，将诸知识产权法的内容全部纳入民法典。其他如白俄罗斯、哈萨克斯坦、塔吉克斯坦、土库曼斯坦、吉尔吉斯斯坦、乌兹别克斯坦、亚美尼亚、乌克兰等国家相继在2003年至2016年间制定和修改他们的《民法典》，不仅在总则中规定了知识产权，还废除了知识产权单行法律，并将知识产权法作为《民法典》的独立部分，完全融入《民法典》之中。这种模式回答了立法上知识产权法能否融入《民法典》的问题，具有技术价值。第三种模式：废除知识产权诸单行法律，将专利法、商标法、著作权法等单行法的实体规范整合放进《民法典》，把各个单行法中的程序性规范剥离出来，以实施细则或行政法规的方式另行规范。这种模式回答了民事法律文本与其中的公法规范、程序规范的主辅关系问题，凸显了知识产权法的私法性质。第四种模式：废除知识产权诸单行法律，将物权法、知识产权法等财产制度整合形成统一的体系化的财产法，置于《民法典》中。这种模式回答了各类财产的表象差异，而本质同一的问题。第五种模式：保留现有知识产权诸单行法律，提取公因式，将知识产权诸单行法的共性因素提炼出来，形成知识产权法的一般规则，与物权编、合同编等并列组成分则，上承《民法总则》，下统知识产权诸单行法律，与物权法、债权法、婚姻家庭法、继承法、侵权行为法等诸民法分则互为左邻右舍、相互兼容的单独的"知识产权编"。本文认为，审时度势，目前中国《民法典》建设中较为可行的是第五种模式。民法法系民法典编纂运动的趋势表明，随着知识产权与物权之间此长彼消的地位变迁，知识产权终将在民事财产法体系中居于主导地位，知识产权回归民法典，必将成为世界民法运动的大势。

知识产权之于整个《民法典》而言，只是其中的一部分。但是由于它的加盟，对于《民法典》的整体或许是一个质变，因为往往"整体不是各部分的总和，而是部分的一个令人惊讶的倍数"。① 因此，一个带着相同基因的新成员进入一个成熟的，甚至近乎古老的传统体系，或许给固有的成员带来短暂不安，或者造成一时的不适应。但长久的和谐不久就会取代这一情况。德国著名法学家蒂堡在其名著《论统一民法对于德意志的必要性》中指出："民法总体上植根于人类的心灵、知性和理性之中，它很少根据环境而变化；即使这种统一性有时会产生一些细微的不便之处，但这种统一性所带来的大量利益会极大地抵消上述所有的不便……就民法而言，很多部分可以说只是一种纯粹的法律数学（eine Art reiner juristischer Mathematik），没有任何的地方特性可以对此产生支配性的影响，所有权、继承权、抵押、契约理论都是如此，整个法学的一般理论部分也具有这种性质。"② 蒂堡关于统一民法的思想，对那些担心知识产权的某些特点会影响民法典体系性的观点应当有一定的启发。

知识产权法与《民法总则》以及民法各编的关系。中国知识产权法律的直接渊源是民法。民法，作为规范私权关系的法律体系，为现代国家的经济、社会生活构造了统一的私法蓝图。民法，无论其外部结构，还是内部神髓，都博大而精微。从民法的外部构造看，总则与分则，驳杂有序，有纲有目，有主有从，是"上下级"隶属关系。《民法总则》是"主"，是民法的基础、首脑和统领，是民法分则的"上级"。知识产权法、物权法、债权法等民法分则是"从"，就如同"四梁八柱"，是隶属于《民法总则》的"下级"，是民法的躯干与肢体。《民法总则》是民法的灵魂、中枢、指导思想和精神支柱，是一切民事法律规范的纲领与神髓。民法分则的行为举止，得失取舍，自始处于《民法总则》的阳光普照、中枢左右和心理的约束之下。《民法总则》高屋建瓴，天空海阔，任人驰骋。民法分则，鸟飞鱼跃，不出其间。有如"如来佛"，"孙猴子"的本事再大，任其上蹿下跳，终究跳不出"如来神掌"。世间道理有大小之分。俗话讲："大道理管小道理。"《民法总则》和知识产权法、物权法、债权法等民法分则之间，就是"大道理"和"小道理"

---

① ［美］约翰·R. 康芒斯：《资本主义的法律基础》，商务印书馆2009年版，第54页。
② ［德］蒂堡：《论统一民法对于德意志的必要性》，中国法制出版社2009年版，第53—54页。

的关系，它们之间，"小道理"要服从"大道理"。《民法总则》所确立的法律精神、指导思想、法律原则、调整对象、民事权利、权利主体、意思自治、法律行为、代理、诉讼时效、侵权行为、法律责任、诉讼程序等基本制度，无一例外，都要在诸分则中适用。实践中，离开《民法总则》的精神滋养和制度支撑，无论物权法、债权法，还是知识产权法，都无法独自实施。因此，唯有完成《民法典》的系统化，在总则与分则各编、分则与分则各编之间的整体上，形成纲目分明而又互联互通的有机《民法典》体系，才能有效地调整与之相对应的复杂系统的经济社会生活。

四、知识产权法入《民法典》的技术问题

当前，对知识产权编入民法典有顾虑的认识多出于技术性的考虑，归纳起来，其中最常见的几个问题是：第一，认为知识产权法是特别法，不宜纳入民法典。第二，认为由于技术进步快、更新周期短，导致知识产权法变动不居。将知识产权法置于相对稳定的《民法典》体系中，容易冲击《民法典》的稳定性，也影响《专利法》等与时俱进、及时修改。第三，认为《专利法》《商标法》等知识产权制度中有申请、审查、复审、确权、注册、公示等诸多的程序性规范和权利保护中的行政行为等公法规范，情况不同于物权等显而易见的传统私权那么直接、明了，因而怀疑《专利法》《商标法》《著作权法》等是否属于纯粹的民法，更像是民法、行政法、程序法的混合体。因而对将其融入《民法典》有疑问。第四，基于财产权利类型的差异，认为知识产权属于"无形财产权"，与传统物权等"有形财产权"有很大区别，将其置于与物权等传统民事财产权同一个财产法体系中，难以协调。第五，认为知识产权诸单行法律表现驳杂、物相各异，立法不成熟，难以提炼出一般规则。本文认为，这几条理由如"雾里看花"，疏于表象，未及实质，反映的是最常见的误解与困惑。这些认识流传多年，至今还在误导社会，乃至影响和阻碍立法工作。因此有必要逐一澄清，并借以清除知识产权编融入《民法典》的障碍。

第一个问题，是有关知识产权法与民法的关系，属于专业常识问题。至少20年前我们就发现对这个问题存在误解，在21世纪初那轮《民法典》起

草运动中又有人提起，为了减少误解，我们多年前在大学教材中就此做过专门的澄清。本文引用手头方便找到的，2010年版的教育部"全国高等学校法学专业核心课程教材《知识产权法》"中对这个问题的阐述："知识产权法是民法的组成部分，是民事普通法，不是民事特别法。所谓特别法，是以某一类别法律的普通体系的存在为前提，由此派生出来的特别规则体系。比如，香港基本法和澳门基本法，均以宪法为前提，故为宪法特别法。专门保护妇女或少年儿童权益的法律，是与公民一般权利相区别的，只适用与特殊主体的特别权利法。信托法是物权法的特别规则，故为物权法特别法。知识产权法是基础性的民事财产法，它不是从现存财产法中派生出来的财产法规则，既不是物权法的特别规则，也不是债权法的特别规则。知识产权法所调整的，不是个别的、特殊的、局部的民事关系，而是社会生活中普遍适用的基本规则，无论是主体、时间、空间都不存在特别的适用要求。它和物权法是基于对'物'的占有、使用、收益、处分而产生的法律规则体系一样，是基于调整对'知识'类的对象的控制、使用、收益、处分而产生的法规则体系。知识产权和知识产权法分别于物权、物权法，以及债权、债权法处于相同的逻辑层次上，分别属于民事基本财产权和民事财产基本法。"[1] 我们认为，在涉及关乎制定国计民生的基本法这样的问题面前，不应再有人云亦云，片面理解知识产权法基本属性的现象影响立法工作。

第二个问题，这是一个技术进步与知识产权立法，也就是技术进步与民事立法的关系问题。众所周知，技术是第一性的，法律是第二性的。认为法律制度会随技术进步的节奏而变动不居的看法是将"器"和"道"不同领域的问题混为一谈，将日新月异、快速进步和变化的"技术世界"，和对基于技术进步所造成的"经济世界"的影响，以及对调整经济关系的规则的"法律世界"的影响，这"三个世界"的问题，都拉到"第一性"的层面，把"技术世界"的变化逻辑简单直接套用在"法律世界"上，因而作出结论，把"技术世界"的变化，等同于"法律世界"的变化，是认识论、方法论的

---

[1] 刘春田主编：全国高等学校法学专业核心课程教材《知识产权法》，高等教育出版社2010年7月第4版，第24页。

错误,也是逻辑错误。发展快速、形态多变是技术的本性。产品气象万千、层出不穷,是技术进步的结果,属于物质世界的事,会促进使用价值的增长。但是,由此而引发的"经济世界"的变化,通常是价值上的变化,充其量是财产数量的增长,而非经济关系变革。因此,在"经济世界"只是"量变",而非"质变"。稳定是法律的基本品性。既然技术进步、经济增长不会引发产生新的经济关系,那么调整经济社会关系的法律也不会变化。法律的历史证明,市场主体、交易规则、法律责任等一整套法律机制,稳定而恒久。所谓"恒产",正是指财产法律关系的稳定。因此,活跃的技术变革,与相对稳定的经济关系,以及更为稳定的法律体系,三者之间动静相和、平衡并存,才是"三个世界"相互关系的常态。把变动不居的技术进步,描述成会引发调整经济关系的法律关系也会"闻鸡起舞"而随风"动荡"的说法,是一种主观臆造的担忧。照此逻辑,物权制度也应当变动不居,但事实上并非如此。众所周知,随着技术进步,世界上每日每时都会有新的"产品"问世,闯入大众的生活。这些见所未见、闻所未闻的物理世界新"物态"的出现,从未引起法律世界物权制度的"动荡"和无所适从。面对层出不穷的新"物态",人类可以不假思索地把这些包罗万象的新东西,在瞬间一律抽象为"物",顺理成章地归入物权对象,进而对因占有、使用、收益处分该物而发生的利益关系施以物权法调整。同理,在技术进步的推动下,尽管技术产品、艺术作品推陈出新、气象万千,但万变不离其宗,那些号称再新的知识,再高的技术,都没有越出"知识、技术"的范畴,一入"法眼",有如进入法律体系的"生产线"一样,照例被一律抽象为"知识、技术"并归于知识产权的对象,进而对其产生的经济关系作出调整。这在技术操作上轻车熟路、毫无障碍。总之,在市场条件下,新物品、新知识、新技术的出现所引发的经济利益关系并不随物品、知识、技术、艺术的多变而产生质的变化,都是相对稳定的,都可以置于更为稳定的法律规范的调整之中。实践也是如此,中国数十年的《专利法》《著作权法》的制度实践足以证明,上述担忧是多余的。几十年间,中国《专利法》《著作权法》是稳定的、成熟的,从未随新技术日新月异而"动荡"和变化。

第三个问题,这涉及对知识产权的私权本质以及知识产权法的私权法律性质的质疑和误解。不可否认，现实的法律文本事实上是由种种错综复杂的利益诉求和思想形成的。为了对形形色色的法律分门别类，以利于认识和研究，同时也便于在生活实践中适用，罗马法设计了一个简单而又明晰的思维框架，对各种法律做了公法与私法的划分。公法与私法，如同纵横分明的坐标，把两种不同的法律关系区别得一清二楚。这是罗马法的一大功绩。继受了罗马法的大陆法系国家，一直保留了公法与私法的区分传统，并把这一区分作为大陆法系国家一切法律制度得以建立和适用的前提。[①] 近一个世纪以前，日本学者美浓部达吉就认识到，按照罗马法的方法，公法与私法的差异是显著的，私法关系的当事人双方是以对等的意思力而对立的，而公法的公定力在于国家意思具有优越效力。同时，公法与私法在许多场合也是有关联的。他认为，在法律现象中常常有混合的法律关系和混合的权利，及单一的法律关系可能同时含有公法和私法的性质，而单一的权利也可能同时为私权和公权的性质。例如，由政府颁发的采矿权、渔业权等。他还指出：有时，国家的公法行为也会形成私法关系，认可、公证等公法行为甚至还会成为私法行为的构成要素。他指出，当私法的秩序和行政的利益有关联时，行政机构可基于私法的秩序本身的目的而从事完成该私法关系的行为。特别是关于专利权和其他工业产权，这些都是纯粹的私权，但因其与工商业行政有密切的关系，故特以工商部为其主管机构。[②] 因此，该过程充其量类似罗马法上的"要式法律行为"。现代社会，为了财产关系更为有序，也还会保留这种必要的制度，如在物权制度中，房屋、车、船所有权的取得需要法律登记，注册在案，并出具所有权证书。这种必要程序对房屋、车、船纯粹的私权属性，没有任何影响。商标权、专利权等知识产权的取得程序，实际上也是一种"要式行为"。因此，关键在于，民事权利的取得，是依照民事法律，而非行政法律，审查其主张是否合法的过程并非行政行为。基于此，法律并不在意审查确权的机构的法律性质，无论是政府部门，还是社会中介等其他机构，都不影响其私权性质和法律效力。世界上知识产权的确权机构差异很大，

[①] [日] 美浓部达吉：《公法与私法》，中国政法大学出版社 2003 年版，第 3 页。
[②] 同上，第 170—171 页。

也是基于这个原因。例如,美国的著作权取得实行登记制,而确权机构是国会图书馆下设的版权局,该机构显然不属于政府部门。确认商标权、专利权的美国专利商标局则是一个自负盈亏的绩效单位。英国、韩国的知识产权局也属于具有社团性质的机构。随着技术、市场经济和法律制度的发展,知识产权的纯粹的私权属性越来越鲜明,在确权过程中,行政机构的职责越来越"去行政化",并且越来越技术化、专业化、法律化。人们发现,在专利确权、商标确权的过程中,并没有"行政行为"可以发生作为的空间。易言之,专利局或是商标局的审查活动,从来没有"依行政职权"决定是否确权,而是依据作为民事法律的专利法、商标法行事。从受理专利权、商标权申请者的申请,到进入审查、异议、再审查、到确权,所追求的都是确立与拒绝确立民事主体间法律关系的活动。其间,国家或政府没有属于自己的利益诉求,它们并不寻求与民事主体间的行政的或民事的利益关系。它们所做的,只是对民事主体的主张作真实性、合理性与合法性的审查,并就其审查意见出具证书、登记在册、公告天下。也就是说,此时,不存在美浓部达吉所说的"私法的秩序和行政的利益有关联"的情况。因此,无论实践中采用何种方式,使用何种名目,或是袭用惯例,他们工作的性质不是行政"批准",不是行政"授权"、不是行政"核准",不是行政"确权",准确地说,是"依法确权",而所依之法是纯粹的私权法。依照知识产权法律产生的法律关系,无论著作权法律关系、商标权法律关系、专利权法律关系,无一例外都属于平等主体之间的民事法律关系。另外,一部成文私权法律,其文本当中既可以有民法规范,也可以有程序法、行政法、刑法等公法规范,如著作权法、专利法、商标法。但是认定一部法律的公法或私法的属性,则要看其立法目标,如果是旨在建立民事法律关系,仍如著作权法、专利法、商标法,构建民事权利法律是它的主旨,其他如程序法、刑事法、行政法甚至涉外规范都是非本质的、辅助性的规范,这些必要的确权或保护规范的存在,都不影响私权法的法律性质。因此,著作权法、专利法、商标法仍是纯粹的民事法律制度。

第四个问题,关于知识产权与其他传统财产权的协调问题。这种认识源自知识产权与物权基于对象,也就是产生的物理性质前提不同的认识。传统民法财产理论将物权归于有形财产权，或有体财产权，将知识产权归于无体财产权，或无形财产权。因而认为这种差别，会影响物权体系与知识产权体系无法或难以熔为一炉。

上述担心，既可以从传统民法财产制度和观念中找到原因，也可以借助于财产制度和理论的发展历史找到解决的答案。

人类对财产的认知和制度规范，既非一步到位，也不是一成不变，而是经历了由此及彼、由表及里，以及从特殊到一般，从现象到本质的认识过程。从罗马法到近现代财产法律漫长的岁月里，财产历史经过了不同的发展阶段，人类的财产观念也发生了历史的变革。本文略去与论题无关的问题，径行把它划分为"以物质实体为中心的物权观念时代"和"以关系实在为中心的现代财产观念时代"的两大历史阶段。

从物质实体到关系实在。农耕时代，技术低下，人类生产、生活很大程度要仰仗自然的恩赐，天然地重视自然条件。自然是物质的，因而对物的崇拜最先发生。罗马以"物"为基础建立起物权制度，又以物权为核心建立起罗马财产法体系。罗马法学则以"物"为参照，提出了"有体物""无体物"的区别，以及相对应的"有形财产"和"无形财产"的划分概念。"有形财产"是指以物质实体为对象的物权。"无形财产"则是指以权利为对象的财产权，如债权等。及至近代法学，以物质实体为基础的财产概念，依然流行。这种观念的本质在于，财产权是一种物理关系，是人对外在物的统治。这反映了两点，其一，财产权以物质为中心；其二，财产权是人与物的关系。随着工业文明的兴起，技术革命实现了从手工业向机器大工业的转型，极大丰富了人类的生活方式和生产财富的手段。19世纪后期，经济学、法学研究突破了传统观念，提出了财产的本质是人与人之间的关系的理论。20世纪初，"财产的定义已从物质的东西改变为任何东西的交换价值……财产的含义完成了从物质的东西向几乎完全无形的东西的过渡……因此，原始意义上的'有形体的财产'已经消失，或者更确切地说，根据经济学家所谓的'使用价值'，它在物质对象的生产和消费的不同的过程中，已经被归纳到运行中的机构或家庭的内部'经济'的范畴中去了。各法院关注的是有形体的财产的交换价值而不是使用价值。这种交换价值不是有形体的……久而久之，这种交换价值逐渐成为'无形财产'……它包括有形体的财产、无形体的财产甚至无形财产的交换价值。资产是无形财产的简称。资产是任何东西的预期交换价值,无论这东西是一个人的声誉、还是他的马匹、房屋或土地,他的工作能力、商业信誉、专利权、好信誉、股票、债券或银行存款,简言之,凡是可以使一个人在买卖、借贷、雇用或受雇、租入或租出或在现代商业的任何交易过程中从另一个人那里获得的任何东西都属于无形财产……财产的含义从使用价值转向交换价值,从而从增加使用价值的生产能力转向增加交换价值的讨价还价的能力,不仅是含义上的过渡,而是一种逆转。这一逆转在最初商业还没有发达的时候显得并不重要,但到了资本主义统治世界的时候,它就变得重要了。"[1] 中国知识产权法学者在 20 多年前的独立研究,与上述认识殊途同归,也得出了同样的结论。在评论"无形性是知识产权首要的和最重要的特征"的观点时指出,财产权属于社会关系范畴,所有社会关系都是无形无体的,"无形性"不可能成为知识产权独有的特征。无疑,经济学、知识产权理论对民法理论的反哺,是对财产法理论的推进。财产观念的这一转变,标志着人类对财产的认知,剔除了它借以"投胎"的林林总总、千姿百态的、特殊的、具体的使用价值的外在物理载体,从物质实体逆转抽象为一般的关系实在,还原为它的本质——切财产皆无形无体。从此,以"物质实体"为核心构建起来的传统财产观念和理论完成其历史使命,进入了一个以"关系实在"为核心的现代财产观念时代。现代社会,"无形"已经成为所有财产的通用属性。再对财产做"有形"和"无形"的划分,已经不合时宜。经过一个多世纪的实践,尤其科技进步带来的知识经济发展,不断证明上述新的财产观念和理论更符合事物的本质,它像解剖刀般的解析力,所向披靡,放之四海而皆准。新的财产观念已被当代社会普遍接受。相信,这些理论和观念,其作用,会在日后的我国民法理论研究中逐渐显现出来。在创设 21 世纪知识经济时代的《民法典》的今天,如果思想仍盘桓于农业文明时代,固守着基于物质实体而确立的以"物权"为中心的财产观念,僵化地将财产划分为"有形财产"或"无形财产"以及"有体财产"

---

[1] [美] 约翰·R. 康芒斯:《资本主义的法律基础》。商务印书馆 2009 年版,第 23—28 页。

或"无体财产",并以之作为划分财产类型的标准,无异于"刻舟求剑",大大落后于时代。由此而拒绝一个"纯血统"的私权财产类型归宗财产法"家族",融入民法体系,进而造成我国《民法典》的残缺,是历史的悲哀。

第五个问题,关于能否提炼知识产权法的一般规则。答案是肯定的。在我国,自知识产权法学研究伊始,人们就把目光关注这门学科的基本范畴问题,也对知识产权法融入《民法典》问题有成熟思考。尤其近 20 多年来,有不少成果问世。基本形成了以知识产权的概念为起点,对知识产权法的一系列一般规则作出自洽表述的体系化认识。这些成果包括:(1)知识产权的概念。一是国际条约的表述,1967 年《成立世界知识产权组织公约》和 1993 年世界贸易组织《与贸易有关的知识产权协定》,二者采用罗列各种具体知识产权类型的办法,烦琐杂陈;另一个是根据世界知识产权组织的出版物①而形成的定义,"人们就其智力创造的成果依法享有的专有权利"② 作为概念,二者缺点显而易见。国际条约是体系开放、列而不尽。传统教科书是高度概括、概而不全。目前,知识产权学界的基本共识是:"知识产权是基于创造成果和工商业标记依法产生的权利的统称。"这是一个进步中的表述,它提纲挈领,符合实际。已成为研究、教育、立法、司法实践中,分析、判断、联想知识产权问题的思维工具。(2)把创造从传统劳动概念中区分出来。认识到创造与劳动有本质的区别,智力劳动或脑力劳动都是劳动范畴,都不属于创造。这一区分,为知识产权制度的合理性,和作为与传统财产制度不同的崭新财产制度的正当性提供了理论根据。(3)依靠现有的知识水平和认知能力,揭示了"知识"的本质、特点、类型、存在方式,知识和知识产权的关系以及知识产权的本质。这与物权法理论研究和交代有关"物"的本质、类型等知识属于同样逻辑的问题。这些认识成果,促进了知识产权法学的知识结构的逐步完善。(4)分析了知识产权与其他民事财产权利的区别与联系。以物权为参照,分别从权利的对象(或称"标的")的"知识"与"物"的区别;知识产权权利与物权权利的独占、排他性程度的不同;知识

---

① 世界知识产权组织编:《知识产权法教程》,高卢麟等译,专利文献出版社 1990 版,第 2 页。
② 郑成思主编:《知识产权法教程》,法律出版社 1993 年版,第 1 页。

产权与物权权利实现方式的区别；当知识产权与物权冲突时孰强孰弱；知识产权的权利期限与物权权利期限的终结方式的不同；知识产权与物权同为财产权，其价值的质与量的规定的区别。（5）明确了知识产权法与民法之间部分与整体的关系。分析了一些国家放弃单行法，把知识产权诸单行法律悉数放进统一的《民法典》。还有个别国家在《民法典》之外，将诸单行法律汇编在一个文件中，名之曰《知识产权法典》的做法。提出无论从理性判断，体系化要求，价值取舍等各方面考虑，将知识产权法置于整体的民法制度之中，都是最明智的，无疑也是最好的选择。① 对知识产权基本范畴问题的长期持续研究，这些成果的积累，逐步奠定了知识产权法学的基础，支撑起了知识产权理论大厦的基本构架。正是仰仗这些观念和理论积淀，才有可能使我们以较快的速度在制度上尝试提炼出了知识产权法的一般规则，在条文设计上完成了近百条条文的"知识产权编专家建议稿"。

五、知识经济时代的《民法典》是对以往民法制度的历史超越

民法典是一个规则系统，是一个具有严密逻辑的知识体系、技术体系。它是基于人类对宇宙构成、自然法则、经济规律和人性的认识在制度上的反映，是科学技术的杰作，是人类文明的典范。同时，《民法典》又是进化的，是一个紧随时代发展的生命体，具有旺盛的生命活力。因此，它在技术上必然是一个发展的、开放的体系。我们发现，民法典，作为一个技术体系，堪与任何复杂的技术体系相媲美，无论是社会的，还是自然的。凡是体系，无一例外，相互之间都具有同构性的品格。我们撇开驾轻就熟的法律体系，变换一个纯粹的物质功能体系汽车技术为例，也会发现同样的逻辑。汽车是一个典型的与时俱进，不断开放，不断完善的生活方式体系。汽车技术体系的基本构架及其功能，在 20 世纪二三十年代就构建完成、几近完美。但是随着空调、通信、无级变速、安全带、充电、视频、方向机助力、座椅自动调节、后视镜吸光、安全气囊、高压扫汽、涡轮增压、防滑轮胎、刹车防抱死、倒车摄像、卫星定位、行车记录、防盗、防撞功能、新能源、人工智能等一系

---

① 刘春田主编：全国高等学校法学专业核心课程教材《知识产权法》，高等教育出版社 2015 年 5 月第 5 版，第 3—25 页。

列新技术、新功能、新需求的出现，需要不断地迎接挑战，需要不断地将新技术、新装置追加进去，并整合为统一的系统，成为不断完善的汽车。其中，追加的新设备与原技术体系的整合要求，越来越高，越来越精密。而且，这个过程永远不会完结。其间，还有日趋激烈的相互竞争。今后，毋庸置疑，新技术仍会层出不穷。谁拒绝新技术、新功能，或是满足于一时的完美而止步，怠于竞争，就意味着退出这个产业。手机、电脑等任何高新技术行业，莫不如此。《民法典》作为工具，是一个国家市场经济的总章程，是全体国民经济生活的百科全书，也是制度竞争的国之重器。《民法典》虽相对稳定，但并非文物。《民法典》的健全性、完善性和先进性是判断其优劣的基本标准。国家、社会、国民，对其系统性更是寄予厚望。所谓系统性，是指将凡属该体系的基本要素，都应整合进去。体系化程度越高，其运行成本就越低，该制度的"性价比"就越高，该制度就越先进、优越。法典不是从来就有的，它是人类制度创新的产物。它也非一成不变，它同样是人类智慧与时俱进的结果。它必须面向实践、面向未来。知识产权是否属于民事权利，应否编纂入《民法典》，要服从技术进步、经济发展和国民生产、生活的客观要求，是事物自身的本质属性和客观规律所决定的。虽然，知识产权作为财产权利，相对于传统物权、债权等财产权而言比较年轻，只有不到四百年的历史，但人类对它的认识、思考、归纳和提炼已经相对完善，并且在技术进步的新挑战中不断成熟，不断给传统民法，给传统财产权带来新的观念、方法和理论，这些情况足以确定知识产权作为类型化了的基本财产权的属性，足以确定它和物权、债权居于法律序列中同一位阶的客观事实。从这个意义上讲，没有"知识产权编"的中国《民法典》是残缺不全的，是致命的"硬伤"。

随着技术、制度创新日益决定经济的发展，知识产权已不再是"养在深闺人未识"，无关大局的小角色，而是越来越成为当代财富的"巨无霸"，成为财富增长的主要手段，成为当代人类经济生活的主角，成为核心竞争力，成为一切财富的源泉。现代社会，知识产权已成为先于物权，并主宰物权的，事实上的第一财产权。因此，民事立法工作应当解放思想、转变财产观念，尊重事实，与时俱进，有必要在民法中将知识产权列为最重要的财产权利。

技术决定一切。技术是进步的，社会是发展的，这是历史趋势。民事法律必须反映和服务于时代的变迁。民法自罗马法始，历经漫长的形成历程，其间也发生多次变革，但民法的精髓是与时俱进的。当年，欧洲的先贤，若囿于历史，作茧自缚，固守罗马法，便没有后世的《法国民法典》；工业革命兴起的德意志，若固守《法国民法典》，便没有《德国民法典》。《法国民法典》《德国民法典》分别代表着不同的技术、经济时代。若因痴迷《德国民法典》，不忍心破坏它的"完美"，但那是和以电气为主导的工业时代相匹配的完美。恰好违反了自罗马法至《德国民法典》所贯穿的发展逻辑和进步精神。21世纪的今天，处在与19世纪、20世纪之交截然不同的技术、经济时代。互联网技术打破了传统，也打破了《德国民法典》古典式的"完美"，时代呼唤直面新物，在旧物之上，推陈出新，构造新的"完美"。这是历史赋予中国法律界的百年历史机遇，若有任何懈怠，稍纵即逝。为此，作为一个后发国家，作为一个超大型经济体，我们应当解放思想，转变观念，继承《民法通则》与时俱进的优良传统，吸收一切有益的文明成果，向人类贡献一部属于知识经济时代的中国《民法典》，知识产权则应该是21世纪《民法典》的耀眼的标志。

知识产权应在未来民法典中独立成编[*]

吴汉东[**]

在当下中国民法典编纂的热潮中，知识产权作为一种重要民事权利"入典"的呼声日益高涨，知识产权以何种方式"入典"也引起了社会各界的激烈讨论。从民事权利理论来看，知识产权同物权、债权、人身权共同构成了民事权利体系，因此，未来民法典的编纂，在设立物权编、合同编、侵权责任编、婚姻家庭编、继承编的同时，应该将知识产权纳入法典之中并独立成编。

一、立法理由

在未来民法典中设立知识产权编，是体系化的知识产权法与现代化的民法典相结合的过程，同时也是回应知识经济的迅猛发展、完善民法典的财产权利体系、承继《民法通则》的立法传统的需要。

（一）回应知识经济发展的制度需求

我国民法典应当彰显时代精神，必须反映21世纪的时代特征，必须反映高科技时代和知识经济时代的特点。[①] 知识产权作为推动产业创新和知识经济发展的制度保障，既是我国关键的本土发展战略，也是重要的国际竞争战略。就国内层面而言，知识产权是国内创新发展的战略抓手。党的"十八大"提出了"实施创新驱动发展"的国家发展战略，即从物质生产驱动的发展模式逐步转变为以依靠人力资本、智力资源和自主创新为主驱动的发展模式。就国际层面而言，知识产权是我国应对国际市场竞争的战略重点。伴随着经济全球化和新技术革命的飞速发展，知识产权已然成为国际经贸领域各

---

[*] 原文载于《知识产权》2016年第12期。
[**] 作者简介：吴汉东，中南财经政法大学文澜资深教授，知识产权研究中心主任。
[①] 王利明：《民法典的时代特征和编纂步骤》，载《清华法学》2014年第6期。

国实力比拼的主战场。在认识论上，知识产权具有私人产权与政策工具的双重定位，前者表现了知识产权的法律属性，后者彰显了知识产权的制度功能。可以认为，知识产权保护的政策立场，其法律基础是知识产权的私权性。民法典作为国家的基本法律，在民事权利体系中专编对知识产权进行规定，有助于维系知识经济时代知识产权的重要性和神圣不可侵犯性。满足知识经济发展对现代民法典编纂的制度需求。

（二）完善民法典的权利体系

法典化的灵魂在于体系性、从形式体系而言，法典化融合了形式的一致性、内容的完备性以及逻辑的自足性。民法典是私法领域的基本法律，其对民事权利的规定应当具备体系性的要求。"知识产权属于私权"，世界贸易组织《与贸易有关的知识产权协定》对此作出明确肯定。因此，缺乏知识产权规范的民法典在权利体系上是不完备的。事实上，知识产权已经渗透到了传统私法的各个领域之中，例如：物权法对知识产权质权的规定、合同法对知识产权许可合同的规定、婚姻法对涉及知识产权的夫妻共同财产的规定、继承法对知识产权继承的规定，等等。从民法典的逻辑结构角度来看，其分则各编实际上是各项民事权利的独立编，某项民事权利的横向位置和纵向层次，取决于该项权利概念的位阶。知识产权是不同于物权的一项独立的民事权利，与物权、债权、人格权、继承权处于同一位阶。因此，如果物权、债权、人格权、继承权独立成编，知识产权也应当有一独立的单元并与之并列。①

（三）承继《民法通则》的立法传统

在法律发展史上，先后发生过三次民法典编纂的热潮。② 当前世界上大多数国家的民法典都制定于第二次民法典编纂热潮之中。受制于罗马法传统财产权理论的影响，无论是"法学阶梯体系"的（《法国民法典》）还是"学说汇编体系"的（《德国民法典》），都是在罗马法编纂基础上的改造，

---

① 安雪梅：《现代民法典对知识产权制度的接纳》，载《法学论坛》2009年第1期。
② 世界三次民法典编纂热潮：第一次是发生在6世纪的罗马法编纂，产生了著名的《民法大全》；第二次是发生在19世纪的欧洲民法典编纂运动，产生了《法国民法典》《德国民法典》和《瑞士民法典》等一大批著名的民法典；第三次是从20世纪90年代开始的，产生了《荷兰民法典》《蒙古民法典》《越南民法典》和《俄罗斯民法典》等诸多民法典。参见梁慧星：《当前民法典编纂的三条思路》，载《律师世界》2003年第4期。

因此知识产权这一新兴财产权制度未能进入传统民法典的体系范围。[①] 值得注意的是，诞生于第三次民法典编纂运动中的一些民法典，由于大多为首次编纂，且没有传统民法典的历史羁绊，因而顺应时势对知识产权进行了规定，并将知识产权放在重要位置独立成编。我国现行《民法通则》制定于 30 年前，尽管当时我国知识经济刚刚萌芽，知识产权立法尚处于起步阶段，但立法者高瞻远瞩，在该法第五章"民事权利"中以专节（第三节）对知识产权进行了明确规定，并将其与物权（第一节）、债权（第二节）、人身权（第四节）等其他民事权利平行。这是民事权利体系化和知识产权法典化的重要立法基础。在知识经济和知识产权重要性日益凸显的今天，民事立法应在《民法通则》传统基础上有所发展和前进，将知识产权独立成编应为民法典编纂的题中应有之义、顺理成章之事。

二、法例参考

20 世纪 90 年代以来，经历了体系化、现代化改造的知识产权法"入典"成为"范式"民法典的历史坐标。大陆法系的一些国家，主要是后社会主义国家进行了知识产权在民法典中独立成编的立法尝试。其中，有代表性的立法例包括《俄罗斯民法典》《蒙古民法典》《越南民法典》以及《乌克兰民法典》等，分别采取纳入式、糅合式和链接式等不同样式。

（一）1994 年《俄罗斯民法典》

1994 年《俄罗斯民法典》制定之初，并未对知识产权作出体系化的规定。2006 年该法第四部分"智力活动成果和个性化标识权"颁布后，知识产权才真正在《俄罗斯民法典》中独立成编。在 2008 年该法第四部分生效后，《俄罗斯著作权与邻接权法》《俄罗斯专利法》《俄罗斯商标、服务标记和原产地名称》等六部知识产权相关单行法律随之被废止。《俄罗斯民法典》"知识产权编"采用的是纳入式的立法设计，即整体移植知识产权法于民法典之中。该立法例颇具代表性，有学者将其称为"完全民法典化的模式"。根据俄罗斯著名民法学家塞尼教授的说法，知识产权法编入民法典有宪法依据。整体移植知识产权法"入典"，其意义在于改革了传统民法典的编纂体例，

[①] 吴汉东：《知识产权立法体例与民法典编纂》，载《中国法学》2003 年第 1 期。

推动了知识产权法体系化的形成。①

（二）1995 年《蒙古民法典》

1995 年《蒙古民法典》将知识产权的相关规定设立于"所有权编"之中。根据该法"所有权编"的规定，智力成果是所有权的客体，与实体物和其他一些财产权受同等对待；智力成果所有权自成果创作完成之时产生，但法律另有规定的除外。② 换言之，《蒙古民法典》在财产权体系的逻辑结构上将知识产权（无形财产所有权）与所有权（有形财产所有权）作了同化处理，因而该法可以在不改变民法典外观样式的情况下，运用糅合式的立法设计，将知识产权视为一种无形财产权与一般物权进行整合，规定在"所有权编"之中。糅合式立法对知识产权进行解构性处理，使其可以直接适用民法规范，改变了传统物权制度的基本内涵，在民法典编纂体例上另具一格。

（三）2003 年《乌克兰民法典》

2003 年《乌克兰民法典》"知识产权编"也采取了链接式的立法体例，即民法典对知识产权作出概括性、原则性规定，知识产权仍保留着单行立法。该法典第四编"知识产权"以 12 章的篇幅涵盖了各类知识产权的私法条款。其中，专章"知识产权一般规定"，涉及知识产权概念、与财产权的关系、客体、主体、取得、转让、侵权责任等；其他各章分别规定了著作权、相关权、基于发现的知识产权、发明、实用新型、工业设计的知识产权、集成电路布图设计权、改进建议的知识产权、品种权、商号权、商标权、地理标志权、商业秘密权等一般性规则。在民法典"知识产权编"以外，乌克兰保留了知识产权单行法。

后社会主义国家民法典尝试将知识产权法纳入其中，表明民法典与社会发展同步的时代先进性，体现了民法典编纂的制度创新精神，尽管方法有异、褒贬不一，但其立法取向是值得肯定的。

（四）2005 年《越南民法典》

1995 年《越南民法典》在"知识产权编"的立法体例上，最初采取的

---

① 引自[俄]塞尼·伊万·阿列克谢萨德诺维奇 2015 年 12 月在中南财经政法大学知识产权研究中心所做的题为"俄罗斯知识产权法典化的经验及其对中国的建议"的演讲。

② 曹新明：《知识产权与民法典连接模式之选择》，载《法商研究》2005 年第 1 期。

是像《俄罗斯民法典》一样的纳入式立法,并于 1996 年该法生效之时,废止了《工业所有权保护法》《著作权保护法》《引进外国技术法》等相关知识产权单行法。该法典虽然整体移植了知识产权有关规范,但实际仅规定了几种主要知识产权类型,而对新兴知识产权类型没有予以回应。2005 年,越南颁布新的《越南民法典》,其"知识产权编"有所变化,"一些行政管理性质的规定从民法典中删除","一些内容归入民事特别法"。[①] 于同年,越南又颁布了《越南知识产权法典》,法律体系上呈现出《越南民法典》与《越南知识产权法典》并存的"二元立法模式",即形成了由《越南民法典》对知识产权进行原则规定,并由专门的《越南知识产权法典》对知识产权作出具体规定的链接式立法框架。

三、模式选择

知识产权在民法典中独立成编,是实现知识产权作为私权理性回归的重要路径。民法典中设立"知识产权编",构建含有有形财产权和无形财产权的完整权利体系,满足了私权体系全面性和一致性的要求。未来我国民法典编纂,不宜对知识产权仅作出个别条款的原则性规定而对其独立成编采取回避态度,唯此有将民法与知识产权法分割之嫌。本文建议采取"点、面"结合的立法模式:

(一)"点"的结合模式

所谓"点"的结合模式,即是指在民法典"总则"的相关章节中对知识产权作出原则性规定。"点"的结合模式在立法技术上难度较小,且能缓解由于知识产权特性而导致传统民法理论对其产生的疏离感,有利于在不同意见的立法者之间达成妥协性。[②] 应该考虑,民法典"总则"对知识产权设立宣示性、一般性条款,在基本原则、保护对象、权利范围、法律事实、诉讼时效等各个章节中都有所体现,以此促进知识产权制度与民法典"总则"的充分融合,从而实现民法典"总则"对知识产权制度运行的规范与指导。

---

① 米良:《越南民法典的历史沿革及其特点》,载《学术探索》2008 年第 5 期。
② 吴汉东:《民法法典化运动中的知识产权法》,载《中国法学》2016 年第 4 期。

(二)"面"的结合模式

所谓"面"的结合模式,即是指在民法典中独立设置"知识产权编"。"面"的结合将知识产权与物权、合同、继承等民事权利置于同等的位阶,最大限度地凸显出知识产权在私权制度体系中的重要地位,实现民法典的现代化、时代化的制度转型。目前,针对"面"的结合模式的具体立法选择,即民法典"知识产权编"该如何设计的问题,学界主要存在纳入式立法与链接式立法两种观点。

纳入式的立法主张,即是仿效《俄罗斯民法典》立法模式,将知识产权法整体移植入民法典之中。在民法典设立"知识产权编"后,知识产权法律体系中诸如《专利法实施细则》和《专利审查指南》等具体实施细则及技术性指南的颁布施行并不会受到影响,并可以通过建立知识产权法院等对体制机制的改革尝试,推进知识产权事务的"去行政化"。[1] 在当前知识产权公权化的理论质疑下,这样的立法模式可以有效剔除与民事权利本性不合的知识产权救济方式,对日后知识产权领域中公权力的任意扩张构成约束。[2]

链接式的立法主张,即是采取《越南民法典》和《乌克兰民法典》立法模式,在民法典中对知识产权作出概括性、原则性规定,并保留知识产权单行立法。该体例可以在不破坏传统民法典结构和知识产权自身结构的基础上,实现知识产权法与民法典的有机结合,在有效保障民法典稳定性的同时,也兼顾了知识产权法灵活多变的固有特性。

民法典"知识产权编"的链接式立法模式,需要对知识产权法的一般性规范进行抽象和概括。具体的制度设计方法如下:首先应从诸如著作权、专利权、商标权等各项知识产权制度中抽象出共同适用的规则;其次应将有关权利的取得程序、变动程序、管理程序等特别规范从民法典"知识产权编"中剔除;最后应着力描述知识产权与其他财产权的不同之处以及相互关系,即基于知识产权所具有的特殊属性,构建民法典"知识产权编"中的一般规范。值得注意的是,这些规范表现的应当是私权性内容,且属于知识产权法

---

[1] 易继明:《历史视域中的私法统一与民法典的未来》,载《中国社会科学》2014年第5期。
[2] 李琛:《论中国民法典设立知识产权编的必要性》,载《苏州大学学报(法学版)》2015年第4期。

特有的内容，其条款则主要由"权利的性质-主体-客体-内容-产生-利用-限制-保护"等构成。①

四、障碍克服

基于知识产权所具有的特殊属性，知识产权在民法典独立成编的过程中存在着诸多的困难需要去克服。在这些问题中，以技术障碍和观念障碍表现得最为突出，本文将从这两个方面分别进行论述，并提出克服障碍的途径。

（一）技术障碍

知识产权具有客体无形性、国家授权性以及规范多变性等诸多特点，这些都对民法典编纂者的立法技术和立法水平形成了极大挑战，也使得知识产权在民法典中能否独立成编存有较大争议。具言之，"知识产权编"的立法技术障碍主要体现在如下三个方面。

首先，现代知识产权是一个综合性的法律规范体系。知识产权法与其他民事权利法有着显著的区别，除在实体法中对创造者权利进行保护外，还规定了权利的取得、变动、管理和救济等各种程序性内容；知识产权制度本为规范个人知识财产权利之私法，但也存在行政管理、行政处罚和刑事制裁等公法规范。知识产权制度具有实体法与程序法、公法与私法相结合的特点。

其次，现代知识产权是一个开放式的法律规范体系。知识产权制度诞生仅三四百年，但已然形成了一个庞大的法律体系，且正处于不断的发展与变革之中。随着20世纪中叶新技术革命的兴起，知识经济不仅孕育了"知识—财富"的新财产观，也催生了新的知识财产制度。在知识产权制度不断出现的同时，传统的相关制度也不断演变成为知识产权法律体系的新成员。

最后，现代知识产权是一个不断创新的法律规范体系。现代化、一体化是知识产权立法的两大趋势，前者动因于现代科学技术的发展，后者受制于新国际经济秩序的形成。知识产权的制度史本身就是一个科技创新与制度创新相互作用、相互促进的过程，这不仅要求立法者通过制度创新实现立法的

---

① 由吴汉东教授主持，肖志远副教授、何华副教授、锁福涛博士参与的国家知识产权局委托研究项目《知识产权基本法问题研究》，其最终成果草拟了《民法典》"知识产权编"专家建议稿，计30个条款。

现代化,也需要通过制度改革实现全球范围内保护的一体化。

(二) 观念障碍

除去知识产权因自身一系列特点造成的技术阻碍外,目前社会公众,甚至相关领域的研究者,对知识产权存在的认知误区也形成了一系列的观念障碍,其主要表现在如下三个方面。

一是对知识产权的私权性缺乏肯定。在知识产权的取得过程中,"国家授予"或"法律确认"是必要的,但部分观点将公权力的参与看作为知识产权产生的直接原因,认为知识经济时代的知识产权正由传统意义上的私权蜕变成为一种"私权公权化"的权利。该观点忽视了智力劳动对知识财产的本源性意义,国家对知识产权制度的干预,表现为知识产权在权能范围与效力范围方面受到某些限制,但并不可能改变知识产权的基本属性。

二是对知识产权的重要性有失重视。我国虽然建立了较为完整的知识产权法律体系,但社会大众对知识产权及其重要性仍然缺乏足够的认识。目前社会上对假冒、盗版的容忍度还较高,对知识产权的创新驱动作用认识不足,部分企业经营者尚未意识到无形资产的重要性。在民法典的编纂过程中,民事权利是否具备正当性、普遍性及重要性是衡量该项制度是否应当纳入法典规定的标准之一。近代《法国民法典》和《德国民法典》之所以与知识产权制度失之交臂,其缘由之一就在于历史条件的局限,即知识产权的重要性在当时尚未能得到充分体现。

三是对知识产权的特殊性片面强调。如前文所述,知识产权具有区别于其他民事权利的诸多特性,这种特殊性使得一些知识产权学者满足于新财产制度自有话语而对民事权利的体系化抱有消极情绪,同时也导致一些民法学者对知识产权可能对民法典私法纯粹性造成冲击存有担心顾虑。但是,过于强调知识产权的特殊性,只会导致"民法学者依旧关注所谓的传统民事权利,知识产权学者忽视民法学的一般原理,从而形成民法学与知识产权法学彼此孤立的研究格局"[①]。对知识产权的冷漠与对民法典的退却,上述矛盾的

[①] 李琛:《知识产权片论》,中国方正出版社2004年版,第114页。

交织体现在立法理念上就是知识产权被民法典排斥在外。①

在上述两种障碍之中，观念障碍形成的立法阻力最大。知识产权"入典"成编，应当以观念障碍的克服为突破口，在此基础上解决立法上的技术障碍，从而实现立法者通过法典编纂所追求的社会价值目标。

立法障碍的解决，有赖于民法学及知识产权理论研究的进步。法典编纂活动是促进理论研究的巨大推动力。"法典编纂不是一种通常的立法活动，它不是立法者的政治意志的产物，它仍然是法学家活动的产物。"② 我国民法典的编纂活动并不会一蹴而就，从法典编纂的动议到立法机关的通过，必将是一个长期的过程。在此过程中，确立知识产权"入典"成编的立法立场，必然会对学术界形成强有力的研究导向，从而推动我国民法学和知识产权理论研究的发展与成熟，并为知识产权法典化奠定学理基础。

立法障碍的解决，取决于全社会对知识产权的私权化、体系化、法典化达成广泛共识。民法典编纂的立法活动，实质上是一次关于民法思想、私法精神宣传和普及的过程。同而论之，知识产权进入民法典的讨论，也是知识产权的制度创新本质与知识创新功能得以深化、升华的过程。立法界、学术界以及社会各界应该看到，知识产权是基于"知识财产所有权"所形成的有机整体，其自身的体系化是民法典编纂的制度基础；知识产权具有私权本位，与有形财产所有权以及其他民事权利，完整地构成了民法典中的权利体系；在民法典的民事权框架中将知识产权独立成编，是立法者对制度理性的理想追求，更是当下中国推行现代制度创新的社会实践。形塑全社会的知识产权观念，是知识产权得以"入典"成编的重要思想基础。

知识产权"入典"成编，是一种民法法典化、现代化的运动趋势，也是一个从"学术法"到"法典法"的发展过程。俄罗斯民法典接纳知识产权，历经12年；越南民法典选择知识产权成编样式，费时十年。中国民法典何时规定"知识产权编"，我们可以等待，但不能被忽视。

---

① 蒋万来：《知识产权与民法关系之研究》，中国社会科学出版社2010年版，第232页。
② 薛军：《蒂堡对萨维尼的论战及其历史遗产——围绕德国民法典编纂而展开的学术论战书评》，载《清华法学》，北京大学出版社2003年版，第125—126页。

论我国民法典设置知识产权编的理由及基本构想
——以概括式立法为目标模式[*]

张玉敏　王智斌[**]

引言

"知识产权是否独立成编"是民法典体系之争的焦点问题之一[①]。对此，先后有许多学者发表了精辟的见解，在分析外国立法经验的基础上，结合我国实际，提出了关于知识产权在民法典中的定位及立法体例的多种思路。从目前的讨论情况看，大致有三种主张。

一是链接式，即在民法典中不（宜）设知识产权编，仅以个别条文规定知识产权，作为民法典与知识产权的链接点。与此相应，知识产权法存在于民法典外，对其立法体例，又有三种主张：一是单行立法；二是制定知识产权法典[②]；三是制定知识产权基本法，并保留各单行法[③]。目前持此主张的学者大多认为单行立法更为可取，"考虑到现行专利法、商标法和著作权法已构成一个相对独立的知识产权法体系，因此，建议民法典不设知识产权编，而以专利法、商标法和著作权法作为民法典外的民事特别法。"[④] 在具体立法

---

[*] 原文载于《甘肃社会科学》2005年第5期。本文是国家社科基金项目"新中国民法典起草五十年回顾与展望"（课题批号：05XFX015）的阶段性成果之一。

[**] 作者简介：张云敏，西南政法大学知识产权法研究中心主任，教授，博士研究生导师；王智斌，西南政法大学知识产权法研究中心。

[①] 另有"知识产权是否入民法典"为争议焦点的提法，对此，本文认为，民法学界对民法典应当体现知识产权制度没有异议，分歧在于民法典中知识产权是否应当独立成编。

[②] 曹新明：《知识产权与民法典的连接模式选择》，载中国私法网：http://privatelaw.cn/new2004/shtml/20050307-125635.htm，最后访问时间2005年4月22日11：02。

[③] 焦红涛、高岚：《中国知识产权立法体系化的三种备选模式》，载经法网：http://www.economy-and-law.com/111-42.htm，最后访问时间2005年4月22日11：05。

[④] 梁慧星：《当前关于民法典编纂的三条思路》，载徐国栋主编：《中国民法典起草思路论战》，中国政法大学出版社2001年版，第15页；另参见曹新明：《知识产权与民法典的连接模式选择》，载中国私法网：http://privatelaw.cn/new2004/shtml/20050307-125635.htm，最后访问时间2005年4月22日11：02。

方案上，学者梁慧星、王利明各自提出的民法典草案建议稿都仅以一个条文在民事权利客体中确认了知识产权①。目前提请全国人大常委会审议的民法典草案也采用了这种模式。

二是纳入式，即设专编把知识产权全部或主体部分纳入民法典，民法典外不再保留知识产权单行法，或仅存少量规定一些非主要知识产权或行政性规范的知识产权单行法。在立法建议上，学者徐国栋将知识产权法编入了其民法典建议稿的财产关系法中②；学者吕甲木认为可以把知识产权法的主体———版权法、专利法和商标法纳入民法典，反不正当竞争、商业秘密、营业标记、域名等其他知识产权制度可以规定在相关法律或单行法中③；学者韦之主张通过剥离或简化知识产权法中的非民事实体规范后将知识产权制度纳入民法典④。

三是双重立法模式，即主张在民法典中规定知识产权的共同规则，同时保留民法典外的知识产权特别法。王家福⑤、郑成思⑥、吴汉东⑦、马俊驹⑧等学者基于不同的理由赞成民法典对知识产权作出一般性的规定。链接式中的知识产权基本法模式与此主张思路相似，提出在制定知识产权法典的条件尚不成熟的情形下，可以先制定一部知识产权基本法，"对具有共通性的基本原则与基本制度之中业已成熟的部分予以提炼升华"，以起到"承上启下、

---

① 梁慧星：《中国民法典草案建议稿附理由－总则编》，法律出版社2004年版，第124页；王利明主编：《中国民法典草案建议稿及说明》，中国法制出版社2004年版，第23页。
② 徐国栋：《绿色民法典草案》，社会科学文献出版社2004年版，第397—455页。
③ 吕甲木：《构建21世纪的中国民法典体系》，载北大法律信息网：http://www.chinalawinfo.com/research/academy/details.asp? lid=3462，最后访问时间2005年4月22日11:00。
④ 彭声、韦之：《论知识产权制度纳入未来民法典的理由》，载《电子知识产权》2004年第6期，第13页。
⑤ 王家福、郑成思、费宗：《物权法、知识产权与中国民法典》，载法学时评网：http://www.iolaw.org.cn/shownews.asp? id=39，最后访问时间2005年4月22日11:05。
⑥ 同上。
⑦ 吴汉东：《知识产权立法体例与民法典编纂》，载《中国法学》2003年第1期，第55—56、56—58页。
⑧ 马俊驹：《对我国民法典制定中几个焦点问题的看法》，载马俊驹主编：《民法典探索与展望》，中国民主法制出版社2005年版，第385—389页。

承前启后"的作用①。在单独规定知识产权的一般性规定与保留知识产权单行法的格局上,两者可谓异曲同工,但归途殊异。

在知识产权与民法典的关系上,上述诸模式既有理论支撑,又有相应的立法范例,各有其合理性。就作为两极的链接式与纳入式而言,"采用链接模式,将知识产权法与民法典相链接,既保证知识产权法与民法典的连接关系,又保持了知识产权法的独立性;在民法典的编纂过程中,既能保持民法典应有的传统体例,又能保证知识产权法对民法典的隶属关系"②。而在知识产权日益重要的当代,纳入模式解决了民法典与知识产权的分离问题,强调了知识产权在我国民法典中的地位,使民事权利体系在理论上和立法上更为完满。然而,两者也都存在一些不足,较为显著的是,链接式不能很好地突出知识产权的私权性质,充分协调知识产权法和整个民法体系的关系;纳入式在保持民法典的整体协调性和稳定性与顾全知识产权的独特性与多变性之间难以两全。

双重立法模式既肯定了知识产权法是民事法律规范的一个组成部分,又保持了民法典私法的纯洁性和法典的形式美,同时可以较好地解决民法典的稳定性与知识产权法的多变性的矛盾。但对于这种模式,论者有的是在讨论其他问题时附带提到的,往往简要带过;有的则是出于对我国当前知识产权立法形势的权宜考虑,将其作为暂时不能制定知识产权法典舍而求其次的替代方案或促进知识产权法典化的一个步骤。因此,对其意义和理由缺乏深入的论证。在一般规定是否独立成编以及该编的体例安排和具体内容上,或者没有提出明确的意见③,或者建议内容差异甚大,如受立法者委托起草知识产权编的郑成思教授在"知其不可为而为之"的情形下,提出了具有总分结

---

① 焦红涛、高岚:《中国知识产权立法体系化的三种备选模式》,载经法网:http://www.economy-and-law.com/111-42.htm,最后访问时间2005年4月22日11:05。

② 曹新明:《知识产权与民法典的连接模式选择》,载中国私法网:http://privatelaw.cn/new2004/shtml/20050307-125635.htm,最后访问时间2005年4月22日11:02。

③ 例如,学者马俊驹认为,知识产权的一般规定是否独立成编取决于该编的条文规模,如果条文足够多就设为独立的编章,如果条文较少就安排放入民法典总则或其设计的财产法总则之中,而知识产权一般规定的具体条文有赖于知识产权界学者的研究。

构的草案,该编共 6 章 84 条(可称为总分式立法)①,吴汉东教授则草拟出了 8 条一般规定(可称为概括式立法)②。

综上所述,双重立法模式作为折中方案,尽管能够直观地得出一些比较优势,但还远未得到广泛认同。本文认为,对各种方案的讨论是基于这样一种认识,即如何才能取得立法的最大效益,它包括对政治的、经济的和文化的,法的形式合理性与实质合理性,立法成本及技术以及法的效益等诸多方面的权衡和考量。如果只追求法对社会关系的实际调整作用,那就只需要研究、修改和完善现有法律法规的具体规定。正是基于这样的考虑,本文赞成双重立法模式,并试图从历史与现实、理论与实践出发,探寻民法典设立知识产权编的意义,比较双重立法模式与知识产权基本法模式的优劣,分析民法典知识产权编概括式与总分式立法的良拙,提出相应的立法构想。我们期望本文的探讨能为知识产权法和民法学界集思广益促成民法典以科学合理的方式接纳知识产权法抛砖引玉,为立法者提供参考。

一、历史维度:21 世纪民法典与知识产权

新世纪之交,我们选择了制定民法典的事业,制定一部真正面向 21 世纪的民法典成为众多法学家的共识。21 世纪的民法典应该是现代化的,符合时代潮流的,符合社会发展规律的,符合人类文明共同发展规律的。知识产权归属于民法典正是这样一个潮流和规律。

(一)历史的局限:传统民法典与知识产权的分离

从法历史角度看,民法渊源于罗马法,以《查士丁尼民法大全》为标志。此后,1804 年的《法国民法典》和 1900 年的《德国民法典》承继罗马法,为大陆法系民法典之典范。在知识产权法方面,一般认为,1623 年的《英国垄断法规》是世界上第一部专利法;1709 年的《英国安娜法令》是世界上第一部著作权法;1785 年的《法国关于使用原则和不审查原则为内容的制造标记和商标的法律》是世界上第一部商标法。18 世纪末,以美国、法国

---

① 郑成思:《民法草案与知识产权专家建议稿》,载《政法论坛》2003 年第 1 期,第 42—49 页。

② 吴汉东:《知识产权立法体例与民法典编纂》,载《中国法学》2003 年第 1 期,第 55—56、56—58 页。

等主要西方国家颁布的专利法、版权法、商标法为标志，知识产权制度逐步形成。因此，在诞生时间上，可以说作为单独立法的知识产权法律制度晚于古罗马的法典编纂，又早于近代《法国民法典》《德国民法典》的编纂。但即便如此，《法国民法典》《德国民法典》都未对知识产权作只言片语的规定。根据法典编纂应当具备的条件来分析，我们认为这种分离主要是以下原因造成的。

第一，从社会经济生活状况来看，在《法国民法典》《德国民法典》的编纂时期，有形财产的生产和占有以及有体物贸易仍然是经济生活的主宰，无形财产对于社会生活中的重要性还不能与20世纪之后相比，知识产权尚不能与物权、债权平起平坐。

第二，从法典编纂的目的来看，法国编纂民法典的主要动机不是为了全面保护市民的私权利，而是确认革命成果、废除旧法制、推进民族和法律的统一；《德国民法典》制定的主要目的是实现德意志民法的统一，它是总结性的，不是前瞻性的。在这些立法目的之下，新兴的知识产权不可能进入法典编纂者的视野。

第三，从法典编纂的体例来看，《法国民法典》《德国民法典》的编纂者分别师承古罗马法中的《法学阶梯》和《学说汇纂》体例，而罗马法的财产体系是以物质化的有形财产为中心的。况且，当时这些知识产权制度又多为英国的"舶来品"。因此，知识产权与近代范式民法典表现为体系不兼容。

第四，从知识产权制度及理论本身的成熟度来看，在《法国民法典》编纂时期，知识产权还未成为一项成熟的制度，法典编纂者对知识产权的认识刚刚起步，对其整体样态缺乏足够充分的了解。《德国民法典》的制定虽然比前者晚近百年，知识产权制度有了较大发展，但其刚刚为一些主要的资本主义国家所接受，正在向国际保护发展起步，其整体架构及法律性质还不确定；并且，德国当时的知识产权保护水平非常低，无法形成统一的概念、标准和模式。相反，两部民法典已经具备法典编纂所需的政治、经济、民事法律规范基础、理论准备以及实务界的支持等诸多条件，并且这些条件在知识产权的形成时期就已大体就绪。

由此可见，知识产权与近代民法典失之交臂的根本原因在于社会经济生活状况的局限，与有形财产占主导地位的社会经济生活状况相适应，20 世纪之前的民法典只能以物权和债权作为"创造素材"；罗马法对近代民法典的"体效应"[①] 也直接导致了知识产权难以与物质化的传统财产体系相融。其结果，诚如曾世雄先生对《法国民法典》《德国民法典》的评价，法国"无体之财产权在民法上几成弃婴"，而德国"对于法国民法所忽视之事项，亦多遗忘"[②]。

(二) 时代的潮流：当代民法典与知识产权的交汇

近几十年来，世界科学技术的迅猛发展和扩张，改变了世界经济形态和发展进程。人类从传统的以资本、劳动力、土地等为生产要素的工业经济时代，开始走向了新兴的以知识为核心要素的第三次经济革命的时代——知识经济时代。在知识经济时代，以知识产品为核心的无形财产取得日益重要的地位，这要求包括民法典在内的法律部门作出回应。

随着知识产权制度在社会生活中的地位日渐突出，现代制定民法典的国家纷纷尝试将知识产权制度纳入民法典。1942 年的《意大利民法典》、1960 年的《埃塞俄比亚民法典》、1964 年的《苏俄民法典》、1994 年的《蒙古国民法典》、1995 年的《越南民法典》等，都以不同的方式规定了知识产权[③]。1992 年的《荷兰民法典》计划把第九编定为智力成果法（后来受欧盟法律一体化的影响，该编被取消）；1994 年开始陆续颁布的《俄罗斯联邦民法典》计划把第五编定为"著作权和发明权"。尽管有学者对此种尝试的效果给予了否定评价，但是这种尝试本身就反映了现代国家将知识产权制度整合于民法典的趋势。可以说，在知识经济时代制定民法典，必须考虑知识产权制度对民法典体系结构的影响。将知识产权归属于民法典应是时代的潮流。

---

① [美] 艾伦·沃森：《民法法系的演变及形成》，李静冰、姚新华译，中国法制出版社 2003 年版，第 20 页。
② 曾世雄：《民法总则之现在与未来》，中国政法大学出版社 2001 年版，第 5 页。
③ 1942 年的《意大利民法典》在第六编"劳动"中对著作权、专利权、商标权、商号权作了原则性规定；1960 年的《埃塞俄比亚民法典》在第三编"物法"中规定了对文学和艺术作品的所有权；1964 年的《苏俄民法典》在第四编、第五编、第六编分别规定了著作权、发现权和发明权；1994 年的《蒙古民法典》在第二编"财产法"第 86 条中规定智力成果是所有权的客体，而后将知识产权的规定融入了传统物权体系；1995 年的《越南民法典》在第六编以"知识产权和技术转让"为题将知识产权整体纳入了民法典。

(三) 小结：设置知识产权编是 21 世纪民法典的必然要求

民法典在二千多年的演进历程中，始终与时代同发展，与社会共进步。由于历史条件的限制，诞生于 19 世纪初和 20 世纪初的《法国民法典》《德国民法典》没有对知识产权制度作出规定。"明者因时而变，知者随世而制"，现代民法典将知识产权法纳入民法典的尝试，凸显了立法者的创新精神和民法典的时代特色，表明民法典古而不老，固而不封，生命力常青。

"最伟大的法典总是对应于重大的政治、社会或技术变革"[1]。21 世纪是信息社会，是知识经济时代，将知识产权独立成编纳入民法典正是对这一鲜明的时代特征的回应。知识产权法作为现代民法的重要组成部分，理应在我国未来民法典中有一席之地（不是一两个条文！）。追随既有的陈例只能使我们的民法典成为 20 世纪的尾声，只有顺应时代潮流，推陈出新，才能使我们的民法典成为反映时代需要、真正面向 21 世纪的民法典。

二、价值取向：民事基本法与知识产权

民法典是国家的基本法律[2]，是市民社会的基本法律，是民事权利宣言书。知识产权作为一种民事权利，其重要性日益突出。民法典以专门篇章对知识产权作出基本规定，是知识产权的重要性和民法典的地位与历史使命决定的。

(一) 知识产权意义之重大

今天，知识产权已经成为全球范围、举国上下一个十分重要的论题。

随着知识经济、信息时代的到来，知识产权与市民生活的联系越来越紧密，"在实践层面，它改变着人们的生活方式；在理念层面，它置换着人们的生存感受"[3]。知识产权早已不仅仅是科学家、作家和企业家的事，如果说以保护"技术"为对象的专利权离大多数人的生活还有点远，那么以保护"商业标记"为对象的商标权，以保护传统和新兴的"作品"为对象的著作

---

[1] Jean Louis Bergel, Principle Features and Methods of Codification, 48 Louisiana Law review (1988), p1077.

[2] 根据宪法和立法法的规定，"刑事、民事、国家机构的和其他的基本法律"由全国人民代表大会制定和修改。

[3] 张玉敏：《中国欧盟知识产权法比较研究》，法律出版社 2005 年版，序言。

权,以及保护以各式各样有声有色的方式传播作品的著作邻接权,则已经渗透到了五彩缤纷的社会和个人生活的方方面面。例如,在网络世界里,人们的每一次点击都在与知识产权打交道;在消费世界里,人们既被商标吸引也被商标"围追堵截";甚至,盗版的计算机软件、电影及音像制品、畅销书籍、仿冒的名牌体育制品也十分"畅销"。概而言之,在市民社会的结构方面,知识产权正无声而迅速地改变着社会的财富构成和市场形态。与农业经济乃至工业经济时代相比,在知识经济时代,知识产权日益成为现代民事主体愈来愈重要的财产形式,对某些主体而言,其重要性甚至已超过了有形物的价值。与公路、铁路乃至航空网络时代相比,在信息网络化时代,无形市场(网络市场)已经开始在促进有形市场的发展上起到关键作用。可以预见,规范无形财产的知识产权法将在市场规范中发挥越来越重要的作用,甚至关键作用。

在国家层面上,由于知识产权在国际经济竞争与贸易往来中的地位得到历史性的提升,知识产权成为影响以至决定一个国家的社会发展和经济安全的最重要的因素之一,许多国家都明确提出了自己的知识产权战略,把它作为振兴本国经济、增强国际竞争能力的重大措施。日本更明确提出了"知识产权立国"的口号。可以预见,在全球范围内,围绕知识产权的争夺将更加激烈。当前,我国正在全面建设小康社会、走新型工业化道路,为了应对国际知识产权竞争的挑战,促进国民经济快速和可持续发展,国务院正在组织制定国家知识产权战略。

综上所述,无论在市民社会的层面还是国家的层面上,知识产权都无可置疑地成为一个关乎生存发展的基本的、重要的问题。作为"生活的百科全书",调整民事关系和规范市场经济的基本法,民法典应当反映市民生活和社会经济结构的重大变化,对知识产权作出一般规定。这样才能发挥民法典在社会生活中的巨大作用。如果民法典置社会的发展变化于不顾,以种种理由(甚至似乎是很充分的理由)抱残守缺,那么,这样的民法典将在很大程度上失去其作为调整民事关系基本法的地位和作用。

(二)民法典权利宣示之重

从某种意义上说,我国的整个改革是以私权解放为主轴的,民法典作为权利宣言书,在这场社会大变局中具有根本性的作用。明确将知识产权作为私权载入民法典,具有重大的历史意义和现实意义。

1. 理论争议与实践问题要求民法典明确知识产权是私权

近年来,我国学界对"知识产权的私权性"进行了专门研究,把知识产权归于私权之下[①]。中国加入 TRIPS 后,接受了"知识产权是私权"的原则。"知识产权是私权"的理论和原则,成为我国当前知识产权制度改进的背景和方向:《著作权法》中增加了有关著作财产权转让的规定、原来商标专利行政复审的终局性规定被修改、知识产权行政管理机关责令赔偿的权力被限制,修正后的《商标法》加强了对未注册商标的保护、改变了行政机关的评定是认定驰名商标的唯一途径。这些或删或改的修订内容都是对知识产权私权本性的回应。

然而,对知识产权是私权的命题,在知识产权理论、立法、司法和行政执法中,还存在各种问题。理论方面,尽管知识产权是私权已成为主流观点,但是"至今国内仍有一部分人认为知识产权中的工业产权,部分系公权利"[②];知识产权私权公权化,知识产权法私法公法化的论调似乎一浪高过一浪。立法方面,法律的体系化要求整个法律体系一协调,知识产权是私权不仅应体现在知识产权单行法律中,其他相关法律也应一以贯之。而在这方面我国其他相关法律仍存在不少问题。例如,《合同法》只规定了技术合同,未规定其他知识产权合同,如著作权使用许可合同和转让合同;《公司法》关于有限责任公司和股份有限公司中发起人可用于出资的财产中,规定了知识产权中的"工业产权"和"非专利技术",但未规定著作权,这就为财产所有人的投资设置了法律障碍,如计算机软件的著作权人即无法以其著作权出资。再如,《刑法》将侵犯知识产权的犯罪规定在"破坏社会主义市场经济秩序罪"中,而不是规定在"侵犯财产罪"中。在行政执法领域,对侵权

---

① 张玉敏:《知识产权的概念和法律特征》,载《现代法学》2001 年第 5 期,第 105 页;周文斌:《凸现知识产权的私权本质——中国人民大学刘春田先生访谈》,载《光明日报》2000 年 7 月 17 日;金海军:《知识产权私权论》,中国人民大学出版社 2004 年版。

② 郑成思:《民法典(专家意见稿)知识产权编第一章逐条论述》,载《环球法律评论》2002 年秋季号,第 310 页。

行为打击不力的状况一直存在，其中一个重要原因就是有关行政机关对侵犯知识产权行为的侵"权"性质认识不足。这些问题的存在，表明对知识产权是私权在认识上还不统一，实践中也未得到完全贯彻。

反映理论研究的认知成果，具体化国际条约的原则要求，将知识产权是私权以法典的形式固定下来，对知识产权的各项权利在民法典中一一宣告，有利于从根本上澄清理论上的混乱，避免认识上的错误，也有利于在实践中促进法制的完善、约束公权的干预、强化知识产权的保护。

2. 知识产权独立成编有利于突出知识产权是私权

各国制定民法典都有其独特的时代使命，这一使命是与该国的社会历史条件及现实条件相联系的。民法典的制定对于我国现实意义至为重要。中国民法应当建构在权利本位的基础上，在民事领域权利是核心，权利是目的，权利是动力[①]。在私权的培育和成长与对公共权力的制约上，包括对各种立法的制约方面，民法典都将是一面旗帜。对于私权性质仍不够鲜明，行政干预仍然过于强大的知识产权法，以专门的篇章规定回归于民法典，其意义尤为重大。

在处理民法典与知识产权法的关系时，不少学者认为，尽管知识产权是私权，但为维护民法典私法的纯洁性和应有的稳定性，知识产权不宜纳入民法典。同时，为宣示知识产权为民事权利，最合理、最有效的做法就是将知识产权法与民法典进行链接。本文认为，链接式立法不能充分反映知识产权在当代社会生活中的地位和作用。既然我们已经进入知识经济时代，既然知识财富已经成为最重要的财富，既然知识产权已经与我们的生活须臾不可分离，以调整平等主体之间的财产关系为己任的民法典理应让知识产权登堂入室，与物权、债权等传统民事权利平起平坐。只有将知识产权独立为一编，与物权、债权、人格权、继承权并列，才能直观而鲜明地昭示知识产权是私权，才能构建一个完整的民事权利体系，充分发挥制度的"体效应"，使民法典真正负载起权利宣言书的历史使命。

[①] 江平：《罗马法精神在中国的复兴》，载杨振山、[意]斯奇巴尼主编：《罗马法·中国法与民法法典化》，中国政法大学出版社1995年版，第6页。

值得一提的是，我国在二十多年前制定《民法通则》时就将知识产权作为独立一节加以规定，如果现在制定民法典反而将知识产权排除，不啻一种倒退。

（三）小结：设置知识产权编是民法典作为基本法的必然要求

民法典的权利体系应当以已经发展成熟、为社会生活所广泛接受或迫切需要的权利为基础来构建。"随着高新技术的迅速发展，知识产权在国民经济发展中的作用日益受到各方面的重视"[①]。知识产权已经是现代社会所普遍认可的一项基本民事权利，是民事主体参与正常的社会生活和经济交往所必备的权利，而且其内涵大都比较成熟。因此，有必要通过民法典而非单行法来确认，并且其规定应当为未来新的权利成长提供足够的法律空间。

民法典作为国家的基本法律和民事基本法律，在法律分类上具有更高的权威和位阶。在民法典中将知识产权独立成编，对知识产权的各项权利作出基本规定，有助于彰显知识产权的神圣不可侵犯性，让知识产权意识更广泛地渗透到社会大众的心里；也有利于国家从战略高度建立和完善知识产权制度，充分发挥知识产权制度对国民经济和社会发展的作用。正是在民事基本法的意义上，将知识产权一般规定纳入民法典优越于制定单行的知识产权基本法，因为知识产权基本法是相对于知识产权单行法而言，相对于民法典，它仍然是特别法、单行法，其地位与作用不可与民法典同日而语。

三、逻辑视角：法典的体系化与知识产权

体系化是法典的生命。它要求法典具有科学的内涵，严密的逻辑，和谐的结构。法典编纂既是立法指导思想的体现，也是科学的立法技术的体现。法典体系各国通过对以前法典编纂经验的总结，无论是编纂宪法典、民法典，还是刑法典，都形成了一些最基本的规律和方法，那就是坚持重要性标准和逻辑性标准。知识产权在民法典中的定位及其内容也应以此为标准来设定框架。

---

① 张玉敏：《知识产权的概念和法律特征》，载《现代法学》2001 年第 5 期，第 103 页。

（一）基于重要性标准之衡量

现代法典作为一个国家同一法律部门具有最高权威性和统一性的特殊成文法形式，它通常是就这一法律部门的基本事项和事关全局的问题作出一般性、概括性的规定。法典并不能包容同一法律部门的所有内容，还需要其他各种法律形式的补充[①]。这主要是为了应对日趋复杂的社会生活，避免法典过于庞杂冗长，又有利于法制的发展。

所谓重要性标准就是指何种制度应规定于法典中，何种制度应规定于单行法、特别法中；何种制度规定在先，何种制度规定在后，应进行价值衡量。相较而言，具有重要价值之制度较次要价值之制度优先规定于基本法中，于同一部法典中具有重要价值的制度在编章顺序上较次要价值制度为先。例如，构成我国宪法这一部门法体系的，除宪法典外，还有立法法、组织法、选举法、代表法等多个附属法律文件，宪法只规定了事关整个国家全局的根本性问题；再如，现行宪法把"公民基本权利和义务"一章规定在"总纲"之后，"国家机构"之前，显示了对公民权利的重视[②]。重要性标准在刑法典的编纂中也有明显体现，如刑法中各类犯罪及各类犯罪中的具体犯罪大体上都是根据社会危害程度的大小排列的[③]。民法典之争中，"民法典编撰体例到底应取人法前置，还是物法前置"[④] 的问题就表现为重要性标准的衡量。

1. 知识产权立法宜采用双重立法模式

在强调知识产权重要性的语境下，不少学者将制定知识产权法典作为推动知识产权发展的立法目标。在体系化的意义上，制定知识产权法典与将知识产权纳入民法典都属于知识产权的法典化。与此相对，链接式下的单行立法是完全的非法典化，双重立法模式与知识产权基本法模式则介于两者之间，是不完全的法典化。

[①] 封丽霞：《法典编纂论》，清华大学出版社2002年版，第256—258页。
[②] 许崇德主编：《中国宪法》，中国人民大学出版社1996年版，第14、107页。
[③] 赵秉志主编：《新刑法教程》，中国人民大学出版社1997年版，第408页。
[④] 徐国栋：《中国民法典起草思路论战》，中国政法大学出版社2001年版；刘凯湘：《中国民法的现代化》，载《中国民法百年回顾与前瞻学术研讨会文集》，法律出版社2003年版，第208—210页；马俊驹：《漫谈民法走势和我国民法典的制定》，载法学时评网：http://www.qddx.gov.cn/library/detail.asp?itemid=139，最后访问时间2005年4月22日11：10。

诚然，知识产权法典化具有诸多优点，如能够提高立法层级、协调知识产权各项制度、解决既有立法中的矛盾、便于法律适用等。但是，正如学者们经常强调的，知识产权法深受科技发展和国际关系的影响，保护对象多元、善变，是一类"正在形成中的权利"，在其类型、内容、保护方式等问题上，尚未完全达成一致，今后的发展变化也难以确定。对于这样一种法律制度，如果将其全部迁入民法典，必然会影响民法典的稳定。而民法典作为市民社会生活的最高准则，频繁变动势必降低法典的权威性和民众的法感情，综合成本非常高。另一方面，法典结构的稳固性和修改程序的复杂性又会制约知识产权法的发展。

纳入式存在的知识产权对民法典稳定性的冲击或者说民法典稳定性对知识产权法发展的制约问题，同样存在于制定知识产权法典之中。从根本上说，完全法典化的最大问题，不在于因学理准备不足而导致的所谓现实性问题，也不在于立法成本的高昂，而在于当今时代知识产权自身特征所决定的非法典化倾向，即面对科技的迅猛发展和国际形势的风云变幻，越是要促进知识产权发展，就越不宜将其具体制度以法典的形式固化。这也是迄今为止，世界上大多数国家的知识产权法都是单行立法的原因所在。当然，这并不排除今后人类社会在政治、科技、法律观念和立法技术方面的发展与变迁，能够形成知识产权完全法典化的环境。

在民法典与知识产权的关系上，至少在当代，知识产权的法典化有其不可取之处，链接式下的单行立法又有权重含量不足的弊端。相比之下，双重立法模式基于重要性标准，将知识产权的一般规定在民法典中予以体系化，将具体制度留给能够适应时代发展和形势变化的单行法。这一策略既符合我国民法典立法的指导思想，又符合法典编纂的科学要求，能够保持立法良好的开放性，为知识产权制度自身的发展留下空间。并且，这一模式无须对全部的知识产权制度进行体系化，立法成本低于法典化；从强调知识产权的重要性和更好地协调知识产权与民法典的关系上论，制度效益又胜于单纯的单行立法和知识产权基本法模式，因而是一条可行的务实道路。

2. 民法典知识产权编重要性标准之取舍

民法典作为整个国家民事立法体系中最普通、最基础的一般法，它不能包括全部的民事法律规范。基于重要性标准，在民法典的制度进入上，纳入民法典的应当是市民社会生活中普遍适用的、基本的、具有稳定性的、私法领域的实体性规则。

知识产权法是民事法律规范的一个重要组成部分，应当由民法典统辖，民法典一定要将知识产权纳入其中。但这并不意味着知识产权的全部规范都要规定在民法典中。基于重要性标准，在知识产权制度进入上，纳入民法典知识产权编的应当是知识产权中最重要、最基本的规定。根据知识产权的权利属性，这些规定应当是有关知识产权各类权利的规定，包括权利的种类、权利的效力、权利的取得以及权利限制等内容。

3. 概括式知识产权编有利于协调主法与从法的关系

在民事部门法中，民法典可称作主法，单行法可称作从法。学界通常认为，知识产权法相对独立，自成体系，它包括专利法、著作权法、商标法、集成电路布图设计保护条例、植物新品种保护条例等多个法律领域；各单行法中民事与行政乃至刑事规定、实体性与程序性的规定、强制性与任意性规定、国内法规范与涉外规定并存，这些规定在各单行法中往往相互依存，难以分割。双重立法模式注意到了知识产权法的特殊性，主张在民法典中对知识产权作一般性规定，民法典外仍保留知识产权各单行法。

双重立法模式有总分式和概括式立法之分。总分式立法，即在知识产权编总则之后，再分章对各项知识产权进行一般性的规定，由于从各知识产权单行法中抽取纳入民法典的条款较多，不可避免地会产生以下两类问题：或者是为了照顾法律理解和适用的便利，以致民法典与单行法重复立法；或者是为了避免重复立法，不得不将同一法律制度人为割裂，从而损害知识产权单行法自身的体系结构，造成法律适用的不便。同样，剥离知识产权单行法中的非民事实体规范，只把民事实体规范纳入民法典的做法，也会使知识产权单行法失去其体系性。因此，为协调好主法与从法的关系，兼顾从法自身的完整性和法律适用的便利，民法典知识产权编应当采取概括式立法，不设总则—分则结构，仅以若干条文对知识产权各项权利的基本内容作高度概括性的规定，民法典外的知识产权单行法的基本形态保持不变。这样，既能实现双重立法模式的若干优越性，又避免了链接式和纳入式所人为的割裂和实际运用不便问题。

4. 知识产权编应当位于物权编之后

依据制度价值的重要性安排法典的编章顺序，也是重要性标准要解决的问题之一。在民法典中，这体现为对民事权利如何进行排列，从而合乎民法典体系的逻辑性。

我们认为，在确立知识产权在民法典分则编的顺序时，应着眼于以下思路：首先，知识产权是一种独立的权利体系，尤其独立于物权。传统意义上的物权对象限于有体物，物权制度也是在此基础上构建的。而知识产权是以信息为保护对象的独立的权利体系，不是物权的下位概念。因此，知识产权与物权位于同一位阶。其次，知识产权是财产权，其位置应与物权与债权靠近。最后，知识产权是对受保护的信息的支配权，属于支配性财产权。"知识产权是权利人对作为其权利保护对象的信息可以进行商业利用，也可以不利用，可以用法律许可的任何方式利用，也可以按自己的意志进行处分。他人未经许可，不得进行商业性使用。在这方面，知识产权与物权没有什么区别，因此，知识产权被称为'准物权'"[1]。物权是与知识产权最接近的财产权。作为传统的支配权，物权已经形成了完善的制度体系，其中必然包含了支配性财产权的共性，物权制度是知识产权制度建构的最直接的借鉴资源。对一些已为人们所接受和熟悉的物权法原理、概念和体系，如权利法定原则、公示公信原则、对善意第三人的保护以及条文的逻辑顺序等的借鉴和运用，可以方便对法律的学习和适用。因此，在民法典分则中知识产权编应当位于物权编之后，以利于借鉴物权编中适用于一切支配性财产权的因素。

（二）基于逻辑性标准之结构

所谓逻辑性标准，就是在法典编纂中，运用分析和综合、归纳和演绎、抽象和具体、一般和特殊等逻辑思维方法来认识客观对象，并将概念、原则、制度等立法材料按一定的逻辑思路确定为法典中篇章结构及其顺序之标准。民法典中知识产权基于逻辑性标准的结构，就是指将应当纳入民法典的知识产权制度各项具体内容按一定的逻辑进行组织并实现与民法典的整体协调。

---

[1] 许崇德主编：《中国宪法》，中国人民大学出版社 1996 年版，第 14、107 页。

1. 权利位阶是知识产权独立成编的逻辑基础

体系化的思维寻求最合理的联结因素将知识组织成整体。"权利"是将民法典分则组织成整体的联结因素。"自法典化运动以来，权利是民法无可争辩的核心概念。没有这个概念，将会引起很多困难，对此人们的意见是一致的"[①]。事实上，各国民法典无不以权利为线索来进行体系建构。对于分则部分各编，很多外国立法习惯冠以"××权"之名，以突出权利的中心地位。

作为一种权利立法结构，民法典分则中某项权利的横向位置和纵向层次取决于权利概念的位阶。知识产权是不同于物权的一项独立的民事权利，与物权、债权、人格权、继承权处于同一位阶。因此，如果物权、债权、人格权、继承权独立成编，知识产权也应当独立成编并与之并列。至于物权、债权、知识产权之上是否以财产权统领，或者物权、知识产权之上是否再设财产请求权，不影响知识产权独立为与物权、债权并列的单元。应当明确的是，民法典分则中权利编是否成立，不取决于条文数量的多寡。因为，相较于法典的逻辑性和科学性而言，篇幅问题不是重要的问题，形式上的美感毕竟应当服从内容的需要。

2. 共同规则不是知识产权独立成编的决定性因素

按照立法者起草民法典的体系规划，知识产权编也要设立适用于各个章节的一般规定，即知识产权编的总则。不少学者以及立法机关的有关人士认为，知识产权纳入民法典的关键问题在于如何按照"总分"结构，像物权总则、债权总则那样提炼出知识产权法的总则。然而，由于知识产权各类权利差别大，国际上还没有为知识产权制度设定一般规定的先例，国内知识产权理论研究又相对薄弱，难以归纳出适用于各类权利的共同规则，无法形成一个知识产权编的总则。因此，知识产权不能独立成编纳入民法典。

本文认为，民法典知识产权编的必要性在于权利宣示，对知识产权各类权利的界定是其主要内容。而共同规则提炼，是一个纯立法技术问题。例如，德国民法典用"提取公因式"的方式，形成了一个多层次的总则—分则模式，居于整个体系最上端的即为民法典总则。人们认为这种方法"可以提高

[①] [德] 拉伦茨：《德国民法总论》（上册），王晓晔译，法律出版社 2003 年版，第 276 页。

法律的逻辑完整性和内涵经济性，从而避免冗赘的重复。"① 而实际上，在法学史上历来就存在排斥总则作用的"总则无用论"②，而且从法典编纂的实践来看，《瑞士民法典》《荷兰民法典》等举世公认的优秀民法典就没有设置总则。并且，"瑞士在差不多50年的法律进程中，无论在理论上抑或在实践中至今还未感到没有总则部分是一缺陷"③。因此，"提取公因式"方式是立法的技术性逻辑，而不是立法的实体性逻辑，它可以是有关规定（共同性规则）进入民法典的依据，但绝不能成为有关实体内容是否纳入民法典、是否独立成编的决定性因素。

在知识产权领域，出于立法的经济和节约，根据目前的认知能力，运用"提取公因式"的逻辑构造方法，将能够提炼的共同规则纳入民法典是必要的。例如，知识产权法的立法原则，解决知识产权的权利冲突、权利限制和权利保护等问题的共同规定，是能够而且必要的。但是，即使一条共同规则也抽象不出来，也不应成为反对和否定知识产权独立成编的理由，因为这些规则毕竟只是法的"技术性因素"，而不是"法的政治因素"和"法的法学因素"④。

在提炼知识产权共同规则中，还应当注意区分共同规则的性质。正如郑成思教授在其知识产权编专家建议稿的说明中所指出，"日后如果发现建议稿中大部分'一般条款'不是能收入民法典总则，就是能收入民诉法，而真正属于'知识产权一般规定'的并不多，起草工作也没有白做。"⑤ 尽管民事性质的一般条款是否都能收入民法典总则还值得斟酌，但事实上，目前能够从各项知识产权制度中提炼的共同规则有相当部分是民事诉讼法的内容，如财产保全、证据保全、被许可人的诉讼地位、对知识产权管辖的特别规定等。

---

① ［德］K. 茨威格特、H. 克茨：《比较法总论》，潘汉典等译，法律出版社2003年版，第221、258页。
② ［日］大木雅夫：《比较法》，范愉译，法律出版社1999年版，第206页。
③ ［德］K. 茨威格特、H. 克茨：《比较法总论》，潘汉典等译，法律出版社2003年版，第221、258页。
④ ［德］霍尔斯特·海因里希·雅科布斯：《十九世纪德国民法科学与方法》，王娜译，法律出版社2003年版，序言。
⑤ 郑成思：《民法典（专家意见稿）知识产权编第一章逐条论述》，载《环球法律评论》2002年秋季号，第39页。

这些规则本来属于民事诉讼法的规定，只是由于目前我国知识产权法和民事诉讼法的一些欠缺，有的规定在了知识产权单行法中，有的应当一致而没有一致，还有的尚未规定。尽管如此，根据民法典实体法的性质，这些问题还是应当通过修改和完善民事诉讼法来解决，属于民事诉讼的共同规则不宜纳入民法典知识产权编。

（三）知识产权编的主要内容及与民法典的整体协调

1. 知识产权编的主要内容

根据重要性标准的衡量和逻辑性标准的结构，民法典知识产权编的主要内容为知识产权各项权利的基本规定和适用于各类知识产权制度的共同规则。根据我们的初步规划，该编的规模在30条左右。

具体而言，民法典知识产权编主要包括以下内容：知识产权的立法目的，知识产权的定义，著作权、专利权、商标权、集成电路布图设计、植物新品种等各项知识产权权利内容的逐条规定、知识产权各项权利的取得方式、知识产权的公示原则、知识产权与信息载体所有权的相互独立及其例外、知识产权不得侵犯在先权利的原则及其例外、知识产权权利不得滥用原则、知识产权的反不正当竞争保护、知识产权的物权保护方法、对民事特别法的授权等。这些内容是知识产权制度中最根本、最重要或者具有共性的规定，将其纳入民法典，能够促进知识产权法价值目标和制度规范之间的协调，增强民法典的宏观调控能力，并由此形成民法典与单行法之间的和谐体系。

2. 民法典相应部分协调

知识产权独立成编纳入民法典后，民法典的相应部分也必须随之调整。总的原则应当是，民法典各相关部分原则性地规定知识产权的特殊性问题、具体的问题，如侵害知识产权的各种具体类型和表现形式，则应当让诸单行法规定；知识产权与其他民事权利的共同性问题、不必特别规定，例如，侵害知识产权的损害赔偿责任应当适用一般的归责原则，即过错原则[①]，在侵权行为编即不必针对知识产权作特别规定，而只需明确除法律另有明确规定者

[①] 张玉敏：《侵害知识产权民事责任归责原则研究》，载《法学论坛》2003年第3期，第22—28页。

外，侵权损害赔偿责任均适用过错责任原则即可。这样既可以彰显知识产权作为私权与其他民事权利的共同性，增强知识产权纳入民法典的合理性、科学性；又可以发挥民法典的体系化功能，节约篇幅，体现民法典的结构之美。

知识产权的特殊性问题，应当原则性地体现在民法典相关部分的大致有：第一，总则编应当在权利客体部分明确规定知识产权的保护对象；时效部分应增加侵害知识产权时效期间计算的特别规定。第二，亲属编应当增加关于知识产权作为夫妻共同财产的特殊规定，规定不仅夫妻关系存续期间的知识产权收益属于夫妻共同财产；而且，在夫妻关系存继期间取得的知识产权，在离婚后一定期间内取得的收益，应当在作者与原配偶之间进行分配。以此体现对配偶为家务所做贡献的补偿，并制止规避法律的行为。第三，继承编中应有知识产权作为遗产继承的特殊规定，主要是对著作权的继承作出专门规定。第四，在物权编中，规定知识产权质权。第五，在债权编中规定知识产权合同，主要增加对著作权许可使用合同和转让合同以及商标许可使用和转让合同的规定。第六，在侵权行为编中，应当增加对知识产权侵权行为的特殊规定，如知识产权侵权损害赔偿额的计算方法等。这些内容主要体现知识产权"特有的两面性"问题（即知识产权保护既有适用民法一般原则的一面，又有不适用的一面）[①]，尤其是将不适用民法典中有关规定的一面强调出来，这有利于在实践中准确地理解和适用法律。至于民法典其他编章中知识产权的规定是否设立为单独的章节，取决于该部分知识产权有关规定的特殊性程度。

知识产权与民法典其他各部分的协调是一项复杂的工作。在链接模式中，只需要将民法典与知识产权法作简单连接，立法者不必在协调知识产权制度与民法典的关系上花费心思，立法成本更低。但是，正是通过透析知识产权与民法典各部分的关系，可以使知识产权制度与民法典各组成部分有机地衔接起来，使知识产权融入民法典体系，加强民法典对知识产权法的原则指导和逻辑支持作用，同时，促进民法典的体系更加合理，内容更加完善。在这

---

① 郑成思：《民法典（专家意见稿）知识产权编第一章逐条论述》，载《环球法律评论》2002年秋季号，第37页。

一意义上，双重立法模式较链接式有更大的制度效益。

结论

知识产权是一项重要的民事权利，将知识产权纳入民法典并独立成编是制定21世纪的民法典，完善民事权利体系，发挥民法典作为民事基本法作用的必然要求。

综上所述，在知识产权与民法典关系的几种立法体例中，链接式、纳入式和总分式双重立法模式都各有所长，亦有其短。比较而言，概括式的双重立法模式有更多的优势：在突出知识产权的重要性和更好地协调知识产权与民法典的关系上优于链接式，在保持民法典的纯洁性和稳定性上胜于纳入式，在立法的开放性和低成本上强于知识产权的法典化，在兼顾知识产权单行法自身的完整性和便于法律适用上好于总分式的知识产权编。因此，这一模式是我国构建民法典与知识产权关系的优选模式。

在具体的立法建议上，本文对概括式双重立法模式的基本构想是：在民法典分则中设知识产权编，位置紧随物权编；该编不设总则，主要内容为知识产权权利的一般规定和共同规则；民法典相应编章对知识产权的特殊问题作出原则性规定，民法典外知识产权单行法的基本形态保持不变。限于篇幅及主旨，本文未展开对知识产权编具体条文及立法理由的逐条论述，这些内容将另行撰文进行阐释。

论知识产权与民法典的互动

——以立法形式为分析视角[*]

费安玲[**]

当谈到民法典时，无疑非法典化的英美国家不在本文讨论的视野中。本文撰写的原因在于，我国在 2015 年重新启动民法典编纂的前后直至当前，知识产权与民法典的关系始终处于焦点问题之一。实际上，知识产权制度自其问世始，始终与民法典存在着互动关系。这不仅表现在对知识产权立法形式的讨论上，更体现在民法典对知识产权私权性质的体系判断以及知识产权对民法典内容的充实。那么，当我国进行民法典编纂时，对知识产权是否纳入民法典中以及纳入民法典的法理基础、纳入的路径与方式等，均需要给予认真的思考。笔者认为，纵观知识产权立法与民法典编纂的历史演进，横观不同国家在民法典编纂过程中对知识产权的态度及其立法背景，知识产权与民法典的互动关系是值得我们从理论上加以关注的问题。笔者拟就知识产权与民法典互动的问题从立法形式、立法体系的理念、国际上已有的立法模式、民法典与单行法的"二元"互动结构等方面进行一定的分析，以求教各位同人。

一、萌生于民法典之外：从罗马法的法典化体系要素看近代知识产权立法形式

众所周知，"知识"一词是当今社会中被使用频率较高的词汇之一。知识是人们通过对客观世界的认识、分析和归纳所产生的经验。经验分为积极经验和消极经验，前者是人们通过对客观世界纷繁复杂的现象进行观察、思考而提炼出的成功性质的感受，后者则是失败性质的感受。故而，我们看到

---

[*] 原文载于《陕西师范大学学报》（哲学社会科学版）2017 年第 2 期。
[**] 作者简介：费安玲，中国政法大学法律硕士学院教授，博士研究生导师。

的知识具有如下特质：（1）知识具有主观性，因为知识作为人类对客观世界的认识、分析与归纳的结果而呈现出明显的主观判断的特质；（2）知识具有共享性，因为知识是可以被任何人在任何地点和任何时间，以任何可行方式获得并享用的信息；（3）知识具有非消耗性，因为知识不会由于人类对信息的了解、享用而如同水、食物等可消耗品那样一经使用即消失，故而可被反复使用是知识的又一特质；（4）知识内容具有可变性，因为伴随着人们对客观世界不断产生的新认识、新思考而形成新的知识信息，由此，知识信息库不断为新内容所充实且永不停息。[1]

将对知识信息进行创新并有成果产生的行为有条件地作为权利对象且纳入民法典中的做法，始于1889年的《西班牙民法典》，可惜该民法典所称知识产权并非现代意义的知识产权。1942年《意大利民法典》则是真正地将现代意义的知识产权纳入民法典的立法体系中。

在法国、德国、意大利、西班牙等欧陆国家的语言中，知识产权分别被表述为："Propriété intellectuelle"（法语）、"Geistiges Eigentum"（德语）、"Proprietá intellettuale"（意大利语）、"Propiedad intelectual"（西班牙语）。这些国家在"知识产权"一词的表达中均采纳了"所有权 + 知识"或"知识 + 所有权"的表述方法。它意味着不同语言国家的立法在这样一个重要的问题上基本形成共识：人们可以因对知识的创造或创作或因对知识的创新性运用而获得由自己支配的财产。

在与知识产权形成密切互动的1889年《西班牙民法典》和1942年《意大利民法典》问世之前，知识产权立法形式完全游离于民法典之外。如果我们认真观察近现代民法法典化的演进轨迹，可以发现近现代民法典的出现实质上渊源于罗马法的法典化思维。故而，我们对知识产权与民法典的互动之讨论应当从罗马法的法典化初萌状态及其体系要素入手进行必要的分析，以此来揭示出知识产权立法形式为何在其产生的早期游离于民法典之外。

（一）源于罗马法的法典化初萌状态及其体系要素

其一，罗马法中的"法典"之规范汇编特质。罗马法中"法典"（拉丁文 Codex）一词，历经数个世纪的演进，由最初仅指用羊皮纸折叠缝制的"书"而演进为限定用于法学家们将皇帝们的谕令编纂成册的汇编集。当皇帝们的谕令被按照编、章并以时间为序汇编为"法典"时，该"法典"即具有了将规范性的皇帝谕令加以系统整合汇编的特质。

其二，罗马社会法典编纂活动的渐进。最初编辑完成的皇帝谕令汇编被称为"艾尔莫塞尼亚诺法典"（Codice Ermogeniano）和"格莱高利亚诺法典"（Codice Gregoriano）。但其内容相当简陋和粗线条。至共和国末年，著名的罗马国家统治者鸠里奥·恺撒（Giulio Cesare）构想了一个将"由人民通过的众多法律中筛选出的、最有用的法律规定编辑成民事法律汇编"的计划。[2]虽然最终该计划未能实现，但是却因制定了一些民事法律的一般规则尤其是重新整理了民事诉讼规则，这使得人们看到了通过法典化形式可以给民众带来的了解和运用法律的便利。

公元 2 世纪的法学家们以建构一个简洁、清晰的理论体系并在一些领域中尝试按章节编序的方法将元老院决议、皇帝谕令及法学家们形成共识的见解加以整理、汇编。公元 3—4 世纪的法学家们依照先人编纂的模式，将大量的皇帝谕令、批复等纳入了编章体系内，同时在各编章内部按时间顺序进行编纂。公元 5 世纪，狄奥多西皇帝设计出"完成一部完整、系统的皇帝谕令和法学家著作的官方汇编的庞大计划"，该计划要将"法典"的汇编规范性文件的特质完全固化，这使得"法典"（Codice）一词具有了"完整、系统的法律汇编"的含义。[2] 由皇帝谕令汇编而成的《狄奥多西法典》（Codice teodosiano）就是其典范之一。①

至公元 6 世纪，由优士丁尼皇帝下令编纂的 3 部系统完整的法律汇编——《法典》《学说汇纂》和《法学阶梯》（该 3 部法律汇编亦被总称为"优士丁尼法典"）② 将罗马社会的法典化初萌成果更加完整地展示出来。该法典化的编纂呈现出如下特点：（1）由若干本著作构成；（2）编排有序；（3）法（ius）和法律（lex）及共同认可的习惯在同一层面上相结合；

---

① 《狄奥多西法典》问世于公元 438 年。
② 优士丁尼法典是一部涉及法的各个领域的法典。它在形式上未整编为一部法典，是由 3 部分组成的：《优士丁尼·法典》《优士丁尼·学说汇纂》和《优士丁尼·法学阶梯》。它不是按照学科而是按照收集的内容（宪令或学说）和时间顺序进行分类编排的。优士丁尼法典是一部统一的法律大全。

（4）法律规则及其对规则的理论解释以连贯叙述的方式加以组合；（5）确立以人为核心的立法体系；（6）从术语上统一法律，例如契约、要式表示、动产与不动产、地役权、用益权、居住权、侵害、抗辩权等许多术语；（7）通过将早先出现的诸法典、《学说汇纂》和《法学阶梯》统一，创造了"法典化的法"。[2]

优士丁尼时代的立法不仅构成了罗马法的主要内容，而且也是后世的人们理解"法典"的重要观察对象。19世纪初的《法国民法典》就是在研究罗马法的法典化立法形式的基础上受其启发并加以发展的法典化产物。因此，我们可以说，法典的出现，是罗马社会在其法典化初萌进程中，历经数代法学家们的努力，将盖尤斯所揭示的法之诸渊源①相互融合，渐进形成了一个法律规范相互衔接的较为体系化的法律立法形式。

其三，优士丁尼法典中的《法学阶梯》编纂体系之影响。罗马帝国时期的优士丁尼《法学阶梯》编纂体系受到盖尤斯《法学阶梯》中人法、物法与诉讼法体系的影响并在此基础上又对其加以发展，构成了自己的编纂体系，即：正义与法、人法（人、婚姻、家庭、监护和保佐）；物法（物、要式表示、所有权与他物权、占有时效、继承、契约之债与私犯之债）和诉讼法。②这一编纂体系尤其是其编纂体系的要素构成了后世民法典体系的发展基础。特别是在诸多近现代民法典的编纂要素中，我们可以清晰地寻觅到作为罗马社会的法典编纂要素的人、婚姻、家庭、监护、物、所有权与他物权、继承、债的规则、契约一般规则和各种契约、侵权行为、时效、占有等，例如，《法国民法典》（1804）③、《智利民法典》（1856）④、《意大利民法典》（1865、1942）、《阿根廷民法典》（1871、2015）、《西班牙民法典》（1889）、

---

① 根据盖尤斯的理论，"ius"的法源是由法律、平民大会决议、元老院决议、皇帝谕令、告示、法学家解释构成的。
② 参见费安玲主编的《罗马私法学》（中国政法大学出版社2009年版）对有关该问题的阐述。
③ 1804年《法国民法典》正是在这一模式的启迪下完成的。该法典分为：总则、人、财产、所有权及对所有权的限制、取得所有权的方式（又分为继承取得、债因取得与合同取得）。《法国民法典》的模式对欧洲民法典、北非民法典和1856年的《智利民法典》产生了深远的影响。
④ 1856年《智利民法典》分为：总则；人；财产、所有权、占有、使用和收益；死因取得和赠与；债与合同。它成为拉丁美洲民法典效仿的模式。

《日本民法典》(1896)、《德国民法典》(1900)、《瑞士民法典》(1907)、《巴西民法典》(1917)、《墨西哥民法典》(1932)、《委内瑞拉民法典》(1942)、《希腊民法典》(1946)、《葡萄牙民法典》(1967)、《秘鲁民法典》(1984)、《巴拉圭民法典》(1986)、《荷兰民法典》(1970—1992)、《魁北克民法典》(1994)、《俄罗斯民法典》(2008)① 等。

(二) 知识产权与近代的立法形式

虽然在罗马社会产生了诸多的作品、农业和手工业领域亦有诸多发明创造,虽然在罗马法中强调自然法意义上的自由权②,虽然在罗马法的法典化思维中将物看作是法典体系的要素之一③,虽然罗马社会著名的法学家盖尤斯提出了"物"应当包括有体物和无体物的精辟见解,甚至在罗马社会早期的《十二表法》中出现了当有人所唱歌词中含有侮辱或致人不名誉的内容时应当判处死刑的规定④,但在其法典化初萌的成果中,并未将人们对知识信息的创造性或创作性成果纳入其法典体系要素中。究其原因,这与社会商品经济的发展水平、科学技术的发展水平尤其是人们对知识信息重要性及商品性的认识程度均密切相关。归根到底,知识产权的立法及其形式状态是近代科学技术与商品经济发展到一定阶段的产物[3]。

15—19世纪的近代时期,法典化国家有关知识产权的立法形式突出特点是:著作权规则、专利规则与商标规则分别立法且均游离于民法典之外。

第一,就著作权立法而言,1709年⑤的英国《为鼓励知识创作而授予作者和购买者就其已印刷成册的图书在一定期间内的权利法案》开启了人们对

---

① 《俄罗斯民法典》在1995年至2008年期间分为4部分先后生效,其中第1部分包括第1编总则、第2编所有权和其他物权、第3编债法总则,于1995年1月1日生效;第2部分是第4编债的种类,于1996年3月1日生效;第3部分包括第5编继承法、第6编国际私法,于2002年3月1日生效;第4部分是第7编智力活动成果和个别化手段的权利,于2008年1月1日生效。参见黄道秀译《俄罗斯联邦民法典》(全译本),北京大学出版社2007年版。
② 罗马法原始文献 D.1.5.4pr. 原文译文如下:"自由就是每个人可以做他喜欢做的事情的自然权利,但是那些由于强力或者法所禁止的事情除外。"见弗罗伦丁《法学阶梯》(第9卷)。
③ 罗马法原始文献 D.1.8.2pr. 原文译文如下:"根据自然法,某些物属于一切人所有,某些物属于一个共同体所有,某些物不属于任何人。"见马尔西安《法学阶梯》(第3卷)。
④ 《十二表法》第八表中第一项。
⑤ 对英国该法案问世的时间,有另外一种说法,即德国学者提出英国的该法案不是出现于1709年,而是1770年。参见 M. 雷炳德:《著作权法》,张恩民译,法律出版社2005年版,第19页。

"Copyright"的认识尤其是对"Copyright"性质的思考,如英国人把对版权的确认看作国家对知识创作成果的奖赏与鼓励,而法国人则将著作权看作自然法意义上的与生俱来的权利。故而该法案"成为世界著作权历史上独一无二的大事"[①]。在该法案的启迪下,欧陆法典化国家纷纷出台了著作权立法,如西班牙于1762年制定了保护作者的作品复制权的立法,法国于1791年和1793年出台了有关"文学与艺术所有权"的两部法律,俄国于1830年颁布了保护文学作品著作权的立法,德国于1870年出台了《文字作品、美术、音乐作品与戏剧作品著作权法》[②]。

第二,就专利立法方面,在1474年3月19日,威尼斯王国于1474年制定了世界上第一部《发明保护法》,虽然因其过于简单且当时的社会经济基础过于落后而影响甚微,但它依然反映出对知识信息创造性成果加以保护的初始状态。欧陆法典化国家多于近代制定了本国有关专利保护的单行立法,如法国于1791年、俄国于1814年、荷兰于1817年、西班牙于1820年、德国于1877年先后颁行了专利法。

第三,在商标立法方面,法国不仅首先作出了立法尝试,而且是从对企业立法的角度来保护商标[③],进而形成了1857年的《关于以使用原则和不审查原则为内容的制造标记和商标的法律》,使商标保护形成了相当完善的法律制度。继法国之后,德国于1874年亦制定了商标法。

近代社会中法典化国家有关知识产权的立法,均游离于民法典之外。其根源除了来自罗马法的法典化体系要素中未包含对知识信息创新成果的立法思维的影响外,对知识信息创新成果如何纳入民法典,在法学理论研究深度和立法技术上均存在不足,如知识产权的内涵与外延如何界定?面对知识产权边际的开放性质,如何将其与民法典的立法体系相融合?尤其是知识产权作为无体物如何与以有体物为核心的民法典财产权体系相协调?

---

① 《英国百科全书》第15版"版权法"条,载国家出版局研究室编:《国外出版动态》第17期,第8页。
② 该法于1870年颁布时的名称为《北德意志同盟关于文字作品、美术、音乐作品与戏剧作品著作权法》,1871年德国统一,该法被宣布为德意志帝国的法律。
③ 法国于1803年制定了《关于工厂、制造场所和作坊的法律》,其中将假冒他人商标行为视为私自伪造文件罪给予制裁。

二、衍生于民法典私权理念之内：知识产权的私权体系定位

尽管知识产权的出现较晚且其产生之初便以游离于民法典之外为其立法形式特点，但是，当有关知识产权的理论和实践面对"权利"时，源于罗马法的民法典之私权理念就直接引导着知识产权的立法制度价值与功能，从而决定着知识产权的立法体系定位。

（一）源自罗马法的私权理念

公元前4世纪，罗马人创造性地以"ius"一词来表达对"权利"的认识，赋予其丰富的理性内涵。[1]拉丁文"ius"一词，来源于"iustitia"（正义）。"法"与"权利"用同一个词表达，其魅力在于它的理念内涵。从法学理性上分析，它意味着法律的目的是确定和保护权利。在欧洲大陆国家的法学作品中，将这种同一个词既表达为"法"，又表达为"权利"的现象，在理论上将其称为"客观上是法，主观上是权利"的现象。当"ius"被理解为"法"时，它体现着"法是善良和公正的艺术"①，它"给每个人以应有权利的稳定而永恒的意志"②，同时它告诉人们："法的准则是：诚实生活，不害他人，让每个人获得其应得的部分。"③当"ius"被理解为"权利"时，法律不仅确认人们享有一系列的按照自己意愿从事活动的行为可能性与行为范围，如按照自己的意愿对有体物实施利用、转让等行为（即享有对有体物的所有权）、按照自己的意志与他人缔结契约关系（即享有对他人不履行义务的合同债权），与此同时，针对客观存在的但是可能未被人们意识到的权利，法律亦强调"哪里有权利，哪里就要给予救济"（拉丁文："ubi ius ibi remedium"）。

私权的出现源自罗马人以法律保护的对象为划分标准而形成的公法与私法理论。"公法是有关罗马国家稳定的法，私法是涉及个人利益的法。"④ 罗马人一方面依然将涉及国家管理机构、公共财产管理、宗教事务和机构等国家利益作为"绝对规范"赋予其无条件遵守的强制性。另一方面，则加强了

---

① 罗马法原始文献，D.1, 1, 1pr.。
② 罗马法原始文献，D.1, 1, 10 pr.。
③ 罗马法原始文献，D.1, 1, 10。
④ 罗马法原始文献，D.1, 1, 1, 2。

对个人利益确认和保护。将凡"造福于私人"① 的、调整私人之间关系的法律纳入私法范畴。故而，源自罗马法的私权理念是从制度规范上确立私主体对其行为进行选择的可行性、意愿性、合法性和自然法属性[4]。进一步深究之，该理念的核心就是在法典化思维中以"人"为核心、以权利为主线的体系编纂思路。法典化的体系全部围绕着"人"而展开：人的自然属性和法律属性的确认即人的权利能力和行为能力、人的权利和义务、人与人之间债的关系，人与财产之间的取得、使用、收益及财产救济的关系等。根据斯奇巴尼教授的分析，在罗马帝国发展的过程中，出现过以人为本并且人人平等的时期。在以人为本的理念指引下，在罗马帝国内的自由人之间不再有任何区别，全体自由人均享有平等的权利。[2]

(二) 知识产权的私权性定位

民法典所确认的源自罗马法的私权理念之所以能够贯穿于以著作权、专利权、商标权为主要内容的知识产权之中，与对权利及其主体的理解密切相关。对私主体享有的权利，德国哲学家康德有一个很好的诠释："可以理解权利为全部条件，根据这些条件，任何人的有意识的行为，按照一条普遍的自由法则，确实能够和其他人的有意识的行为相协调。"[5]在康德的解释中，我们可以看到权利实际上包含3个要素，即主体的意愿、行为和自由。在一定程度上，我们可以说权利所包含的这3个要素同时就是民法典应当确立的立法基准线，即在未违背禁止性或强制性规则的前提下，任何主体均有通过自己或与他人协调而实现自己意愿的自由。如果我们观察知识产权中的著作权、专利权、商标权等主要权利，它们完全体现出康德所描述的权利的"全部条件"：当主体按照自己的意愿，通过自己的自由创作或创造行为产生出成果时，该主体对其成果及所生利益享有控制、使用、获益的权利，其中亦包括权利主体与他人进行合作与交易的自由和获取相应的利益。因此，自从以著作权、专利权、商标权为主要内容的知识产权出现在法学理论和立法活动中，在法典化的国家中，虽然多数国家在自己的民法典中未将知识产权纳入其中，但对知识产权的私权属性并无太多争议。在我国，《民法通则》将

---

① 罗马法原始文献，D.1, 1, 1, 2。

知识产权纳入"民事权利"体系中加以规定的做法同样具有立法的前沿性，它彰示出我国立法对知识产权的最新研究成果的关注与吸收。

在研究知识产权的过程中，我们需要注意一种现象：知识产权作为法定权利中的一部分，其在立法内存续的时间要比所有权、债权等已存续两千余年的权利制度"年轻"了许多，且由于知识产权多与科学技术的出现和变化紧密相关而使其被有意无意地罩上了一层"技术外衣"。因此，在知识产权理论界有一些学者总在强调知识产权与所谓"传统民法"的不同。殊不知，不仅"现代民法"的制度理念、制度规则绝大多数均是源于久远的"传统民法"，甚至"现代民法"中大量的制度规范亦与"传统民法"无异，而且当我们在讨论知识产权的主体（自然人、法人、非法人团体）时，当我们在讨论知识产权所涉客体的无体物属性时，当我们在讨论知识产权的财产利益性时，当我们在讨论知识产权人对其创新知识信息的使用权、许可他人使用权、对价获得权、最终支配权时，当我们讨论以契约形式利用知识信息成果时，当我们讨论知识产权人遭到侵权而应得救济时，知识产权制度真的与所谓的"传统民法"相距那么遥远吗？"传统民法制度"与"现代知识产权制度"的科学划分依据真正存在吗？技术变化带来的挑战是否为真正的法律上的挑战？显然，上述问题的最终答案均是否定性的。也就是说，上述问题实际上都是伪命题。

德国著名学者萨维尼曾经说过："法学家应当具有两种不可或缺之素养，此即历史素养，以确凿把握每一时代与每一法律形式的特性；系统眼光，在与事物整体的紧密联系与合作中，即是说，仅在真实而自然的关系中，省察每一概念和规则。"[6]法学家具有历史素养旨在强调其应当在观察、分析法律的历史演进中去认识当代立法与法学的使命，而系统视野的素养可使法学家具有系统化思考问题的能力，能够从每一个概念和每一个规则来看它与法律整体的关系和契合。就认识知识产权的私权性及体系定位而言，这两个素养极为重要。

三、纳入民法典中的立法模式：知识产权与民法典的紧密契合

20 世纪以后出现的民法典，在处理知识产权立法的方式上，出现了新的

立法模式，即把知识产权的内容纳入民法典中，如《西班牙民法典》《意大利民法典》《俄罗斯民法典》。实际上，知识产权立法形式如何与民法典相互衔接一直在困扰着法典化国家。近现代民法理论虽然将知识产权纳入私权体系范畴，但在立法上则多采用知识产权单独立法的模式，甚至将知识产权的相关规则编纂为独立的法典，如法国的《知识产权法典》，仅有西班牙、意大利、俄罗斯等若干国家将知识产权的内容纳入民法典，且各自的方式亦有较大差别。

笔者在研究知识产权与民法典的关系过程中，注意到阿根廷于2015年颁行了《阿根廷民商法典》，这是迄今为止在全球范围内最新的一部民法典。笔者曾经就知识产权与民法典的关系问题，与2015年《阿根廷民商法典》起草委员会成员阿依达·科迈尔玛杰尔·德·卡路奇（Aida Kemelmajer de Carlucci）教授进行了讨论。阿依达·科迈尔玛杰尔·德·卡路奇教授对知识产权内容没有出现在2015年《阿根廷民商法典》作出了如下解释："在制定《阿根廷民商法典》时，起草委员会经过讨论，认为知识产权虽然是民商法典确认的权利体系的一部分，但是考虑到知识产权与技术发展密切相关，尤其近些年来受到网络发展的影响很大，在立法技术上需要特别考虑，故而没有将知识产权的内容放置在民商法典内，而是作为民商法典的特别法加以规定。不过，2015年《阿根廷民商法典》将知识产权完全放置在法典之外的安排并非肯定是最佳选择。鉴于知识产权的财产性、知识产权利用的可契约性以及民法对知识产权保护与对其他财产保护的相同性，应当将有关知识产权的共性化的内容放在民商法典作为一般规则加以规定，单行法则通过详细内容将这些一般规则加以具体化。"[①] 她所说的立法方式，在一些国家的立法中已经存在，这也是笔者在本文中要分析的内容之一。

从一定程度上而言，当人们对知识产权与民法典作出紧密契合的尝试时，知识产权与民法典的互动就走向了一个更高的平台，因为处理知识产权与民法典关系的过程不仅是法学理论界和法律实务界对知识产权的私权属性不断

---

① 阿依达·科迈尔玛杰尔·德·卡路奇（Aida Kemelmajer de Carlucci）教授的表述系她与笔者通过 WhatsApp 进行交谈的内容。

认知且走向深化的过程，也是知识产权令民法典内容不断充实的过程。为此，我们不妨对西班牙、意大利、俄罗斯民法典中有关知识产权立法的内容进行一下解剖式的观察与分析。

(一) 知识产权即著作权的纳入：西班牙模式①

在1889年的《西班牙民法典》中出现了"知识产权"被单设一章的立法体例。在该法典第2编"财产、所有权及其分类"的第2章"知识产权"题目下，其第428条规定："文学、科技、艺术作品的创作者有自由使用和处置其作品的权利。"其第429条规定："知识产权相关法规对权利人、权利实施形式、权利期限等作出规定。特别法没有规定的，适用本法典关于所有权的一般规则。"如果将《西班牙民法典》的立法结构、"知识产权"一章在民法典中所处位置及该法典第428条和第429条的内容结合起来加以观察，《西班牙民法典》中知识产权与民法典的契合模式有如下特点：第一，民法典中的知识产权仅包括著作权。该法典第428条是对知识产权的解释性条款，但其中并未出现有关专利权、商标权等内容。由此可知，《西班牙民法典》中的知识产权并非现代意义的知识产权，其仅指著作权。第二，将知识产权作为财产的一部分。在《西班牙民法典》中，第2卷为"财产、所有权及其分类"。财产被分为不动产与动产。知识产权与水、矿产并列，作为所有权的特殊物被加以规定，这样的规定构成了第429条"知识产权……特别法没有规定的，适用本法典关于所有权的一般规则"的立法基础。

《西班牙民法典》的立法成果无疑应当是西班牙法学界研究成果的体现，因资料所限，笔者尚无法判断这是否受到当时法国的法学研究及立法影响，但至少与19世纪下半叶法国对"知识产权"的研究与定位相当吻合。"知识产权"(Propriété intellectuelle) 在法语中的使用最早可追溯到19世纪，但是最初的含义与现代知识产权相距甚远。在19世纪的法国，著作权 (Droit d'auteur) 被冠以"文学所有权"(Propriété littéraire) 的表述，"知识产权"一

---

① 该部分的研究得到西班牙著名律师季奕鸿先生、留学于法国的李琳博士的热情帮助，特此致谢。

词也主要在这个意义上使用①。19 世纪 40 年代的一些法国学者主张应当将专利权和商标权也纳入"知识产权"中以构建起一个广义的"知识产权"概念②，但直到 1898 年法国学者 J. F. 伊赛林艾斯林（J. F. Iselin）将"工业产权"（Propriété industrielle）的概念引入了法语，法国的"知识产权"才逐渐有了两部分含义，即"文学和艺术所有权"（Propriété littéraire et artistique）和"工业产权"（Propriété industrielle，亦翻译为"工业所有权"）。"文学和艺术所有权"包括著作权和邻接权；"工业产权"包括专利、商标、商号、原产地标志、植物新品种、实用新型与外观设计专利。这也是目前法国《知识产权法典》（Code de la propriété intellectuelle）中的体系。

（二）著作权与工业产权一般规则的纳入：意大利模式

意大利现行的民法典生效于 1942 年，其被欧洲法学界誉为欧洲第二代民法典。1924—1936 年，《意大利民法典》起草委员会按照人与家庭、继承、物法、债的体系，先后完成了民法典的 4 编内容并听取学者、法官、律师们的意见。但议会于 1939 年对民法典的编纂作出了新决定，认为民法典不仅要有继受于罗马法的人、家庭、继承、所有权和他物权、债等内容，而且应当适应社会对民法典的要求，要将其他国家法典化的成果和新的研究成果纳入民法典，因此，民法典应当对与民商事主体职业相关的法律关系以及商法内容给予规定③。因此，就出现了第 5 编"劳动"，其包括职业活动规则、企业劳动、自由职业、特殊关系中的辅助性劳动、公司、合作社和相互保险社、企业（含商标内容）、著作权与工业发明权、竞争规则与联合体等。显然，知识产权的内容被放入该编。

《意大利民法典》第 2563 条至第 2601 条规定了有关知识产权的内容，共

---

① 当时已经出现了一些研究"知识产权"的作品，如 Agathon de Potter, de la Propriété Intellectuelle et de la Distinction Entre les Choses Vénales et non vé Nales（Brussels 1863）、J. - T. de Saint - Germain, la Propriété Intellectuelle est un Droit（Paris, E. Dentu 1858）、Frédéric Passy, Victore Modeste & Prosper Paillottet, de La Propriété Intellectuelle：Études（Paris, E. Dentu 1859）等作品，但依然有相当多的学者冠以"知识产权"名称但实际上仅以著作权为研究内容。

② A Short History Of "Intellectual Property" In Relation To Copyright, "A. French" Intellectual Property, p. 1306。

③ 参见意大利司法部的《意大利民法典的说明报告》第 182 页，1942 年 3 月 16 日（Ministero di Grazia e Giustizia：Codice civile - Testo e Relazione Ministeriale, p. 182, 16 marzo 1942）。

计 39 个条文。有关知识产权的规则涉及企业商号和标识、商标、文学和艺术作品著作权、发明专利权、实用新型和外观设计专利、制止不正当竞争等。这意味着 1942 年的《意大利民法典》将 1967 年《建立世界知识产权组织公约》第 2 条有关知识产权的主要内容都纳入进来[①],尽管仅是一般规则的规定。《意大利民法典》中知识产权与民法典的契合模式有如下特点:第一,以主体为主脉络的知识产权规则体系。《意大利民法典》以企业、作者、获得专利的主体、可能参与竞争的主体等不同外延的主体为主脉络,架构了商号和商事标识权、商标权、著作权、专利权、反不正当竞争权等知识产权体系内容。体现出以人为本位的设权思维。第二,"一般规则"的立法技术。《意大利民法典》对知识产权内容规定范围较广,但有关详细规定的内容则交给单行立法去解决,这种"二元化"立法技术从一定角度上引领了 20 世纪欧洲国家民法典解构的运动。

我们可以通过下列具体分析来考察《意大利民法典》对知识产权内容以一般规则的方式所展示出的广度。(1) 对商号和商事标识的规定,包括商号权的界定、商号的变更、商号的转让、商号的登记以及商事标识适用于商号相关规则的规定。(2) 对商标的规定,包括商标的排他权性质、未注册商标的先行使用、联合商标、摘除商标的禁止、商标的转让以及商标的注册、转让商标的注册及其效力由特别法规定等内容。(3) 对著作权的规定,包括著作权的客体、著作权的取得、权利内容、设计图作者与翻译者和表演者的权利、著作权主体、作品使用权的转让、收回作品及权利行使与存续期由特别法规定的内容。(4) 对专利权的规定,包括发明、实用新型和外观设计专利的界定、专利权的取得、专利权的排他权性质、专利的客体、在他人专利上派生的专利、权利主体、权利的转让、雇员的发明以及有关授予专利的条件、方式、专利权的行使及存续期由特别法规定的内容。(5) 对反不正当竞争权的规定,包括竞争的法律限制、限制竞争的书面约定、垄断情况下的强制缔

---

① 《建立世界知识产权组织公约》第 2 条对知识产权给予了列举式解释:"知识产权包括有关下列各项:文学艺术和科学作品、表演艺术家、录音和广播的演出、在人类一切活动领域内的发明、科学发现、外观设计、商标、服务标记、商号名称和牌号、制止不正当竞争以及在工业、科学、文学或艺术领域内其他一切来自知识活动的权利。"

约义务、不正当竞争行为的判断与制裁、不正当竞争行为人的损害赔偿责任、行业协会的诉权等内容。

综上,《意大利民法典》与知识产权在立法形式上的互动,系通过民法典中规定知识产权的一般规则,而单行法将著作权、工业产权的法律规则进行细化的"二元式"立法方式获得实现。

(三)知识产权完整的纳入:俄罗斯模式

《俄罗斯民法典》与知识产权的契合,是迄今为止最为彻底地将知识产权完全嵌入民法典中的立法模式。在1964年的《苏俄民法典》中,如同《意大利民法典》一样,对知识产权的内容以一般规则的方式作出规定。但是,2006年颁布、2008年生效的《俄罗斯民法典》在废除了6部有关知识产权的单行立法后,将知识产权的全部内容完整地纳入民法典中,构成了第17编"智力活动成果和个别化手段的权利",其对有关智力活动成果和个别化手段的权利的一般规则、著作权、专利权、育种成果权、集成电路布图设计权、技术秘密权、商号权、商标和服务标志权、商品地理标志权以及统一技术中的智力活动成果权等[①]内容给予了详细的规定,共计346个条文。虽然1996年生效的《越南民法典》也进行了知识产权完全放入民法典的尝试,但是,其在内容的充分程度、规则的详尽程度以及与民法典的其他内容的协调上,均与《俄罗斯民法典》有较大差距。

《俄罗斯民法典》中知识产权与民法典的契合模式有如下特点:

第一,民法典总则与知识产权编在体系上相互呼应。《俄罗斯民法典》总则将知识产权纳入其中,为后续规则奠定基础。而体现知识产权具体内容的"智力活动成果和个别化手段的权利"一编,则通过一系列具体化内容将知识产权完全丰满起来。这一立法现象的法理值得我们关注,在莫斯科大学苏哈诺夫教授主编的《俄罗斯民法》一书中,我们看到这样的分析:在不足100年前,民法调整财产关系的手段基本仅限于物权法和债法制度,他们是

---

① 《俄罗斯民法典》第1542条对"统一技术"的解释是:"指以客观形式表现出来的,以某种结合的方式包含依照本编的工作应当受到保护的发明、实用新型或外观设计、电子计算机程序或其他智力活动成果并可能成为民用或军事领域内一定实践活动的工艺基础的科学技术活动成果(统一技术)。"见黄道秀译:《俄罗斯联邦民法典》,北京大学出版社2007年版,第557页。

民法的两个分支，但是，由于当代经济（财产）流转的蓬勃发展和复杂化，民法调整的对象亦相应地发展和复杂化，这首先涉及智力创作成果和商品及商品生产者个别化手段的使用。智力创作成果和商品及商品生产者个别化在市场中具有了完全具体的价值，因而成了商品。有这些客体的非物质化，也就不可能采用通常方式进行转让（例如，"出卖"构成发明内容的技术思想，因为"所出卖的"思想毕竟仍然留在发明人的脑子中），它们不能取得类似于普通物的法律待遇。所以，它们的使用需要特殊的法律制度，即通过承认相应非物质客体的创造者或载体享有特殊的权利即专属权来达到的。这些制度确认特殊的、就其法律性质而言是绝对的财产权（民事权利）归作者（创造者、权利人）所有，从而保护他们的利益不受任何侵害。这样一来，因使用智力创作成果和商品及商品生产者个别化而产生的财产关系，不仅成为民法调整的对象，而且正在成为专属权（智力权利、知识产权）这一民法独立分支出现和发展的基础。在这种情况下，这样的财产关系保留了民法调整的财产关系的全部基本特征。[7]

第二，知识产权内容全部纳入民法典。《俄罗斯民法典》专为知识产权设计了一编，即第17编"智力活动成果和个别化手段的权利"，同时废止了6部原有的知识产权单行立法，另有与知识产权相关的10个立法令或立法修改令亦同时废止。将知识产权的内容全部纳入民法典，这是俄罗斯立法者按照物权内容全部进入物权编、合同之债与侵权之债以及其他债的内容全部纳入债编的思路来设计知识产权编。应当说这是一个很理想化的立法方案，俄罗斯立法者将其付诸了实践。但是，社会经济生活的复杂性实际上令民法典的立法难以达到"一典全包"的目的，根据社会经济发展的需要，民法典的相对固化可能难以适用立法要根据社会需要而进行微调等必要修改的需要，而法官审理案件需要法律有一定的体现"个别正义"的修订性规则。因为"个别正义"的需求通过纠正性的立法措施可以渗透到法律体系中，以此来缓和民法典内容的僵化。①

---

① 此处借鉴了意大利私法学家 F. 布斯奈里教授的观点。见 F. 布斯奈里：《意大利的私法体系之概观》，载隆波里等：《意大利法概要》，薛军译，中国法制出版社2007年版，第183页。

第三，独特的知识产权内容体系。《俄罗斯民法典》对《苏俄民法典》有关知识产权的内容给予了较大调整和充实，形成了既不同于《成立世界知识产权组织公约》第 2 条建议的知识产权内容体系，亦不同于意大利、西班牙等将知识产权纳入民法典的其他国家所确认的知识产权体系。《俄罗斯民法典》所确认的知识产权内容体系由一般规则、著作权、专利权、育种成果权、集成电路布图设计权、技术秘密权、商号权、商标和服务标志权、商品地理标志权以及统一技术中的智力活动成果等构成。按照本国经济发展的状况，结合本国文化、历史和对知识产权的理解而形成自己的知识产权内容体系，这应当是法典化国家在知识产权立法上的未来方向。

四、构建民法典的"二元"立法结构：民法典中的知识产权一般规则与单行法分置并存

知识产权与民法典的互动，不仅需要揭示知识产权的私权属性，不仅需要将知识产权的最新研究成果充实进民法典中，而且需要在立法上设计出一个架构和谐、逻辑严谨的体系。就我国民法典编纂体系中是否应当包括知识产权，我国法学理论界和司法实务界的意见众说纷纭。对我国民法典编纂而言，是否将知识产权纳入民法典是一个"战略问题"，而如何纳入民法典是一个"战术问题"。"战略问题"解决的是立法大方向问题，而"战术问题"解决的是则是立法技术问题。

（一）独立于或纳入民法典：一个无法回避的问题

就立法的战略思考而言，如何处理知识产权与民法典的关系[1]，"独立说"和"纳入说"针锋相对。"独立说"主张知识产权应当独立于民法典之外[2]。该观点以《法国民法典》《德国民法典》作为范式法典，认为这些国家的专利法、商标法、著作权法等法律规范都是以单行立法的形式出现而未编

---

[1] 笔者在《论我国民法典编纂活动中的四个关系》（载《法制与社会发展》2015 年第 5 期）阐述了自己的一些思考。

[2] 参见吴汉东：《知识产权制度不宜编入我国民法典》（搜狐网，2002 - 09 - 29，http://news.sohu.com/21/49/news203444921.shtml），但后来吴教授的观点发生了扭转，认为知识产权应当纳入民法典中；郑成思教授在中国政法大学民商经济法学院举办的"民法典论坛"上的发言，见王家福、郑成思、费宗祎：《物权法、知识产权和中国民法典》，中国法学网，2002 - 11 - 26，http://www.iolaw.org.cn/showNews.asp? id = 2295。

入民法典，其主要原因在于：其一，无形财产具有不同于有形财产的性质，故无形财产不能与有形财产置于同一法律体系而只能置于一系列独立的、不同的体系，且无形财产存在于一定期间内。其二，现有的民事立法技术使得立法者很难像构建物权体系那样，将专利权、著作权、商标权等整合成为一个概括和统一的知识产权体系。其三，虽然某些大陆法系国家尝试将知识产权制度纳入其民法典内，但由于知识产权的自身特性和立法技术的诸多困难，民法典实际上难以将知识产权融入其体系之中。如果是从各类知识产权抽象出共同适用规则和若干重要制度规定在民法典中，但同时保留各专门法。这种方式在一定程度上保留了私权立法的纯洁性与形式美，但其实质意义不大，且在适用中多有不便。

"纳入说"则主张知识产权应当被放置于民法典内，至于纳入的方式可以结合我国法律实践来作出科学安排。该观点的主要思维是：其一，知识产权的私权属性决定了其在民事权利体系中的定位。如果以知识产权有其特殊性而拒绝承认它是民法的组成部分的观点是不能成立的。因为民法中的任何一部分内容均有自己的特殊性，但是在有特殊性的同时又存在着民法性质的共性。其二，20 世纪以来法典化的立法技术更加成熟，将知识产权放置于民法典中并不存在反对纳入民法典的学者所说的立法技术上的严重障碍。[①]

实际上，伴随着我国于 21 世纪初开始的新一轮民法典编纂活动，对知识产权是否纳入民法典的理论讨论亦持续了十数年，不仅越来越多的学者主张知识产权应当纳入民法典，而且原本持"独立说"的学者也在发生观点的变化。[②] 笔者一直认为，将知识产权纳入我国民法典，应当是一个不二的选择。究其原因有以下几点。

首先，在法典化的国家中，知识产权与民法典互动的动力之源，就在于知识产权所具有的私权属性，这使得远迟于物权、债权而产生的知识产权能够在民法法典化的环境中与物权、债权等基本法律制度相互呼应，在保持各

[①] 参见王家福、郑成思、费宗祎：《物权法、知识产权和中国民法典》，中国法学网，2002 - 11 -26，http：//www. iolaw. org. cn/showNews. asp? id =2295。

[②] 诸位读者可以阅读刘春田教授、吴汉东教授、李琛教授、郭禾教授、韦之教授、张平教授、曲三强教授、王迁教授等学者们有关该问题的文章。

自特性的同时又相互融合。

其次,尽管目前我国有关知识产权的立法与物权法、合同法、侵权责任法等一样,都以单行法形式存在,但是与知识产权有关的内容已然与民法的其他制度发生交融,如民事权利体系中列入了知识产权,担保物权制度将知识产权列为质权客体,继承制度中将知识产权纳入遗产范围制度,合同制度中著作权、专利权、商标权等许可合同、权利转让合同与其他诸多的有名合同珠联璧合。我们可以预见到,在已经明确构成未来民法典组成部分的总则编、物权编、债编、继承编(虽然各编名称有可能变化但不影响其核心内容)中,知识产权会与民法典中上述各编继续互动,令民法典上述各编的内容进一步充实。但是,如果我们的民法典编纂像一些学者所主张的那样坚持将有关何为知识产权、其内容、行使、限制等一系列有关知识产权的重要立法内容游离于民法典之外,那么这样的立法体系不是令人感到很奇怪吗?

再次,对公众而言,任何立法都是对公众进行法治教育的重要组成部分。包含知识产权在内的民法典会使公众易于理解知识产权的权利性质、与其他民事权利的逻辑关系、民法对知识产权保护的重要功能及其当然使命,以及对侵权者的刑事责任、行政责任的追究乃系必须以知识产权这一私权遭到侵害为前提的体系化判断。更为重要的是,我国大学法学院有关知识产权的法学教育质量会因此而被提升到一个新的高度。

最后,就立法技术而言,如果在法学理论上已经解决了对知识产权权利属性的认识、对知识产权与民法典互动之动力源的判断,则立法技术的问题不应该成为阻却知识产权纳入民法典的障碍。对该问题,笔者将在后面加以详细阐述。

综上所述,自知识产权出现之始,其与欧陆、拉美和亚洲的大陆法系国家后续不断出现的民法典之间的互动逐渐强化,该互动的渐强不仅表现在大量的知识产权的内容被逐渐融于主体制度、人格权制度、物权制度、债权制度、继承制度等民法典的基本制度中,更是表现在知识产权渐入民法典的立法形式上。因此,我国民法典的编纂需要在如何科学建构含知识产权在内的民法典编纂体系上下足工夫。

(二) 对我国民法典编纂的建议：知识产权存在于民法典和单行法的"二元"立法结构

通过我们在前面对知识产权与民法典紧密契合的不同模式的分析，我们看到知识产权纳入民法典的方式与路径的不同选择。笔者认为，就立法技术而言，一方面，我国目前已颁布的有关知识产权的单行立法及司法解释相当多，其中既包括知识产权的主体、权利内容、权利存续期间等有关权利本身的规则，也包括权利取得的条件、申请、审查、批准、公示等程序规则。如果将这些内容全部放置于民法典中，只能导致民法典规则体系的混乱。另一方面，知识产权单行立法中的许多内容不是知识产权制度所独有的，需要进行梳理并与民法典中其他法律制度相整合，以防止出现立法内容的重复。当知识产权与人格权发生内容重叠时，我们可以将重叠内容放入民法典的人格权部分；有关知识产权主体一般规则的内容无须亦无法作出有别于民法典有关主体规则的独立规则；知识产权许可或转让等合同在一般规则上应当与其他合同一样概莫能外地适用民法典的相关规定而无须单独加以规定；当知识产权人遭到侵权时，其获得救济的规则与路径的一般规则无法摆脱民法典中有关侵权责任的规定，因而亦无须再重复规定。

笔者认为，我们可以考虑对知识产权的立法采取民法典与单行法并置的"二元"立法结构。换言之，我们可以考虑在民法典中设计知识产权一编，对知识产权中著作权、专利权、商标权、技术秘密权、商事标记权、地理标志权等权利类型，知识产权产生的行为依据、权利的具体内容、权利的行使及其限制、合理使用与强制使用等一般性规则加以规定，而相关的具体规则尤其是专利权、商标权产生的程序规则可以放在单行法中加以规定。我们可以借鉴我国已经颁布的不动产登记单行立法的做法。《物权法》规定不动产及其登记的一般规则，而就不动产登记的具体程序则完整地规定在《不动产登记暂行条例》内。倘若我们采取民法典与单行法的"二元"立法结构的立法技术，既可免除在民法典中有关知识产权条款过多的顾虑，又使民法典内有关知识产权的立法能够完整地展示出知识产权的体系，同时在知识产权产生的程序上给公众以清晰的指引并监督相关机构程序合法的依据。

当然，就立法体系而言，与民法典并置的知识产权的单行法具有民法典的"特别法"性质。虽然在单行法中会出现有关权利取得的行政审查程序、对权利行使的行政监管、对权利纠纷的行政解决路径等内容，但由于这些"特别法"内容依然属于对作为私权的知识产权的确认和保护制度体系范畴内，依然属于民法权利体系规则的下位阶立法，故而"特别法"本身没有独立于民法之外的可能。按照德国学者梅迪库斯教授的理论，该特别法依然是一种"特别私法"，其与民法之间的划界缺少一种必要的、体系上的理由[8]。

在实施知识产权立法的民法典与单行法"二元"立法结构过程中，我们需要关注以下两个问题：

第一，民法典与单行法的协调。知识产权立法的民法典与单行法并置的"二元结构"决定了对知识产权内容的纳入既需要民法典内部的协调，亦需要民法典与单行法的协调。就民法典本身而言，一方面民法典总则要将知识产权纳入权利客体，另一方面民法典的物权、债编等各编应当分别将知识产权质权、知识产权合同、知识产权遭到侵权的法律责任等内容纳入相应规则内。而民法典与单行法的协调，我们在前面已经讨论过，此不再赘述。民法典与单行法对知识产权的协调，不仅能够体现出法律对权利主体的尊重与保护，而且使知识产权人能够获得"私法自治给个人提供一种受法律保护的自由，使个人获得自主决定的可能性"[8]。

第二，知识产权边际的重置。30年前，我国《民法通则》将发明权、发现权规定在知识产权的权利类型中，但这样的权利本身是否具有知识产权的属性，或者换言之，这样的权利是否可以为专利权、技术秘密权等所吸收，是值得考虑的问题。此外，一些过去没有被关注或关注不足的权利如商事标志权、动植物育种成果权等是否应当纳入我国知识产权的体系也是需要进一步考虑的问题。总之，我国立法应当将知识产权的边际加以调整，应当吸收知识产权理论研究的最新成果。

综上所述，无论是从知识产权与民法典互动的历史来俯视两者的关系，还是从20世纪以来知识产权民法典化的状态来审视两者的关系，我们都可以发现知识产权与民法典有着血水相溶的关系。当我国制定体现21世纪社会发展特点的民法典时，我们应当根据民法典的功能、知识产权的私权属性、现代立法的私权体系化以及立法的制度价值判断和体系逻辑，进一步推进知识产权与民法典的理性和科学的互动。

参考文献

[1] 费安玲. 知识产权法原理 [M]. 北京：中国政法大学出版社，2007.

[2] 桑德罗·斯奇巴尼. 斯奇巴尼教授文集 [M]. 费安玲，译. 北京：中国政法大学出版社，2009.

[3] 吴汉东. 民法法典化运动中的知识产权法 [J]. 中国法学，2016 (4).

[4] 费安玲. 著作权权利体系之研究——以原始性利益人为主线的理论探讨 [M]. 武汉：华中科技大学出版社，2011.

[5] 康德. 法的形而上学原理——权利的科学 [M]. 沈叔平，译. 北京：商务印书馆，1991.

[6] 弗里德里希·卡尔·冯·萨维尼. 论立法与法学的当代使命 [M]. 许章润，译. 北京：中国法制出版社，2001.

[7] E.A. 苏哈诺夫. 俄罗斯民法：第1册 [M]. 黄道秀，译. 北京：中国政法大学出版社，2011.

[8] 迪特尔·梅迪库斯. 德国民法总论 [M]. 邵建东，译. 北京：法律出版社，2000.

知识产权在我国立法中的地位有待强化[*]

郭 禾[**]

权利当依法产生。知识产权理当如此。民法作为调整人身关系和财产关系的部门法，自然不应忽视知识产权在财产权中的地位。早在1986年，《民法通则》就在其民事权利一章中以一节的篇幅专门规定知识产权，并将其与所有权、债权，人身权并列①。30年过去了，2017年颁布的《民法总则》中亦就知识产权作出了明确规定②。但是从知识产权在当今社会中的作用和功效看，我国现行法律体系并未给予足够的重视。具体表现在两个方面：第一，《宪法》作为国家的根本大法没有在经济或财产制度中确立知识产权的基本地位，即使是在刚刚通过的宪法修正案中亦未就"知识产权"这类在知识经济或者信息社会中家喻户晓的民事权利作出规定，第二，民法典是市场经济的基本法，我国正在起草的民法典却未能在其中给予知识产权以物权、债权同等的地位，即知识产权未能如物权等民事权利一样在民法典中独立成编。这直接反映出在我国现阶段知识产权尚未得到其在当今社会或现代民事权利体系中应有的地位。这对我国未来经济发展和国力的增强显然是不利的。下面分别就这两方面的问题加以阐述。

一、我国宪法应当确立知识产权在财产权利体系中的地位

知识产权相对于物权、债权等，是一种年轻的财产权类型。早在罗马法时期，盖尤斯就在其《法学阶梯》中有人法、物法、诉讼法的分类，以及在

---

[*] 原文载于《中国发明与专利》2018年第4期。本文为教育部人文社科研究基地重大项目中国专利制度中的理论问题研究（11JJD82003）的成果。

[**] 作者简介：郭禾，法学博士，中国人民大学教授，研究方向：知识产权法。

① 《民法通则》第五章。

② 见《民法总则》第123条。

此基础上发展出债务法和财产法等①。由此推知,物权、债权等作为严格的法律概念至少已有两千多年的历史。相比之下,"知识产权"作为通用词汇出现,已经是18世纪以后的事情②。造成这种现象的原因非常简单,即在工业革命之前,科学技术相对落后致使人类的智力创造作为财产在社会总财富中所占份额非常低,故而没有必要耗费国家的立法资源专门确立知识产权在法律上或者在财产权中的地位。简言之,社会对于保护知识产权的需求尚不迫切,故无须制订知识产权法。

随着科学技术的进步,欧美各国在近代相继颁布有关知识产权的法律。知识产权随即在财产权体系中取得了其相应的地位。更有一些国家直接在宪法中规定知识产权作为民事权利的地位。例如,美国宪法中就直接规定国会有权"为促进知识与实用技术的发展,赋予作者和发明人对其作品和发现在一定期限内享有专有权"③。不论美国当年是出于何种目的④将知识产权规定在宪法中,本人认为基于中国当下的国情,应当在宪法中明确规定知识产权的条款。

现代知识产权制度起源于欧洲。基于大多数西方国家法律制度产生的历史脉络,宪法中是否规定知识产权条款并不会在法律制度的实施中或者法律概念的理解或解释上出现障碍或歧义。因此,并非世界上所有的国家都在宪法中规定了知识产权条款。但对我国而言,宪法中是否规定知识产权条款不仅可能导致知识产权在我国财产权体系中的地位"名不正",还可能产生法律实施中"言不顺"的执法问题。

改革开放之前,我国长期施行计划经济体制,市场经济不发达。因此,专利法、著作权法、商标法等知识产权专门法缺位。直到我国开始向市场经

---

① 皮特·纽曼主编:《新帕尔格雷夫法经济学大辞典》第三卷,法律出版社2003年版,第405页。

② 斯图尔特.班纳:《财产故事》,陈贤凯、许可译.中国政法大学出版社2017年版,第35—36页。

③ 见《美国宪法》第1条第8款第3项。

④ 一般认为,在宪法中规定知识产权条款是为了鼓励创新。但也有另一种解释,即美国宪法中规定知识产权条款是为了限制联邦政府的权力,即联邦政府只能在宪法授予的权力范围内行事,不得染指宪法授权范围之外的事务。李明德:《美国知识产权法》,法律出版社2014年版,第1页。

济转型，为适应国际贸易环境国家开始制定知识产权相关法律①。然而，这些知识产权相关法律的出台并不顺利。由于各种原因，有的一拖再拖，竟从起草到通过，耗费十余年时间；有的甚至因为我们自己对知识产权以及市场经济的基本概念认识不清致使立法工作停滞。例如，专利就曾被解释为"资本主义国家允许私人对创造发明的垄断经营"②，且这种认识曾直接导致专利法起草工作被搁置两年有余③。类似的情况在进入21世纪之后，在我国其他法律的起草工作中仍然有所反映。如我国《物权法》起草过程中，就曾因《物权法（草案）》对不同所有制下的所有权在市场经济下给予同等保护的规定被指责违反了《宪法》④。

《物权法》的起草较之专利法大约晚了二十多年，且市场经济的观念已经为多数国人所接受，总体环境已经完全不同于当年专利法起草时期。有趣的是，在当年起草专利法的时期，反对专利法的理由除了对于国家经济发展的利弊分析外，更多的是从意识形态层面上分析专利法是"姓资"或者"姓社"。没有任何人从违宪的语境提出反对专利制度的意见。究其原因至少有二：第一，改革开放初期大家都严重缺乏法律意识，更缺乏合宪性观念，自然不会从违宪的角度提出异议，第二，不了解专利乃至知识产权的概念，以致无从判断专利制度是否违宪。但今天看来，当年如若有人依照我国1978年《宪法》提出专利制度在机制上违反我国宪法的话，我国《专利法》的起草工作⑤将面临更加困难的处境。到我国《专利法》实施初期⑥，即便1982年《宪法》已经修改了此前条文中计划经济时期的很多提法，但在关于我国的

---

① 我国分别在1982年、1984年、1990年和1993年颁布了《商标法》《专利法》《著作权法》和《反不正当竞争法》。

② 辞海编辑委员会：《辞海》（1979年版）缩印本，上海辞书出版社1979年版，第29页。

③ 汤宗舜：《专利法教程》，法律出版社1987年版，第25页；赵元果：《中国专利法的孕育与诞生》，知识产权出版社2003年版，第171页。

④ 王竹：《〈物权法（草案）〉违宪风波——对"违宪风波"的学术观察与评价》，载于北大法律网法学在线 http://article.chinalawinfo.com/ArticleHtml/Article_36887.shtml，2018年3月3日访问。

⑤ 国家于1980年1月14日批准《关于我国建立专利制度的请示报告》。赵元果：《中国专利法的孕育与诞生》，知识产权出版社2003年版，第54页。

⑥ 我国专利法于1985年4月1日开始施行。见《专利法》第76条。

经济制度问题上也仅仅规定了"中华人民共和国的社会主义经济制度的基础是生产资料的社会主义公有制""社会主义公有制消灭人剥削人的制度,实行各尽所能,按劳分配的原则"①,而没有在宪法中规定"多种分配方式并存"②。很显然,这唯一的分配方式是只承认生产资料公有制的必然结果。而专利制度显然与这一分配原则存在冲突,即专利制度乃至整个知识产权制度中的财产的分配并不遵从按劳分配的原则。

早在专利法诞生初期,欧洲的法学家们解释专利权乃至知识产权的正当性时,多采用洛克的劳动创造财产的假说,并以此为基础将知识产权视作自然权利。这种解释正好顺应了启蒙思想家们提出的"天赋人权"的学说。但在进入20世纪后,这种解释已被各国放弃。因为它无法解释知识产权的排他属性。以专利法为例,如今世界各国专利法中专利权归属都按照先申请制决定,即使美国也在2013年开始施行先申请制。依照先申请制,当"两个以上的申请人分别就同样的发明创造申请专利的,专利权授予最先申请的人"③。在这里,申请人各自都付出了创造性劳动并完成了发明创造。但专利法并不是按照各自都付出了劳动来决定其劳动成果的归属,而是按照他们申请专利的时间先后将专利权授予最早的申请人。在后申请人的劳动在这种规则下将无法得到法律的承认。这直接反映出专利制度的分配机制,不是按劳分配的原则。

如果说先申请制更多地存在于工业产权法之中,未必反映整个知识产权法的全貌,那么,从知识产权法规定的权利产生的相关要求看,按劳分配的原则依旧不适用。应该说,整个知识产权法无处不贯穿着"以成败论英雄"的哲学。通俗地讲,知识产权法的分配是只看最后的结果、不问产生的过程。任何人即使耗费九牛二虎之力,只要没有完成发明或者没有完成其作品,均不可能享有知识产权。法律上发明必须具备实用性、新颖性和创造性,作品

---

① 1982年《宪法》第6条第1款、第2款。
② "国家在社会主义初级阶段,坚持公有制为主体、多种所有制经济共同发展的基本经济制度,坚持按劳分配为主体、多种分配方式并存的分配制度"的规定是在1999年《宪法修正案》中加入的。见《宪法》第6条。
③ 见我国《专利法》第9条第2款。

必须有独创性①，才可能获得专利权或者著作权。在这里，所有这些标准都是事后评判，与创造的过程毫无关系。

另一方面，创造作为一种行为，相对于该行为的特定结果（即智力成果）仅仅发生一次，即只有首次完成成果的行为被叫作创造。此前不管有多少人尝试，无论其耗费的人力、财力有多大均不是分配原则要考虑的因素。不仅如此，由于法律只承认首次完成发明创造的行为，故而导致按照马克思社会平均劳动时间决定商品价值的观点无法适用。即完成发明创造的过程没有社会平均劳动时间，因此，发明创造的价值也不能简单地按照劳动时间来度量。例如，青霉素的发明产生于实验器皿因偶然原因而未能清洗干净。类似的有关偶然发明的故事还有很多。可见，劳动价值论在这里也不适用。

尽管我国现行宪法已经承认多种分配方式，但在财产权产生的理念上，依旧是仅仅承认劳动创造财富的学说。而知识产权的产生不同于其他有体物，并不简单地取决于劳动，即劳动说并不能圆满地解释知识产权的产生。鉴于知识产权作为一种财产权有别于其他因劳动而产生的财产，故而在宪法所确立的国家经济制度中没有产生的依据。作为根本大法的宪法应当就知识产权作出明确规定，否则，知识产权在我国的法律体系中便面临师出无名的尴尬。

二、民法典中设立知识产权编是完善我国社会主义市场经济制度的必然

法学界一直都将民法典称为市场经济的百科全书。在传统民法中，无论是 19 世纪初颁布的《法国民法典》，还是 20 世纪初生效的《德国民法典》，均继承了罗马法中物、债二分的做法，其中《德国民法典》更将物、债独立成编。然而，这些民法发展史中的里程碑无疑均受制于当时的社会经济和技术发展水平，因而都未就知识产权问题作出规定。如今，多数国家的知识产权法仍以单行法的模式列于民法典之外②。然而，世界上所有的国家无不承认知识产权是一种民事权利③。

---

① 见我国《专利法》第 22 条、《著作权法》第 2 条。
② 在进入 21 世纪后，俄罗斯、乌克兰、越南等国已经将知识产权法并入其本国的民法典。
③ 在 WTO《与贸易有关的知识产权协定》序言中，开宗明义要求其成员"承认知识产权是私权"。

党的"十八大"确立了创新驱动发展战略。这意味着我国将进入经济发展模式的转型期。即中国的经济发展将从过去30多年以资源驱动为主的模式转向创新驱动模式。这种转型既是进一步完善我国市场经济内部机制的必然要求，也是我国经济可持续发展的必由之路。过去30多年，我国经济的发展速度令世界瞩目，但我们也在自然资源和环境保护方面付出了沉重的代价。我国在多年前已经成为世界能源消耗的第一大国，但我国的国内生产总值不是世界第一，且总额约只相当于美国的2/3。这种差距直接说明我们利用资源的能力或效率远低于发达国家。缺乏关键、核心技术至少是造成我国总体能源利用率低下的最为重要的原因之一。我国曾经在一段时间实施"以市场换技术"的策略，但收效不佳。近年来，我们也试图以高价收购一些我国经济发展急需的核心技术，但也在很多方面遭到西方国家的抵制。因此，要实现中华民族复兴和腾飞的战略目标只有实施创新驱动发展战略。

知识产权制度作为鼓励创新的底层平台无疑对创新驱动发展战略的实施有着至关重要的支撑作用。民法典作为明晰产权的基本制度，若不对21世纪最为重要的财产形态知识产权——作出回应，显然不符合时代发展趋势。因此，在我国民法典中为知识产权单独设编当为落实创新驱动发展战略的具体举措。

当今世界已经进入知识经济。这是在农业经济和工业经济的基础上发展而来的第三种社会经济形态。同样地，信息社会亦是当下以信息技术，尤其是互联网技术为基础诞生的新型社会模式。在知识经济和信息社会中，知识产权已经成为国家发展和社会竞争最为重要的战略资源。而我国的民事法律制度长期以来一直奉行"民商合一"的体制，这更提升了民法典在社会经济活动中的重要程度。作为21世纪起草的民法典，绝不应当回避知识经济和信息社会中所特有的新问题，理应就作为民事权利之一的知识产权问题给出全面回应，而不是如蜻蜓点水般在《民法总则》中简单地规定一个条款[①]。

事实上，在世界上的一些跨国企业的资产账目中，知识产权作为财产已经超过了其拥有的其他有体财产的份额。在当今全球国际贸易额中，知识产权所占份额也已经超过50%。随着技术的不断进步，知识产权在人类总财富

---

① 见《民法总则》第123条。

中所占比例还将不断提高。在这种状况下，我国民法典依旧沿袭"物债二元"的传统财产划分，完全不能反映中国人对21世纪民法典的贡献。须知，知识产权在不久的将来必将成为最为主要的财产权形态，其在人类财产总额中所占比例也将超过任何其他财产类型。而以调整财产关系为其核心任务的民法，却因为担心知识产权规则复杂而避而不谈，这显然属于"鸵鸟政策"。

大陆法系国家多在19世纪就开始了具有范式意义的民法典的起草和颁行。法典化无疑承袭了古罗马法典化、系统化的立法思维。知识产权法因技术发展到一定阶段才诞生，直到新技术革命方受重视。在制度形式上，知识产权法一直以单行法的形态存在，且受技术进步影响较大，以致有人担心知识产权法进入民法典后可能对民法典的五编或四编结构产生逻辑影响。

但应当看到的是，正是因为知识产权的立法和学术理论诞生或发展较晚，故而其体系和结构的构筑与现代民法基本一致。这为其回归民法大家庭作了底层铺趣，因为二者有着同样的基因。可以肯定的是，21世纪民法系统化、法典化工作的一个最为重要的方向当是将知识产权法律制度吸收到民法典中。另一方面，知识产权法学研究的最新发展正在为民法的进步提供最新的养分。例如，最高人民法院关于网络环境下侵犯人身权的司法解释中就大量吸收了知识产权法中的最新成果。

从世界范围看，20世纪90年代以来知识产权法进入民法典成为大陆法系国家民法典现代化的历史坐标。这其中，有代表性的立法例包括《俄罗斯民法典》《乌克兰民法典》《越南民法典》《蒙古民法典》等。需要说明的是，这些国家同中国一样，都曾经或正在经历转型，因此，对于社会和经济的最新需求反应更为敏感。而西方发达国家则因为其社会经济秩序相对稳定，法律修订尤其是启动民法典这类基本法修订的惰性要比这些国家大得多。因此，不能简单地看待欧洲多数发达国家尚未启动民法典修订的现象。须知在西欧发达国家因其在工业革命的年代已经在制度建设上占尽先机，以致其对既有制度产生了本能的信赖。正是这种惰性致使这些国家在知识经济面前变得步履蹒跚。

至于英美法系国家，因其基于自身的法律传统、文化理念、立法技术等方面的原因，不存在形式上的民法典，也就不存在进入民法典的问题。然而，即使在美英这样典型的判例法国家，知识产权法却一直以成文法的形态存在，无论是版权法、专利法、商标法都是如此。从这种意义上讲，知识产权法的成文法基因似乎是与生俱来的。

民法典是市场经济的基本法。我们为完善市场经济制度而起草民法典。当世界进入了知识经济，中国应当抓住这个"天时"，并充分利用实施创新驱动发展战略的"地利"，在民法典的编纂中以中国智慧实现我们的后发优势，进而对人类民法制度的进步作出我们的贡献。中国的民法典编纂必须抓住这个历史机遇，否则，我们的民法和知识产权法工作者将愧对历史、愧对后人。

三、结语

宪法作为根本大法应当对未来社会的发展方向有引导作用。当下，人们往往引用"中华人民共和国公民有进行科学研究、文学艺术创作和其他文化活动的自由。国家对于从事教育、科学、技术、文学、艺术和其他文化事业的公民的有益于人民的创造性工作，给以鼓励和帮助"[①]的条款作为知识产权的宪法渊源。很显然，这一条款与知识产权之间是存在一定距离的。公民的行为自由和对行为结果的赋权不是一回事，国家对创造性行为的鼓励和帮助的方式并不仅有确立知识产权这一模式。因此，为确立一种与宪法已经确立的传统财产产生方式完全不同的财产，应当在宪法上作出明确规定，非此不足以在法律上确立其地位。而在民法典设立知识产权编则直接影响到知识产权在财产权体系中的地位。"物债二分"的体系已经传承千年。在民法典中为知识产权设编是民法现代化的一个标志。也为矫正中国千年以来流传下来的封建观念，树立市场经济的平等理念奠定了基础。

---

① 《宪法》第47条。

论中国民法典设立知识产权编的必要性[*]

李 琛[**]

是否设立知识产权编,一直是中国民法典制定过程中的争议之一。[①] 民法学者多采否定意见,不仅反映在论文中,也反映在民法学者起草的民法典建议稿中。[②] 在逻辑上,无论是民法学者还是知识产权学者,均承认知识产权是一项民事权利,即使未设知识产权编的民法典建议稿中,也通常会列入若干昭示知识产权之民事属性的条款。例如,全国人大法工委2002年《中华人民共和国民法(草案)》第89条规定:"自然人、法人依法享有知识产权。"随后列举了知识产权的主要类型。中国法学会民法典编纂小组于2015年公布的《中华人民共和国民法典·民法总则专家建议稿》也在"民事客体"一章中规定了"智力成果、商业标记和信息得为民事权利客体"。

一项民事权利不能在民法典中占据独立一编的地位,既然与其权利属性无关,就只能是出于"技术原因"。反对设立知识产权编的观点,无论来自民法学者或是知识产权学者,大体都是基于以下理由:知识产权种类过于庞杂,难以总结出通则;知识产权规范变动不居,会影响民法典的稳定性。[③] 一部民法典的制定,必然会存在大量的技术性困难,但是,只有将设立知识产权编的难度与益处进行比较之后,我们才能得出"是否值得克服技术性难度"的结论。现代社会生活在整体上都是日新月异的,法律的调整也日趋复杂,即使在传统民事权利领域,也不断地面临新的问题。法典化的价值追求

---

[*] 原文载于《苏州大学学报》(法学版)2015年第4期。
[**] 作者简介:李琛,中国人民大学法学院教授,博士研究生导师。
[①] 对此争论比较全面的梳理,参见韦之、彭声:《论知识产权制度纳入未来民法典的理由》,载《电子知识产权》2004年第6期。
[②] 如最有影响力的王利明教授和梁慧星教授分别负责起草的专家建议稿,以及全国人大法工委于2002年公布的《中华人民共和国民法(草案)》,均未设知识产权编。
[③] 胡开忠:《知识产权法与民法典关系论纲》,载《法制与社会发展》2003年第2期。

之一就是法的体系化，体系化的本质是多中求一、以简驭繁，在多变之现象中归纳出不变的规律。所以，越是庞杂、变幻的规范领域，其体系化的价值越高。如果以技术难度为由放弃体系化，则法典化的必要性在整体上都被质疑了。事实上，反对法典化的主要理由与反对设立知识产权编的主要理由基本无异。反对者认为，"自20世纪以来，为适应社会发展，特别立法将许多原本属于民法范围的领域从民法中予以分离和割裂……由于这些特别立法并未遵循或者并未遵循民法典的一般原则和价值理念，故其逐渐成为隔离于民法典体系之外的新的民法形式，有些甚至形成民法之外的新的法律领域（例如，替代雇佣合同的劳工法）。而在许多国家，由于'民法典的修订远不如政府与宪法的更迭变换更容易'，故对于法典外法规的寻求，不得不成为立法机构满足法律改革需求的首选。"[①] 概言之，不外庞杂与变动两大理由。可见，设立知识产权编的技术难度，实为法典化的一般性难度，非知识产权编的特别难度。法典化与非法典化，本就是两种不同的立法模式，在技术上各有利弊。如果技术难度可用于反对知识产权编的设立，自然也可用于反对民法典的制定。如果制定民法典已经成为不再讨论的前提，则应将设立知识产权编的利弊进行充分的权衡方可得出结论，尤其要考察利弊究竟是本质性的、重大的，还是纯技术性的、枝节的。本文认同，与同属知识产权的物权相比，知识产权提炼出通则的难度更大，法国的所谓《知识产权法典》就没有任何的总则性条文。由于知识产权与技术的密切联系，知识产权规范的变动频率也高于物权规范，但这只是影响到知识产权编的具体设计方法（后文专论），其难度是技术性的。而设立知识产权编对民法典基本功能的实现、民法理论的发展、知识产权理论的体系化和知识产权实践的便利，均有着重大的积极意义，其益处是本质性的。以下从三方面论证之。

一、实现民法典的基本功能

毫无疑问，设立知识产权编是否关涉民法典基本功能之实现，是一个本质性的衡量标准。学界普遍认同，民法典的主要功能包括：为市民社会提供权利教科书；实现社会变革；区隔公权与私权。而学界非常看重的形式体系

[①] [美]格伦顿等：《比较法律传统》，米健等译，中国政法大学出版社1993年版，第32页。

化价值，反倒是经常招致争议的理由。"在民法法典化必要性的论证中，法典的体系性、科学性和逻辑性常常被强调，而这些方面恰恰正是法典批评观点攻击的目标。"① 所以，本文选取最有共识的三点价值，来论证它们与知识产权的关系。

（一）权利教科书功能

尹田教授认为，"在法典编纂的各种复杂动机之中，规则的高度体系化和科学化需求通常被过分重视，而法典对于民众心理的巨大影响及对于社会发展的巨大推动力却往往被忽略。"② 民法典以一种直观的方式让民众了解自己可享有的全部私权，以及应当予以尊重的他人的全部私权。知识产权作为一项重要的财产权，当然不应该被忽略。更重要的是，尊重知识产权，恐怕是权利教科书应当昭示的一个重点。对有体财产权的尊重，早已根植于一般的社会道德之中，对物的偷盗，普通民众皆知其非法性。而在我国形成历史较短的尊重知识产权的观念，则远未达到普及的程度。对知识的分享，常常作为一种正面评价而模糊了权利的界限。在互联网时代，传播日益地去专业化，大量分散的个体从事的传播行为，使知识产权的保护成本不断加大。让民众认知知识产权是一项民事权利、是财产权，能够为知识产权的法律保护培育一种良性的社会心理基础。

早在1986年的《民法通则》中，"知识产权"就已经与物权、债权、人身权并列，在"民事权利"一章中独立成节。王家福先生指出，"（知识产权）作为法律制度写到民法典中，中国是第一个。……我国的《民法通则》第一次在民法这一基本法中规定了知识产权，这是《民法通则》具有中国特色的体现。"③ 这一体例不仅在当时通过立法展示了民事权利的完整体系，对于民法和知识产权的学术格局也起到了积极的指导作用。在我国知识产权研究的起步阶段，知识产权法的研究者主要是民法学者，20世纪90年代初的民法教材通常都包含知识产权的专章。在研究生的专业设置中，知识产权是民法学的一个研究方向。如今，知识产权的研究已经越来越游离于民法学之

---

① 尹田：《民法典总则之理论与立法研究》，法律出版社2010年版，第15页。
② 尹田：《民法典总则之理论与立法研究》，法律出版社2010年版，第16页。
③ 顾昂然等：《中华人民共和国民法通则讲座》，中国法制出版社2000年版，第194页。

外，如果民法典设立知识产权编，是对《民法通则》立法传统的继承，既有利于启迪民众认识民事权利的完整体系、认知"知识"的财产属性，也可在形式上提示知识产权法研究应注重体系化、注重与民法的连接，这无论对于普通民众还是对于专业人士，都能起到教科书的作用。

（二）实现社会变革的功能

法语中有一句格言："法典化即变革化"（Codification, c'estmodification）。[①] "一部法典最令人瞩目的特征是它标志着一个新的开端。"[②] 因此，法典的编纂者必须考虑自己所处的历史时期、法典应当反映的时代精神，不可因循守旧。

世界上大多数著名的民法典均诞生于 20 世纪之前，以物权为财产权核心，反映了当时的社会经济现实。20 世纪 80 年代之后，知识产权在社会财富中占据的重要性已经无可争议地超越了物权。在当代市场交易中，知识产权充分渗透到物的交易之中。以一个手机为例，作为物的手机，可能是专利产品，也可能附着了软件与商标。随着商标的普遍使用，除了少数小规模的非工业品交易，几乎没有与知识产权毫无干系的物的交易。"随着经济社会的日趋成熟，国家经济的重点已不再是'物'的制造，而转向'服务'以及如何增加'物'的附加价值，为此知识产权成为世人瞩目的焦点。"[③] 一些晚近制定的民法典，都设立了知识产权编，例如，1942 年《意大利民法典》、1994 年《俄罗斯民法典》（知识产权部分于 2006 年通过）、1995 年《越南民法典》。尽管这些民法典对知识产权的规范技术未必尽如人意，但毕竟反映出法典的时代特征。我国有学者指出：中国民法典应成为 21 世纪民法典的代表之作。[④] 如果中国民法典不反映社会财富结构的重大变化、不反映知识产权在财产权中的地位，则很难成为"代表之作"。"'物'章规定之生活资源，系法国民法、德国民法立法当时社会生活之重要生活资源……然则，因人类

---

① François Terreé, Introduction Générale du droit, Dalloz, 1998, p. 379.
② ［美］艾伦·沃森：《民法法系的演变及形成》，李静冰、姚新华译，中国政法大学出版社 1992 年版，第 170 页。
③ ［日］田村善之：《日本知识产权法》，周超等译，知识产权出版社 2011 年版，第 4 页。
④ 王利明：《中国民法典应成为 21 世纪民法典的代表之作》，载《人民日报》2015 年 5 月 6 日第 17 版。

之努力开发,增添不少重要生活资源。斯此新生之重要生活资源,民法典并未及时修正因应……民法典对于无体财产权该如何定位,相当疏远,原因无他,盖无体财产权乃近世纪以来大力开发渐获重视之生活资源。"[1] 他国民法典对知识产权规范的立法空白和缺陷,恰恰是中国民法典的可为之处,如果望人项背、不敢大胆探索,怎可成为代表之作?

除了"知识经济"这一世界性大背景,从中国民法典制定的国内背景来看,我国正处于经济转型时期,从资源消耗型经济、劳动力密集型经济转向创新型经济,这三种经济形态反映于法律上的权利对象分别是:物、行为与知识。从反映社会变革的需求而言,中国民法典也应该突出知识产权的地位。中国法学会民法典编纂小组起草的《中华人民共和国民法典·民法总则专家建议稿》虽然在"民事客体"一章中给知识产权留了接口,但是把知识产权规定在"其他客体"中,对"物"和"有价证券"则设立了专节,体现的依然是物权中心主义的财产观。如果对知识产权的规范仅止于此,显然难以体现中国民法典的时代精神与变革精神。

(三) 区隔公权与私权

民法典的另一价值在于,以形式化的方式宣示私生活的全部领域,区隔公权力与私权利。"而在当今中国,私权观念日益觉醒,正常的私生活秩序正在重建,私人利益间的冲突与私权利和公权力的对峙愈演愈烈,私生活领域的法律调整需要细致入微的规则,而私人与国家之间的利益平衡则更需要一部弘扬原则与精神的'大宪章'。"[2]

这一功能对于知识产权有特别的意义。因为知识产权的注册程序有行政机关的介入,知识产权的私权属性一直被特殊对待。既存在"知识产权的私权公权化"之类不合逻辑的观点,也有把知识产权注册视为行政授权的误解。再加上我国主管部门立法的传统,借着知识产权保护的名义扩大公权力,一直是中国知识产权制度为人诟病的一面。知识产权行政执法与司法并行的"双轨制",虽然不合国际惯例,依然被作为"中国特色"而宣扬。如果在民

---

[1] 曾世雄:《民法总则之现代与未来》,中国政法大学出版社2001年版,第134页。
[2] 尹田:《民法典总则之理论与立法研究》,法律出版社2010年版,第16页。

法典中设立知识产权编,不仅可以宣示知识产权纯正的民事权利属性,而且在整合民事权利救济时,也有可能剔除与民事权利本性不合的知识产权救济方式,至少对日后公权力的任意扩张构成约束。在2000年前后,我国为了加入世界贸易组织,曾经集中修订知识产权立法,当时剔除了大量与私权本质不合的规定。① 然而,自2008年《专利法》第三次修订之后,强化行政执法的思潮又卷土重来:2011年,国家知识产权局颁布的《关于加强专利行政执法工作的决定》就可见一斑。因此,强调知识产权的私权定位、区隔公权与私权的意义在当下中国尤为重大。

二、推动民法理论与制度的发展

"知识产权是一项特殊的民事权利"之说,常常被作为隔离民法学与知识产权法学的理由。事实上,"社会生活中并不存在一般民事权利,只在理论观念和立法上存在民事权利之一般。"② 如果说以物权和债权为模型抽象出来的某些传统民法理论无法解释知识产权,只能说明该理论尚未真正抽象到"民事权利之一般"的程度。知识产权的"特殊性",昭示着民法体系化的未完结状态,"理论的一般化就是靠碾平特殊性得以前进的"。③ 如果能够借民法典制定之机,使民法学界与知识产权学界充分交流,从知识产权的理论与实务中提炼出可发展为民法一般规则的因素,则可推动民法的发展,也可望使中国民法典在体系化程度上居于时代前列。

民法极有可能自知识产权理论与制度中获取滋养之处,本文略举几例。

(一) 关于法益

曾世雄先生认为,在权利本位的立法传统之下,法益被民事立法忽视。"虽然,法益为民法体制所容纳,唯法益之保护,蛰伏于散在之条文,躲躲藏藏未见正位。探讨法益相关之问题,如入无人之原始蛮荒。来日民法总则修正之时,法益应予切实落籍,包括生活资源界定为法益及法益保护程度诸

---

① 李琛:《论知识产权法的体系化》,北京大学出版社2005年版,第26页。
② 刘春田主编:《知识产权法》,中国人民大学出版社2000年版,第15页。
③ [美] 昂格尔:《现代社会中的法律》,吴玉章、周汉华译,中国政法大学出版社1994年版,第19页。

问题。"① 而广义的知识产权法包括作为绝对权的知识产权制度以及"与知识财产有关的制止不正当竞争",二者的划分正是建立在权利与法益的区别之上。与知识财产有关的反不正当竞争,已经形成了较完备的理论与立法,堪称法益类型化最成熟的领域,最有可能为民法提炼法益理论提供素材。不正当竞争的定义是"违反诚实商业习惯的市场交易行为",与民法的诚实信用原则具有内在的联系。侵权责任法使用的"侵害民事权益"之表述,也为法益的保护留下了解释空间。如果借知识产权编的起草对法益进行梳理与提炼,有望成为中国民法典的创新之处。

(二)关于人格权

因为人格要素是主体不可分离的组成部分,不易被直观地认识为权利的对象,"人格权"的概念出现较晚,而且存在理论争议。自历史观之,著作人格权对于民法人格权的形成有相当重要的启示意义。著作人格权的对象是作品,作品被视为人格的体现,同时又像物一样成为交易的对象,为人格利益独立于物的利益提供了绝好的认识上的机会。"在许多国家的法律中,对人格利益的注重始于对著作权的保护。"② 美国学者布兰代斯等提出隐私权的概念,也是从发表权推导而出的。"这些分析推导出一个结论,即以写作或艺术为表达形式的思想、情绪、感情,法律对它提供的保护含有禁止发表的内容,就此而言,它只是实施更为一般的个人独处权的一个实例。"③ 中国法学会民法典编纂小组起草的《中华人民共和国民法典·民法总则专家建议稿》中规定:"死者的人格利益,依法受法律保护。"相对于《民法通则》而言,这是一个新规定。但在知识产权领域,著作人格权的保护延及作者死后,已有很长的立法史。

人格权中的姓名权、肖像权之对象在形态上是符号,与知识产权的对象类似。有知识产权理论提出所谓的"形象公开权(right of publicity)",即对姓名、肖像、声音等符号型人格要素进行商业性利用的权利。某些人格要素

---

① 曾世雄:《民法总则之现代与未来》,中国政法大学出版社2001年版,第66页。
② 王利明、杨立新主编:《人格权与新闻侵权》,中国方正出版社1995年版,第23页。
③ [美]路易斯·D.布兰代斯等:《隐私权》,宦盛奎译,北京大学出版社2014年版,第17页。

的商业化利用甚至被错误地规定在知识产权法中，例如，《著作权法》规定的"在自己的作品上假冒他人署名"的行为，本质上是对姓名权的侵害。《民法通则》中把"法人名称权"规定在"人身权"部分，但对法人是否具有人格权理论界一直存在争议。如果把法人名称权视为人格权，而作为法人名称的核心——字号一直被认为是知识产权的对象，对法人名称的人身属性和字号的财产属性如何在理论上予以协调？只有把知识产权纳入民法典的整体予以考量，上述体系冲突问题才有望得到梳理与解决。

人格权与知识产权的另一个连接之处在于：以符号（肖像、姓名等）或信息（隐私）为对象的人格权之侵害，如同知识产权之侵害，也与传播技术密切相关。对技术发展回应迅速之知识产权理论与制度，对人格权的保护有诸多参考价值，有些规定可望提炼为民事权利保护通则。例如，《最高人民法院关于审理利用信息网络侵害人身权益民事纠纷案件适用法律若干问题的规定》中对网络服务商的责任规定，显然借鉴了著作权制度中对信息网络传播权的保护规则。

（三）关于权利救济的程序规则与证据规则

因为知识产权的国际协调密切，知识产权救济中确立了一些先进的国际规则，尤其是执法程序方面。《与贸易有关的知识产权协议》的"知识产权的执行"部分，对公平和公正的程序、证据、禁令、赔偿费、临时措施等有详尽的规定，有些规则可以上升为所有民事权利的保护规则。例如，2013年《商标法修正案》第63条第2款规定，"人民法院为确定赔偿数额，在权利人已经尽力举证，而与侵权行为相关的账簿、资料主要由侵权人掌握的情况下，可以责令侵权人提供与侵权行为相关的账簿、资料；侵权人不提供或者提供虚假的账簿、资料的，人民法院可以参考权利人的主张和提供的证据判定赔偿数额。"这一规定源自《与贸易有关的知识产权协议》第43条第2款，其可适用性并不限于知识产权。

（四）关于诉讼时效

最高人民法院的司法解释对知识产权侵害之诉的诉讼时效作出了特别规定。例如，《最高人民法院关于审理著作权民事纠纷案件适用法律若干问题的解释》规定:"侵犯著作权的诉讼时效为两年,自著作权人知道或者应当知道侵权行为之日起计算。权利人超过两年起诉的,如果侵权行为在起诉时仍在持续,在该著作权保护期内,人民法院应当判决被告停止侵权行为;侵权损害赔偿数额应当自权利人向人民法院起诉之日起推算两年计算。"在审理商标权纠纷、专利权纠纷的司法解释中均有类似规定。这一规定在《民法通则》中找不到依据。按此规定,停止侵权的救济实际上不受诉讼时效的约束,学理上可以解释为:停止侵权乃知识产权之支配力回复请求权,类似于物上请求权,物上请求权不适用诉讼时效。如果这一理论成立,"支配力回复请求权不受诉讼时效约束"可以作为总则性规定。

司法解释对知识产权损害赔偿的诉讼时效的特别规定,通说认为建立在"持续性侵权"的理论之上。该理论认为,如果侵权行为持续发生,可视为不断地产生新的侵权行为,每次侵权行为的实施都可以产生新的时效起算点。因此,两年以内的侵权行为的时效独立于两年以前的侵权行为。如果此理由成立,则知识产权司法解释确立的原则可适用于一切持续性侵权。此观点在学界受到质疑[①],而且在实践中削弱了诉讼时效制度促使权利人及时行使权利的功能。知识产权侵害之诉的时效制度未引起民法学者的足够关注与研究。在逻辑上,持续性侵害知识产权的诉讼时效制度或可以适用于一切持续性侵害民事权利的行为,或不合民法原理应予修正。若民法典的诉讼时效规定对此问题不予关注,恐为立法之疏漏。

三、完善知识产权理论、便利知识产权实务

出于发展历史过短、疲于回应技术、国际协调过于密切等原因,知识产权理论的最大缺陷即缺乏体系化。[②] 民法与知识产权法的隔膜,助长了这一弊病。一个学科体系化的标志是其概念与逻辑体系,知识产权理论中的概念与逻辑混乱程度已相当严重,这种乱象形成的主要原因是割裂了与民法理论的联系。试举两例:

[①] 有学者认为持续性侵权仅构成,权利人未在两年诉讼时效期间内起诉的,不应支持损害赔偿请求权。参见姚欢庆:《知识产权上民法理论之运用》,载《浙江社会科学》1999年第5期。

[②] 李琛:《论知识产权法的体系化》,北京大学出版社2005年版,第26页。

（一）把民法理论可以解释的现象当作新问题

妨害预防请求权是物上请求权的类型之一，其目的是保持物权支配力的圆满。根据同一逻辑，为保持支配权的圆满状态，权利人均得主张侵害防止。"理论上言，凡属支配权性质之权利，均具有与物上请求权相关之请求权……"①作为支配权的知识产权也不例外。专利法规定，专利权人可禁止他人未经许可地许诺销售专利产品，理论上称为"许诺销售权"。许诺销售是对英文"offering for sale"的翻译，本意是"为销售而邀约"。制止邀约销售，本质上是对销售权侵害的防止，是源自销售权的侵害防止请求权，并不存在独立的所谓"许诺销售权"。对于有侵害知识产权之虞的行为，知识产权界造了一个概念曰"即发侵权"，并认为"即发侵权"挑战了传统民法理论，因为民法理论中的侵权构成应当包含实际的侵权行为，从而认为侵害知识产权有别于一般的民事侵权。②事实上，"即发侵权"相当于物权理论中的"侵害之虞"，传统民法理论把侵害防止请求权归入物上请求权或准物上请求权，独立于侵权（损害赔偿）请求权，不存在"主张侵害防止也必须以实际侵害发生为前提的问题"。"即发侵权突破民法理论"，是一个伪命题③。

（二）盲目引进冗余概念

根据体系化的思维，体系中有效概念的数量应当最小化，避免概念冗余。近年来，知识产权界从美国法中引入一些所谓的"新概念"，实为冗余概念，既有民法理论早已涵盖。例如避风港规则、红旗规则。所谓"避风港规则"，是指信息网络服务提供者在某些无过错的情形下，只要根据权利人的通知删除侵权内容或停止链接，则不负损害赔偿责任。若以民法的理论术语表述之，即：行为人无过错时，只要停止侵害即可，无须赔偿损失。"避风港"规则是把网络服务提供者的无过错情形进行了立法上的类型化，实为过错责任的具体适用。所谓"红旗规则"，是指侵权事实明显，如同红旗高高飘扬，网络服务提供者

---

① 谢在全：《民法物权论》（上册），中国政法大学出版社1999年版，第40页。
② 孙玉：《即发侵权与知识产权保护》，载中国法院网：http://www.chinacourt.org/article/detail/2002/04/id/2827.shtml，访问时间：2015年6月30日。
③ 对此问题的详细分析，参见李琛：《论知识产权法的体系化》，北京大学出版社2005年版，第113—115页。

则应承担损害赔偿责任。所谓"红旗高高飘扬",不过是对"明知或应知"的通俗表述,依然是过错责任原则的体现。这些比喻式的措辞,在严谨度与抽象度上远不及"过错责任原则"这一概念,至少毫无新意可言。

"间接侵权"是知识产权界追捧的另一个冗余概念。间接侵权是"indirect infringement"的对译。在英美法中,"infringement"是指未经许可地实施了只有知识产权人才可独占实施的权利[①]。某些辅助性侵权行为,在客观上并未实施知识产权,故而称为"间接实施"。但是,中国民法语境下,侵害知识产权是指"未经许可且无法律依据地妨害了他人知识产权的圆满状态",并不限定为"非法实施行为"。只要在法律上,知识产权的妨害可归责于某种行为,该行为即构成侵权,无论该行为体现于非法实施权利或辅助、促成非法实施,这种责任是直接的。就侵权而言,不存在直接与间接之分。有观点认为,区分直接侵权和间接侵权的意义在于归责原则的区分,直接侵权行为实行严格责任,不考虑过错;间接侵权则考虑过错。"过错是直接侵权责任与间接侵权责任的基本分界线。"[②] 所谓严格责任,实际上是指停止侵害的责任,我国知识产权立法明确规定,损害赔偿责任适用过错责任原则,无论"直接侵权"或"间接侵权"皆然。[③] 因为"直接责任"是因非法实施而起,欲回复知识产权的支配力,必须停止非法实施。前文已述,停止侵害是类似于物上请求权的支配力回复请求权,自然无须证明过错。而辅助妨害者(例如网络服务商)在无过错的情况下同样要承担删除内容、停止链接等停止侵害责任,所谓的"间接侵权"责任也并不一概地以过错为前提。可见,"间接侵权"概念的引入并无意义,只要明确停止侵害责任(不要求过错)与损害赔偿责任(过错原则)的适用条件即可。还有观点认为,"间接侵权"不能完全用共同侵权来涵盖[④]。且不论这一观点是否成立,即便如此,

---

[①] Arthur R. Miller and Michael H. Davis, Intellectual Property: Patents, Trademarks, and Copyright, 法律出版社 2004 年英文影印版, 第 340 页。

[②] 孔祥俊:《知识产权保护的新思维》, 中国法制出版社 2013 年版, 第 173 页。

[③] 我国《商标法》第 64 条规定, "销售不知道是侵犯注册商标专用权的商品, 能证明该商品是自己合法取得并说明提供者的, 不承担赔偿责任。"销售侵权商品是"直接侵权", 损害赔偿依然适用过错责任原则。

[④] 孔祥俊:《知识产权保护的新思维》, 中国法制出版社 2013 年版, 第 178 页。

如果一个非直接实施行为与知识产权的妨害有因果关系且法律认为该行为具有可归责性，则该行为也可以构成独立侵权，法理上并无任何障碍，因为侵权行为并不限于实施行为。例如，我国《商标法》规定，伪造商标标识属于侵害商标权的行为。伪造标识不是实施商标权的行为，法律也不要求实际上与他人的实施行为构成共同行为，而是将其直接规定为独立侵权行为。

如果在民法典中设立知识产权编，可以在形式上提示知识产权的体系归属，对知识产权理论的乱象有一定的约束作用。

从实务的角度而言，知识产权实务的难点往往体现在知识产权与民法其他规则的连接处。知识产权专门立法偏重知识产权自身的权利内容，而知识产权的利用规则非常单薄，例如知识产权的许可、转让、共有、质押，这些方面涉及合同、共有、担保等传统的民法规则。在司法实践中，很多知识产权许可与转让纠纷都涉及合同的解释。随着符号型人格要素的财产利用日益增多，知识产权与人格权的纠葛也不断增加，最典型的例子是把他人肖像或姓名注册为商标。一些知识产权疑难案件的解决必须运用民法理论，这也为民法理论的反思提供了经验素材。[①]

知识产权案件的裁判者如果深陷于知识产权的专门制度以及形形色色的"新概念"之中而毫不顾及民法基本理论，往往会误入歧途。例如，有的法官把"避风港规则"误认为归责要件，以为不符合避风港规则的行为就必然构成侵权。从逻辑上分析，不符合立法类型化列举的无过错行为，未必就是过错行为，因为立法类型化无法穷尽无过错的行为。"因此，'避风港'是免责条款……但是不符合或不完全符合其规定的免责条件的，可能承担侵权责任也可能不承担侵权责任，是否承担责任，仍然需要根据侵权责任构成的要件判定，'避风港'本身不具有侵权判定规则的功能和作用。"[②] 再以前述诉讼时效问题为例。有民法学者指出，即便有的侵权请求权不适用诉讼时效，也并不意味着不受任何限制。"在我国民法学说以及民事习惯法上遵循诚实信用

---

① 例如，"乔丹"商标案可以促使法学界重新思考姓名权的本质，姓名权究竟是保护姓名符号，还是保护姓名符号与主体的联系？如果一个符号不是完整的姓名，但公众将该符号指向特定主体，是否侵害姓名权？

② 陈锦川：《著作权审判：原理解读与实务指导》，法律出版社2014年版，第265页。

原则得到认可的失权期间，即可对其发挥限制功能。"① 如果知识产权法官有此意识，不僵化地适用司法解释规定的诉讼时效制度，可以尽量避免个案的不公平结果。总之，在民法典中设立知识产权编，有利于培育裁判机关的体系化思维，使裁判机关和当事人可以更全面地检索法律依据，为实务提供便利。

四、关于知识产权编的立法技术

随着社会生活的日益复杂化，民事立法日趋繁多且经常更新，如何处理民法典与单行法的关系，本就是民法典制定者应予通盘考虑之事，并非知识产权编的特有问题。知识产权之外的民事规范，也不可能统统收纳到民法典之中。"民法典的制定乃基于法典化的理念，即将涉及民众生活的私法关系，在一定原则之下作通盘完整的规范。惟如何贯彻此项理念，不惟于立法技术上甚有困难，并将使民法典过于庞杂，编制体系难以负荷，故不能不在民法典外容许特别民事立法的存在。"② 早有民法学者提出，可把民法典当作一部"原则法"，某些特别规定可以留在民法典之外。何者外接、何者内设，视该规范是否具有原则性、一般性而定。③《意大利民法典》就是采用在知识产权部分设"特别法"接口条款的技术。如第2583条规定，"本节中涉及的权利的行使及其存续期间由特别法规定。"

此外，知识产权专门立法之所以看上去共性较少，是因为这些立法以规范各权利之特有内容为主，而未涉及或规定单薄的部分恰恰是与民法连接的部分，例如许可与转让合同、权利共有、权利质押、侵权救济、诉讼时效等，这些内容也是知识产权法的通则，可以作为知识产权编的重点。此外，《俄罗斯民法典》的知识产权编设立了"一般规定"，也表明立法上提炼知识产权之通则并非不可能。

刘春田教授曾经指出，知识产权法与民法不是特别法与普通法的关系，而是部分与整体的关系④。"部分"如何设计是技术问题，而没有"部分"，就没有"整体"，这是本质缺陷。

---

① 王轶：《民法原理与民法学方法》，法律出版社2009年版，第79页。
② 王泽鉴：《民法总则》，北京大学出版社2009年版，第18页。
③ 苏永钦：《走入新世纪的私法自治》，中国政法大学出版社2002年版，第83页。
④ 刘春田主编：《知识产权法》，中国人民大学出版社2014年版，第25页。

回归知识产权私法本位　发挥司法保护主导作用

——谈在民法典中设立知识产权编[*]

林广海[**]

习近平总书记在党的"十九大"报告中强调,要"加快建设创新型国家","强化知识产权创造、保护、运用",这些重要论断为我们研究民法典知识产权编问题提供了最新的根本遵循和指引。从知识产权的私权属性和财产权属性来看,其与物权并无二致,尽管知识产权有自身的特点和特定的范围,但其精髓和本质依然根植于民法。从司法实践来看,无论是在知识产权的创造和运用中,还是在权利救济中,民法原理和民事救济方式无处不在。换言之,探究其理论渊源,衡诸各项司法保护实践,在民法典中设立知识产权编势在必然。

一、在民法典中设立知识产权编是更好满足人民美好生活需要的必然要求

"十九大"报告郑重宣告,我国社会主要矛盾已经转化为人民日益增长的美好生活需要和不平衡不充分的发展之间的矛盾。知识产权在本质上就代表着真、善、美,正是源源不断的知识产权的创造和运用,润泽着人民的美好生活,滋养着社会诚信的萌芽成长,它埋葬假冒伪劣,驱逐坑蒙拐骗。我国经过改革开放的繁荣发展,知识产权已经成为与物权、债权比肩的重要产权类型,占社会总财富的份额越来越大。生产力决定上层建筑,立法和法律制度作为上层建筑和顶层设计必然受到经济基础的影响,知识经济引领社会发展和变革的同时,也正在影响立法内容和技术。为了与知识产权的价值地位相适应,民法典理应将知识产权作为与物权、债权同等重要的权利类型,

---

[*]　原文载于《人民法院报》2018年1月17日第007版。

[**]　作者简介:林广海,最高人民法院民事审判第三庭副庭长、审判员。

予以专编规定,更好地激励"大众创业、万众创新",不断满足人民日益增长的美好生活需要。

二、在民法典中设立知识产权编是中国民法典后发超越的必然要求

民法典调整平等主体之间的人身关系、财产关系,最贴近社会生活,理应充分反映社会发展状况和趋势。一部成功的民法典一定是反映了特定时期社会现实,满足了特定时期社会需要的民法典。随着社会的不断发展,民事法律关系的类型和内容不断变化,民法典的调整范围也应随之变化。农耕时代的法国民法典和工业时代的德国民法典,都堪称其所处时代的典范,中国民法典作为知识经济时代的民法典,必须反映知识经济时代的社会现实,满足知识经济时代的社会需要。在知识经济时代,任何一个领域具有领先地位的可持续的生产生活,都离不开知识产权的支撑。中国民法典的编纂是以"中国智慧"和"中国实践"为世界法治文明建设贡献"中国方案",实现"后发超越"的良机。近代各国民法典在知识产权规范方面的立法空白和缺陷,遗赠给中国民法典编纂者后发超越可遇不可求的一个大舞台,预留给中国民法典编纂者登顶民法典世界高峰的一条稳健捷径。这是世界民法典发展史冥冥之中对中国的眷顾。中国民法典不应该辜负这份眷顾,必须抓住这个历史机遇,担当起这个历史责任。

三、在民法典中设立知识产权编是知识产权法律制度发展完善的必然要求

《民法总则》第 123 条,对知识产权作出了专门条文规定,显然,其内容过于简单,还立不起知识产权的"四梁八柱",在民法典中设立知识产权编可以完成知识产权法的体系化整合,使知识产权法能够体系化地获得民法滋养和指引,更好地引领人们习惯于以民法的价值立场和民法的思维方法,总揽知识产权问题,从而厚植现代知识产权文化,完善现代知识产权法律制度。例如,从最近 10 年知识产权审判的情况来看,2007 年,全国法院新收知识产权一审案件 21 763 宗,到 2016 年,全国法院新收知识产权一审案件 152 027 件,增长了将近 7 倍。案件类型覆盖了《与贸易有关的知识产权协议》所列举的全部种类的知识产权。聚焦这漫长时期巨大数量司法案件纠缠的海量问题，如果以"民法慈母般的眼光"来审视，那么，知识产权的保护体系和保护能力现代化的路径是什么？如何确保知识产权权利人在国内市场享有平等竞争的法律环境，在国际市场赢得平等竞争的法律环境？这方面确实有一些看起来貌似复杂高深的所谓争论，其实是对常识的践踏。为什么这么说？因为，知识产权是一种私权，知识产权侵权纠纷就是平等主体之间的一种典型侵权纠纷，如果我们的立法赋予行政机关一种所谓"执法权"来查处侵权纠纷，那么，外国的知识产权权利人就可以通过投诉或者举报，获得中国行政机关为其免费地打假维权。既然这样，那么外国权利人也就无须为此支付任何的诉讼费用，也无须委托任何包括律师、公证在内的中介机构，这必然影响到我国知识产权中介服务市场的发展壮大和人才队伍的成长壮大。可是，中国的权利人如果到国外打假维权，由于国外不存在所谓的"执法权"，所以中国权利人无法如法炮制地向外国行政机关进行举报或者投诉等获得免费的打假维权。那么，中国企业在国外就必须寻求包括律师、公证在内的中介机构，并且因为维权而支付高额成本，无形之中也支撑壮大了外国的中介服务及人才队伍，必然造成我国知识产权权利人在国际竞争中的不平等。这不是什么复杂的高深的理论，它就是一个常识。如果有民法典知识产权编的照耀，所有的偏见、偏差、偏激都不难得到纠正。

四、在民法典中设立知识产权编是知识产权保护体系有效运行的必然要求

发挥司法保护知识产权的主导作用，是党中央、国务院从国家战略的高度出发，结合我国经济社会发展总体状况，在总结知识产权事业发展和知识产权保护规律基础上，作出的战略决策。毋庸置疑，我国于2008年6月5日发布的《国家知识产权战略纲要》中所提出的"加强司法保护体系和行政执法体系建设，发挥司法保护知识产权的主导作用"之政策和方略，就已充分体现了知识产权的实质特点、性质和规律，认清了知识产权的私法属性，也符合现代法治政府的职能要求。应当看到，通过司法的方式保护知识产权是世界上发达国家和地区通行的制度安排，我国为了适应加入世界贸易组织的要求，把专利、商标的授权确权纠纷纳入司法审查，实行司法终局裁判，就是摒弃了过去传统意义上的知识产权保护的"双轨制"模式。"入世"以来构建的这样一个新的知识产权保护体系，需要民法典知识产权编予以确认和保障。同时，在司法保护体系之内，知识产权的民事司法保护是刑事司法保护和行政司法保护的基础支撑。离开了民事司法保护所确认的知识产权权利内容及范围，知识产权的刑事司法保护以及行政司法保护就丧失了基础，有关知识产权刑事法律和行政法律的正确实施也就失去了保障，最终损害社会主义法律体系的权威性。通过设立知识产权编，统摄知识产权各类客体，对知识产权法律的基本原则、一般规则及其重要制度予以明确规定，为单行法制定提供依据，指明方向，可以有效破除部门立法、行业立法中的利益固化藩篱，促进知识产权保护体系有效运行，确保社会主义法律体系有效实施。

毋庸置疑，在民法典中设立知识产权编，这既取决于知识产权的本质属性，也是立足国情和服务知识产权保护的需要，亦是法学研究的经验总结和司法智慧的体现。经验的总结和智慧的应用，就是人类认识和掌握客观规律的过程，并且据此改造旧事物、创造新制度。简言之，笔者认为，只有把握知识产权的实质，同时厘清知识产权法与民法的内在关系，才能真正把握问题结症，如此，诸多当前知识产权在民法典中独立成篇所面临的疑惑和问题，尤其是如何设计知识产权编的结构和条文的问题都能得以迎刃而解。

论知识产权制度纳入未来民法典的理由[*]

韦 之 彭 声[**]

世纪更迭之际，民法典的制定又一次成为中国法学界和立法机构关注的核心议题之一。目前，《中华人民共和国民法（草案）》（以下简称《民法（草案）》）已经由学者们起草完成，并于去年年底提交全国人大常委会讨论，这表明民法典的制定工作已经取得了初步的实质性进展。

围绕着民法典的起草，学术界对民法的诸多问题展开了激烈的争论。其中，知识产权制度是否作为独立一编纳入法典也是焦点之一。[①] 对此各方面意见分歧较大，对法典的起草过程产生了明显的影响。虽然立法者最初的计划是将知识产权制度单编处理，并且责成学者起草了相应的条款。[②] 但是，在最终提交的法典草案中却没有知识产权编，只是在总则编中对知识产权的保护范围作了简单的交代。[③]

虽然知识产权制度是否纳入民法典只是法律结构形式上的安排，但是其背后隐含着一个需要进一步探讨的重要问题，即知识产权与整个民法制度的内在关系。笔者不揣浅陋，也针对该问题提出看法如下，请同仁指正。

一、对反对意见的质疑

总体而言，相对于对民法典其他问题的激烈讨论，学者们对其中知识产

---

[*] 原文载于《电子知识产权》2004年第6期。
[**] 作者简介：韦之，华中科技大学法学院教授、律师；彭声，北京大学法学院副教授。
[①] 王胜明：《法治国家的必由之路——编纂〈中华人民共和国民法（草案）的几个问题〉》，载《政法论坛》2003年第1期，第28页。
[②] 郑成思负责起草《民法（草案）》知识产权编，具体内容载《政法论坛》2003年第1期，第42—49页。
[③] 已公布的《民法（草案）》包括总则、物权法、合同法、人格权法、婚姻法、收养法、继承法、侵权责任法以及涉外民事关系的法律适用法，无独立的知识产权编。其中直接针对知识产权的条款仅有第87条，规定了知识产权的保护范围。

权问题的关注十分有限,不够协调。多数学者在谈到这个问题时,往往一笔带过,没有进行深入的论证。但是显而易见,不纳入民法典的观点还是占据了主导地位。

以下针对反对将知识产权纳入民法典的四点主要理由加以剖析:

第一,知识产权制度变动不居,纳入民法典不符合民法典稳定性的要求。①

法典的权威性在一定程度上依赖于法典的稳定性,因此维护法典的稳定性历来是立法者孜孜以求的目标。但是实践证明,企图用固定的、无所不包的法典统摄复杂的不断变化发展的生活是不可能的,维护法典的稳定性与回应现实生活的变化之间始终存在着紧张的关系,绝对的稳定性只能是一个可望而不可即的梦想。为了适应现实生活的变化,保持民法典的生命力,立法者不得不在一定程度上放弃稳定性的追求,不断对民法典作出修订。以备受学术界推崇的《德国民法典》为例,从 1900 年 1 月 1 日生效起至 1998 年 6 月 29 日止已经修改了 141 次,平均每年修改 1.4 次。② 在现代社会知识经济飞速发展的背景下,日新月异的技术不断塑造并改变着人们的生活,民法典的稳定性不可避免地遭受到更猛烈的冲击。近年来,《法国民法典》《德国民法典》《瑞士民法典》都出现了大规模的修订。正如学者所言,"如果我们不想用法律去曲解生活的话,在知识经济时代民法典将不再具有应有的稳定性。"③ 既然如此,稳定性能够在多大程度上成为规划民法典体系结构、决定民法典内容取舍的基本标准本身就值得怀疑。

即使接受稳定性是规划民法典体系结构的基本标准,以此为由拒绝将知识产权纳入也不免失之武断。开放性的民法典允许作为民法典组成部分的知识产权编保持开放性的结构,这意味着并非知识产权领域的全部内容都必须

---

① 例见胡开忠:《论无形财产权的体系及其在民法典中的地位和归属》,载《法商研究》2001 年第 1 期,第 49 页;王利明:《中国民法典的体系》,载《现代法学》2001 年第 4 期,第 53 页;马俊驹、周瑞芳:《制定民法典的指导思想及其理论构想》,载《吉林大学社会科学学报》2001 年第 5 期,第 62 页;袁真富:《论知识产权法的独立性》,载《中国知识产权报》2002 年 10 月 30 日第 3 版;王利明:《关于我国民法典体系构建的几个问题》,载《政法论坛》2003 年第 1 期,第 21 页。

② 《德国民法典》,郑冲、贾红梅译,法律出版社 1999 年 5 月第 1 版,第 1 页。

③ 易继明:《民法法典化及其限制》,载《中外法学》2002 年第 4 期,第 450 页。

纳入民法典。将知识产权纳入民法典后，对于新出现的、涵盖范围较为狭窄的特殊权利客体同样可以采取特别立法的形式，以此克服民法典对新兴客体保护滞后的缺陷。此外，民法典的知识产权规则本身自应具有一定程度的包容性，它们在很多情况下能够通过扩大解释吸纳新兴的权利客体和扩张的权利内容。由此看来，新技术的发展变化并不必然导致民法典中知识产权编过于频繁的修订，纳入知识产权并不会导致民法典陷入"朝令夕改"的困境。从我国实践看，与其他民事法律相比，知识产权单行法律的修改并不算频繁，[①] 没有理由断言将知识产权纳入民法典会增加相关法律规则修改的次数，妨害基本法的稳定性。

第二，知识产权制度内容庞杂，纳入民法典将会妨害民法典体系的科学性。

民法典体系的构建本来不存在一个抽象的模式，没有任何一种体系具有永恒的价值和可适用性。[②] 在欧洲乃至世界范围内具有重大影响的《法国民法典》《德国民法典》《瑞士民法典》《意大利民法典》以及《荷兰民法典》的体系结构都各不相同，彼此之间存在重大的差别。[③] 将某种既有的体系结构贴上"科学性"的标签，断言打破这种体系结构，纳入知识产权法会导致"大一统民法典所造成的庞杂、混乱，缺乏基本法典的科学性"是不足取的。[④]

目前各部知识产权单行法的内容相当庞杂，不仅包括民法规范，而且包括为数不少的行政法规范、刑法规范以及诉讼法规范，有学者据此反对将知识产权纳入民法典，担心此类非民法规范的涌入会冲淡民法典的私权色彩，

[①] 《专利法》从1985年生效至今修改了2次；《商标法》从1983年生效至今修改了2次；而《著作权法》从1991年生效至今只修改了1次。《婚姻法》从1950年生效至今修改了2次；《收养法》从1992年生效至今修改了1次。合同法领域法律的立、改、废较为频繁；1981年颁布《经济合同法》，该法于1993年修订；1985年颁布《涉外经济合同法》；1987年颁布《技术合同法》；1999年废除了上述三部法律，颁布了统一的《合同法》。

[②] 薛军：《略论德国民法潘德克吞体系的形成》，载《中外法学》2003年第1期，第18页。

[③] 《法国民法典》采取三编制，包括人、财产及对所有权的各种限制以及财产的取得方法；《德国民法典》采取五编制，包括总则、债权、物权、亲属和继承；《瑞士民法典》采取五编制，包括人法、亲属法、继承法、物权法以及债务法；《意大利民法典》采取六编制，包括人与家庭、继承、所有权、债、劳动、权利的保护；《荷兰民法典》采取九编制，包括自然人法和家庭法、法人、财产法总则、继承法、物权、债务法总则、特殊合同、运输法以及智力成果法。

[④] 江平：《制订民法典的几点宏观思考》，载《政法论坛》1997年第3期，第27页。

破坏私法的纯正性。① 此种观点隐含的前提是将知识产权纳入民法典时，非民法规范必须连同民法规范一同纳入，显然，这个前提并不成立。我们完全可以对知识产权单行法中的规范进行筛选，仅将其中的民事实体规范纳入民法典，而把其他规范另置他处。当民法所调整的社会关系涉及行政机关的审批、登记和管理时，为了维护民法的私法性质，常常需要将相关的行政规范剥离。例如，《民法（草案）》第二编物权法只是简要地规定某些用益物权（建设用地使用权、探矿权、采矿权、取水权、渔业权）的设立需要经过行政主管机关的许可，至于具体的主管机关，许可的条件和程序等事项则交由其他法律规定，② 此种立法技术同样可以适用于知识产权编的构建。事实上，专家起草的知识产权编草案已经体现了这样的思路。由此看来，通过剥离或者简化知识产权法中的非民事实体规范，将知识产权纳入民法典不会破坏民法典的私法纯正性。

第三，知识产权制度已经形成了相对独立的体系，且与其他民事权利相比具有突出的特殊性，不适于纳入民法典。③

对此笔者也不敢苟同。传统民法典的各编无论在理论研究还是法律存在形态方面都已经构成了相对独立的体系，然而这并不妨碍它们在民法典的名义下组合成一个整体。我国目前的合同法、婚姻法、继承法显然已经形成了较为独立、完善的体系，按照学者的推理逻辑，是否也应当将它们从民法典中排除呢？

还有学者强调知识产权中工业产权的设立具有行政许可的性质，不适于纳入民法典，④ 此种观点同样值得商榷。事实上，民法典中知识产权领域之

---

① 例见吴汉东、肖志远：《关于知识产权的民法定位分析与立法建议》，载《中国版权》2003年第2期，第12页；袁真富：《论知识产权法的独立性》，载《中国知识产权报》2002年10月30日第3版。
② 参见《民法典（草案）》第二编物权法第115条规定："自然人、法人取得建设用地使用权、探矿权、采矿权、取水权、渔业权，应当依照法律规定经主管部门许可。"
③ 例见马俊驹、周瑞芳：《制定民法典的指导思想及其理论构想》，载《吉林大学社会科学学报》2001年第5期，第62页。梁慧星：《制定民法典的设想》，载《现代法学》2001年第2期，第6页。
④ 例见郑成思于2002年11月26日晚在中国政法大学民商经济学院"中国民商法论坛"（第三场）中所作的演讲，演讲题目为"物权法、知识产权法与中国民法典"，具体内容载中国民商法律网；http：//www.cvillaw.com.cn/elisor/contentasp? type＝'立法聚焦'&programid＝1&id＝58。

外的许多权利也具有类似行政许可的性质,例如,建设用地使用权、探矿权、采矿权、取水权、渔业权等,与专利审批、商标核准相比,行政机关的许可同样是产生权利的前提,而非对既存权利的确认。既然同属行政许可,为何民法典可以将此类权利纳入,却不能将知识产权纳入?另外,知识产权领域内的许多权利,例如,著作权、商誉权、科技成果权、域名、[①] 未注册商标和商业秘密的保护等,并不需要行政许可,上述观点也很难解释拒绝将它们纳入民法典的合理性。

第四,知识产权各类权利之间的差别很大,难以归纳出适用于各类权利的普遍规则,满足民法典体系化的要求。

按照目前起草民法典的体系规划,知识产权编也要设立适用于各个章节的一般规定。由于目前国际上还没有为知识产权制度设定一般规定的先例,加之国内知识产权法的理论研究相对而言较为薄弱,因此有学者强调立法技术上的困难,并据此反对将知识产权纳入民法典。[②] 笔者认为,这种观点也没有足够的说服力。

从思想方法方面看,立法者和学术界试图制定民法典本身就是一个知难而上的选择,在这个背景下单纯强调立法技术的困难并不合乎逻辑。知识产权各具体部分虽然颇具独立性,但它们之间仍存在不少共同的问题,而知识产权一般规定就是要对这些共同问题作出概括性的规范。如知识产权和物权的关系,知识产权权利冲突,知识产权客体与对公有领域之内的成果的利用,合理使用的问题,权利耗尽问题,平行进口问题,演绎创作的问题,知识产权共有的问题,知识产权与不正当竞争的关系问题等。制定解决这些问题的一般规定确实存在一定的困难,但是绝非不可能。

从目前我国知识产权法的发展现状看,现行法律已经形成了比较完整的、较符合国际通行做法的体系,并且对现实起着有效的规范作用。在此基础之上,若将知识产权纳入民法典可以利用法典化的契机,对既有的知识产权法律进行深入的研究,促使知识产权在立法以及理论研究方面提高一个层次。

[①] 域名注册服务机构不属于行政机关。
[②] 袁真富:《论知识产权法的独立性》,载《中国知识产权报》2002年10月30日第3版。

民法典的制定本身需要经历长期的过程，需要广大民法学者的集体努力，与之相应，知识产权编的制定也需要相关学者长期的集体努力。目前知识产权编的起草只是在立法机关的催促下仓促地作了初步的努力，恐怕还难说已经是知识产权学界集思广益、深思熟虑的成果，在此种情况下就匆忙地放弃了既有的打算显然不适当。

二、纳入民法典的积极意义

虽然上文的讨论已经在很大程度上表明了将知识产权纳入民法典的具体价值，但是下列宏观上的意义仍有必要加以强调。

第一，将知识产权纳入民法典是对知识经济时代的响应。[1]

在知识经济时代，以知识产品为核心的无形财产取得日益重要的地位。民法典作为调整社会民事活动的基本法，作为"生活的百科全书"，必须对这一鲜明的时代特征加以回应，否则丧失了包容性的民法典也将丧失对社会生活的普遍关怀，在很大程度上丧失其作为民法一般法的意义。

由于历史条件的限制，诞生于19世纪、20世纪初的《法国民法典》《德国民法典》并没有对知识产权制度作出规定。随着知识产权制度在社会生活中的地位日渐突出，现代制定民法典的国家纷纷尝试将知识产权制度纳入民法典。《意大利民法典》《埃塞俄比亚民法典》《蒙古民法典》都对知识产权作了原则性规定，而《俄罗斯民法典》《荷兰民法典》和《越南民法典》则试图将知识产权作为单独一编纳入法典。[2] 尽管有学者对此种尝试的效果给予了否定评价，[3] 但是这种尝试本身就反映了现代国家将知识产权制度整合

---

[1] 参见徐国栋：《民法典草案的基本结构——以民法的调整对象理论为中心》，载《法学研究》2000年第1期，第53页；刘士国：《制定出中国民法典是形成有中国特色法律体系的最终标志》，载《法律科学》1998年第3期，第25页。

[2] 1942年的《意大利民法典》在第六编"劳动"中对著作权、专利权、商标权、商号权作了原则性规定；1960年的《埃塞俄比亚民法典》在第三编"物法"中规定对文学和艺术作品的所有权；1994年的《蒙古民法典》在第二编"财产法"第86条中规定智力成果是所有权的客体；1992年的《荷兰民法典》原计划将"智力成果法"作为独立的第九编加以规定，后来受欧盟法律一体化的影响，该编被取消；1994年的《俄罗斯民法典》将"著作权和发明权"作为独立的第四编加以规定目前正在制定中；1995年的《越南民法典》将"知识产权及技术转让"作为独立的第六编加以规定。

[3] 吴汉东："知识产权制度不宜编入我国民法典"，载《法制日报》2002年9月29日第3版；吴汉东、肖志远：《关于知识产权的民法定位分析与立法建议》，载《中国版权》2003年第2期，第10—11页。

于民法典的趋势。可以说，在知识经济时代制定民法典，必须考虑知识产权制度对民法典体系结构的影响。

值得一提的是，我国在二十多年前制定《民法通则》时就将知识产权作为独立一节加以规定，若是现在制定民法典反而将知识产权排除，不啻一种倒退。

第二，将知识产权纳入民法典有助于协调知识产权法和整个民法体系的关系，加强民法对知识产权法的原则指导和逻辑支持作用，促进知识产权法的进一步完善。

（1）虽然知识产权的授予、转让乃至管理环节都或多或少地渗透了公权力的印记，但是这并不能改变知识产权的私权本性。在我国现阶段，行政权力对知识产权的干预仍然过强，通过知识产权对民法的回归有助于增强其私权色彩，摆脱行政权力的过度干预。

（2）借助民法典的思维模式重构知识产权制度的体系，能够促使知识产权法与民法典各组成部分有机地衔接起来，和谐地发挥作用。将知识产权纳入民法典不仅需要梳理、简化现行知识产权法中的非民事实体规范，而且要对其中的民事实体规范重新归类、调整。民法典的知识产权编主要界定各类知识产权的归属、权利内容以及权利限制，涉及知识产权交易、继承与权利保护的内容则应当分别放入民法典的合同、继承与侵权各编中加以规定。此种安排不但能够减少现行知识产权法中的一些闲置条款，如著作权法对许可使用合同的规定等，而且可以促使知识产权制度融入整个民法体系之中。

（3）通过对各部知识产权单行法的清理和透析，能够促进知识产权制度内部的协调性。目前各部知识产权单行法各行其是，彼此之间缺乏必要的照应和沟通，由此导致在权利保护方面出现了一些没有理由的差别，背离了私权平等保护的原则。例如，专利法中的"中国单位""许诺销售"等概念在著作权法和商标法中没有；专利法对许可使用性质规定的是独占性，而著作权法规定的是专有性；关于赔偿额的确定标准，专利法中有"专利许可使用费的倍数"一项，而著作权法和商标法中却没有，等等。[①]

[①] 宋慧献：《制订中国民法典：要不要知识产权——访北京大学法学院副教授韦之博士》，载《中国版权》2002年第6期，第18页。

(4) 加强民法对知识产权法提供原则指导和逻辑支持的作用，纠正知识产权学界过度强调自身特殊性的倾向。

尽管传统民法主要调整有形财产的归属、流转与保护，但是其中大多数原则同样适用于知识产权领域。知识产权法作为民法的特别法，必须对民法的基本原则给予充分的尊重。

一段时间以来，知识产权界的个别学者热衷于强调知识产权的特殊性，然而其中相当一部分"特殊性"实际上并不成立。例如，传统侵权责任的责任形式主要是损害赔偿，与之相应，民法学者对侵权责任构成要件的分析也集中于对损害赔偿责任的分析，准确而言，包括"过错"和"实际损失"在内的侵权责任构成要件其实是损害赔偿责任的构成要件，而非所有侵权责任的构成要件。停止侵害、排除妨害、消除危险的责任形式来源于对物权的保护，它们在物权领域的适用不依赖于"过错"或"实际损失"等为损害赔偿责任所必需的要件，在知识产权领域的适用同样不要求具备上述要件，就此而言不存在任何特殊之处。然而有学者将损害赔偿责任的构成要件扩大为一切侵权责任的构成要件，将不要求具备上述构成要件的其他责任形式看作侵权责任的特殊情形，由此得出知识产权侵权的成立具有特殊性，无须存在"过错"和"实际损失"的结论。①

过分强调知识产权的特殊性，不仅导致理论研究中的某些误区，而且导致立法中出现背离民法基本原则的错误规定。例如，现行《著作权法》第20条规定，"作者的署名权、修改权、保护作品完整权的保护期不受限制"。该条规定相当于确认死后的作者依然享有著作人身权，这显然与民事权利能力终止于死亡的基本理论相冲突。作者死后作品的正确署名与作品的完整性的确需要得到保障，但这并不意味着应当赋予已经死亡的作者某种人身权利。事实上，对死者人格利益的保护与民事权利能力理论的冲突不仅仅反映在对死后作者人身权的保护，而且反映在对死者姓名、肖像、隐私、名誉乃至荣誉的保护，在著作权领域解决这一冲突必须与传统民法的做法相协调。依据

---

① 有学者主张知识产权侵权应当普遍适用"无过错责任"原则。例见郑成思：《新技术的保护、新技术产品的流通与民商法重点的变更》，载陈美章、刘江彬（主编）：《数字化技术的知识产权保护》，知识产权出版社2000年5月第1版，第8—10页。他们还认为"即发侵权"的成立无须存在实际损失，体现了知识产权侵权的特殊性。例见前注郑成思的演讲。

最高人民法院的相关司法解释，侮辱死者的姓名、肖像、隐私、名誉乃至荣誉的，死者的近亲属在遭受精神痛苦的前提下可以主张权利。① 在这里，法律保护的不是死者自身的权利，而是作为生者的死者近亲属的权利，通过对近亲属身份的界定，法律对上述利益的保护时间被限制在一定的期限之内。② 在著作权领域，作者死后，作品的经济权利当然由作者的继承人继承，由于经济权利与人身权利之间具有天然的密切联系，继承人在行使经济权利的同时常常需要对人身权利给予保护，因此可以将人身权利交由继承人继承，并且规定对其保护期限适用经济权利的保护期。③ 与传统民法解决矛盾的方式相同，法律所保护的人身权利的主体不是已经死亡的作者，而是作为生者的作者的继承人；而且对此种权利的保护也被限制在一定的期限内。④

第三，将知识产权纳入民法典有助于完善民法典的体系结构，丰富传统民法的具体制度和理论研究。

（1）如前所述，知识产权属于私权，是民法的有机组成部分，缺乏知识产权的民法典在权利构建体系上存在缺陷，将知识产权纳入民法典能够有效地弥补这一缺陷。事实上，在知识经济大潮的冲击下，知识产权已经渗透社会生活的各个领域，试图在未来的民法典中完全排斥知识产权是不可能的。以《民法（草案）》为例，知识产权的痕迹已经散布在草案的各编之中：例如，人格权编中对商誉的规定、物权编中对知识产权质权的规定、合同编中对专利合同的规定、婚姻编中对涉及知识产权的夫妻共同财产的规定、继承编中对知识产权继承的规定，等等。

（2）知识产权制度及时回应新技术的发展，同时深受国际政治经济形势

---

① 见《最高人民法院关于确定民事侵权精神损害赔偿责任若干问题的解释》第3条。

② 近亲属通常包括配偶、父母、子女、兄弟姐妹、祖父母、外祖父母、孙子女、外孙子女。参见《最高法院关于贯彻执行〈中华人民共和国民法通则〉若干问题的意见（试行）》第12条。

③ 德国就采取了此种做法。根据"一元论"的学说，作者的人身权和财产权被视作不可分离的整体，作者死后其人身权和财产权一同转移给继承人，人身权的保护期限与财产权的保护期限相同。

④ 另外，依据最高人民法院的司法解释，知识产权人可以在相关权利的有效期内提起诉讼，制止起诉时仍在继续的侵权行为，不受两年诉讼时效的限制，这和传统民法诉讼时效制度的关系也值得进一步研究。见《最高人民法院关于审理商标民事纠纷案件适用法律若干问题的解释》第18条、《最高人民法院关于审理著作权民事纠纷案件适用法律若干问题的解释》第28条、《最高人民法院关于审理专利纠纷案件适用法律问题的若干规定》第23条。

的影响，因此在某些方面走在传统民法和其他法律制度的前面。将知识产权纳入民法典，有助于建立知识产权和民法其他部分之间的互动关系，丰富传统民法的制度和学说。

例如，知识产权法在计算损害赔偿数额方面的规定，如定额赔偿、许可使用费的倍数以及为制止侵权行为所支付的合理开支（包括律师费）等都可以为传统民法所借鉴。再如，知识产权诉讼中的诉前禁令、诉前证据保全等规定也能够为民事诉讼法所采纳，扩大适用到其他民事权利的保护中去。

此外，将知识产权纳入民法典，能够加强民法学界和知识产权学界的交流与合作，促使民法从知识产权法中汲取理论研究的养料。近年来，在知识产权学界讨论颇多的"商品化权""公开权""商誉"等无疑有助于丰富民法学者对于人格权的认识和研究。知识产权制度在协调和平衡权利人与社会公众利益方面作出的努力也能够促进民法学者对制止权利滥用，以及公共利益对私权的限制等问题的研究。

结束语

归根结底，是否将知识产权制度纳入民法典只是一个形式问题，如果民法与知识产权制度之间的关系在立法、司法实践与理论研究方面都能理顺，是否纳入民法典本身是无关紧要的。推而广之，如果民法的总则与各项基本制度能够良好地衔接在一起，和谐地发挥作用，是否制定民法典本身也是无关宏旨的。事实上，我们并不以追求将知识产权纳入民法典为目标，我们只是对现实的现象表示忧虑——民法学者对蓬勃发展的知识产权制度越来越不了解，而知识产权学者也乐于远离民法而去，两个领域之间的交流明显不足。离开民法，知识产权制度无从谈起，离开了知识产权，在 21 世纪的背景下民法也会美中不足。相反，将知识产权纳入民法典能够为两个领域的交流提供平台，增进彼此的合作。

新世纪之交，我们选择了制定民法典的事业，对民法典的创新成为众多法学家的共识。创新需要独立思考的勇气，我们不仅需要参考借鉴国际上通行的做法，更需要积极地响应时代的要求，凭借自己的智慧解决新出现的问题。从各国实践看，将知识产权纳入民法典的尝试还处在初级阶段，并不存在统一的成熟模式，这恰好为我们提供了有所创新、有所作为的机会。放弃独立的思考，追随既有的陈例只能使我们的民法典沦为 20 世纪的尾声，只有积极地迎接时代的挑战，推陈出新，才能使我们的民法典成为中国法学界奉献给新世纪的宏伟序曲。

也论民法典与知识产权[*]

朱谢群[**]

上一次制定民法典的过程中,围绕着知识产权应否、能否以及如何进入民法典曾有热烈的讨论,其中不乏共识,分歧却似乎所在更多。然而,随着法典编纂的沉寂,无论共识还是分歧,大都渐渐淡出,只留下零星的回响。

2014年通过的《中共中央关于全面推进依法治国若干重大问题的决定》中指出:"加强市场法律制度建设,编纂民法典"。由此,民法典的制定被重新"激活",因而知识产权"入典"的相关问题也就必然再次浮出水面。本文不揣浅陋,尝试就此提出一些不成熟的想法,以求抛砖引玉。

一、民法典中应否规定知识产权?

当前完全否认知识产权属于一种民事权利的观点不说没有,至少也是十分难见。但是"知识产权法是民法的一部分,是不是意味着必然将知识产权法纳入民法典呢?"[①] 本文对此做肯定回答,并试图在已有的赞同将知识产权法纳入民法典的理由之基础上,再做补充或进一步的说明。

第一,民法典作为"社会生活的百科全书","就必须尽可能囊括产生民事权利义务的社会生活,并将其规范化"。[②] 而在当今时代,随着技术进步与经济发展,知识产权早已溢出特定人群"个别、局部"的生活场域,而是广泛渗透于民众生活的文化、商业、经济、科教、技术等几乎所有领域,并仍或快或慢地铺展开来,在"抽象普通人"之间的社会交往中成为常见、多见

---

[*] 原文载于《知识产权》2015年第10期。本文为2014年度国家社会科学基金重大项目"中国民法重述、民法典编纂与社会主义市场经济法律制度的完善"(批准号14ZDC018)的阶段性成果。
[**] 作者简介:朱谢群,深圳大学法学院教授。
[①] 齐爱民:《论知识产权法的性质和立法模式》,载《社会科学家》2006年第5期,第92页。
[②] 谢鸿飞:《中国民法典的生活世界、价值体系与立法表达》,http://cclc.sdupsl.edu.cn/msyjxsqy/21517.jhtml。

的元素与内容，形成越来越宽广、密集的权利关系网络，甚至逐渐重塑着市民社会的行为方式。因此，如果知识产权在我国将要制定的民法典中不能得到足够乃至前瞻的观照、反映与规范，那么这部民法典的完整性显然将存在缺陷。

第二，民法典作为"市场经济的基本法"，实际上也就是关于全部或至少是重要资源的市场配置机制最基本的"制度化表达"。反观现实，我国目前正在"使市场在资源配置中起决定性作用"的社会主义市场经济条件下实施创新驱动战略、建设创新型国家，而"创新不是技术行为，也不是政府行为，而是市场行为"，① 所以，在创新型国家建设过程中及建成之后，各种创新要素与创新成果必然成为我国市场机制所要配置的最主要对象资源之一。进一步看，经由市场而配置创新要素和创新成果的最主要工具则非知识产权莫属，因为知识产权的制度功能就在于通过市场促进各类要素向创新环节和创新部类流动、集中并进一步在市场上配置创新成果。近年来，知识产权运营的日益活跃以及反垄断法对知识产权行使不断升温的"关注"，恰恰从正反两个方面印证了知识产权在当前市场经济环境中持续被抬高的重要地位。

据此而言，我国民法典如果不能充分反映知识产权在当前创新发展背景下的突出地位，恐将难以称为"市场经济的基本法"。

第三，现代知识产权于我国无疑属于"舶来品"，而且由于客体不同即导致权利不同，与建基于农业社会和工业社会的传统物权相比，知识产权确实具有"特殊性"，同时也更易于受到技术变革和国际形势等其他因素的冲击与影响。但是，知识产权特殊性再明显、再突出也从未否定过其"私权"（民事权利）本质（"知识产权是私权"恰恰是国际社会关于知识产权的普遍共识之一，所以才在 TRIPS 中被开宗明义地提出）。郑成思教授就此曾明确指出："知识产权本身，在当代，是民事权利的一部分——虽然知识产权的大部分来源于古代或近代的特权，它们与一般民事权利似乎并不同源。知识产权法是民法的一部分，这在十多年前中国的《民法通则》中已有了定论。……传统民法的大多数原则，适用于知识产权。知识产权取得后的最终

---

① 张志成：《完善的市场经济是建设创新型国家的根本》，http://www.m4.cn/space/2012-08/1176273.shtml.

确权、知识产权的维护,主要通过民事诉讼程序,在多数国家均是如此。在2000年之后修订了主要知识产权部门法的中国,也是如此。世贸组织的《TRIPS 协定》第 41 条、第 42 条及第 49 条,均指出了知识产权的保护(无论通过司法还是行政执法),主要适用民事诉讼法的原则。"① 换句话说,知识产权之"特殊"是民法家族内部的"特殊",是民法这棵大树上不同枝条之间的差异,而绝不是根基的"异类",是与其他民事权利作为同类事物相比较而显现出的差异。由此,也就尤其需要民法典将知识产权的"私权"本质牢牢固定下来并清晰地呈现出来,避免将知识产权在民法家族内的"特殊性"放大到民法家族之外,从而使知识产权根基动摇,定位不稳,迷失方向,最终妨碍知识产权制度功能的正常发挥。

从一定意义上看,我国知识产权事业发展中的一些弯路(如驰名商标的异化、将授权量与政绩挂钩等)和争议(如关于知识产权"私权公权化"、知识产权行政执法的存废等)不能不说是与民法精神滋养不足以致干扰了民法理念的贯彻有关。因此,在民法典中规定知识产权,"有利于彰显知识产权的私权本性,克服欠缺私权意识的我国传统法观念以及一些过于强调'社会化'的当代法理论对知识产权保护造成的负面影响,为我国知识产权制度设计与知识产权保护实践提供重要的理念支撑。"②

综上,在民法典中规定知识产权,既是民法典圆满其完整性、彰显其时代性的需要,也是知识产权固本强基、良性运行的需要,更是在社会主义市场经济条件下建设创新型国家的题中应有之义。

二、知识产权立法模式设计的回顾与思考

(一) 现有模式设计及理由

关于知识产权作为民事权利的立法模式,吴汉东教授指出:"曹新明教授在其博士论文中归纳了四种模式:一是分离式,即将知识产权法与民法典相分离,但无论是特别法典还是单行法,都是以民法典为其基本法,其立法

---

① 郑成思:《民法、民诉法与知识产权研究——21 世纪知识产权研究若干问题》,载《中国专利与商标》2001 年第 2 期,第 3 页。
② 杨代雄:《我国未来民法典中知识产权规范的立法模式》,载《上海商学院学报》2012 年第 4 期,第 2 页。

例为法国《民法典》；二是纳入法，即将知识产权制度全部纳入民法典之中，使其与物权、债权、人身权等平行，成为独立一编，其立法例为俄罗斯《民法典》；三是链接式，即民法典对知识产权作出概括性、原则性规定，知识产权仍保留单独立法模式，其立法例为'我国第四次民法典草案'；四是糅合式，即将知识产权视为一种无形物权，与一般物权进行整合，规定在'所有权编'之中，其立法例为蒙古国《民法典》。"① 据此，将知识产权规定于民法典中的模式共有链接式、纳入法、糅合式三种。

另外，还曾有学者建议过另外一种模式："在民法典中单设一单元，可以是单独一编，其位置应当在债权之后；也可以在民事权利部分单设一节。具体立法技术上，可以借鉴德国民法典'提取公因式'的方式将知识产权制度的一般规则纳入民法典。……至于在民法典之外，是仍然存在作为民法特别法的知识产权单行法还是将各单行法编纂为知识产权法典则是另外一个问题。知识产权法典化并不排斥作为民事特别法的知识产权制度的存在，而是在知识产权制度与民法典之间建立有机的联系。"② 相较于吴汉东教授提及的纳入法，此种模式似可称为"有保留的纳入法"。

纵览上述，可以看出，在民法典中规定知识产权的现有模式设计中除糅合式③外，其他各种模式在理念上存在共同的隐含前提：知识产权是一个"独立板块"，其实质性的主干内容务必保持一体，然后或打包封装于民法典中自成一部分（编或章或节）（纳入法），或者整体游离于民法典之外而只在民法典总则中建立若干宣示性、象征性的链接点（链接式）。进一步看，这一隐含的共同前提显示出上述链接式、纳入法与"分离式"在本质上其实极为接近，即均将知识产权作为一个区隔于其他民事权利的封闭整体，或明（分离式）或暗（纳入法、链接式）地划清与其他民事权利的界限和/或保持距离。

之所以建立这种区隔，归纳学者们先前的意见可知其理由主要如下：

---

① 吴汉东：《知识产权"入典"与民法典"财产权总则"》，载《法制与社会发展》2015年第4期，第58页。
② 安雪梅：《现代民法典对知识产权制度的接纳》，载《法学论坛》2009年第1期，第51页。
③ 此种模式后文再议。

(1) 知识产权易受技术变革和国际形势的影响，显现出多变性，从而与民法典的稳定性有冲突；(2) 知识产权内容庞杂，既含有公法性规范，又含有程序性内容，从而与民法典实体私法的性质及"形式美"不合；(3) 没有在民法典中规定知识产权的成功立法先例；(4) 我国知识产权研究储备不足；(5) 知识产权法的内容已自成一体。① 以下将逐一分别讨论。

(二) 关于现有模式设计及理由的讨论②

1. 关于知识产权法的多变性

客观地讲，知识产权法的多变性确实存在，但如果仔细分析就不难发现，"多变"的其实是知识产权的具体规则而非其"私权本质"，亦非其与其他民事权利之间所有的共性。例如，随着技术进步或国际形势的变化，可能会产生新的知识产权客体或者新的知识产权权项，但是，知识产权排除他人擅自就特定客体进行使用、收益的核心效力并不会随着新客体或新权项的出现而发生改变，否则知识产权就"权将不权"了。其次，民法典是体系化的构成，其基本的操作是"提取公因式"而非巨细靡遗、包罗万象，否则就不会存在一系列诸多民事单行法。因此，只要知识产权的私权本质存在，就必然存在与其他民事权利相同/相通的共性，也就必然具有能够在民法典中提取出来的"公因式"；进一步看，只要知识产权的私权本质不被否定，那么就意味着这些"公因式"不会消失或者说可以稳固地存在。至少到目前为止，知识产权私权本质还没有被否定和推翻的任何迹象，那么，"提取公因式"的操作就是完全可行的。至于那些可能随其他因素快速多变的具体规则，完全可以放到知识产权单行特别法中加以规范，这与在民法典中规定知识产权与其他民事权利之共性并无冲突。可见，真正的焦点其实并非知识产权的多变

---

① 参见吴汉东：《知识产权立法体例与民法典编纂》，中国法学网，http://www.iolaw.org.cn/showNews.asp?id=3769；袁真富：《论知识产权相对于民法的独立性》，正义网，http://review.jcrb.com.cn/ournews/asp/readNews.asp?id=124403；齐爱民：《论知识产权法的性质和立法模式》，载《社会科学家》2006年第5期；王崇敏、张丽娜：《论我国民法典总则中的知识产权保护规则》，载《吉林大学社会科学学报》2008年第3期；杨代雄：《我国未来民法典中知识产权规范的立法模式》，载《上海商学院学报》2012年第4期；滕锐、罗婷：《知识产权与民法典关系的思考》，载《科技与法律》2005年第3期；浩然、麻锐：《知识产权的结构与我国民法典立法体例结构》，载《河南社会科学》2014年第5期。

② 文中第5条理由，后文将专题商榷。

性，而是能否提取知识产权私权本质中的"公因式"。

2. 关于知识产权的公法性内容和程序性内容

事实上，民法典中并不绝对排斥公法性内容和程序性内容，显例之一即为法人制度，① 其中同样涉及公权机关的审查、审批等，却并未破坏民法典的实体私法地位。可见，以是否含有公法性和程序性内容来判断一项制度能否被民法典规定的观点似不足取。

再进一步，关于民法典中的公法内容，已有民法学者作出过比较深入的论述："在我国，国家介入经济生活的范围之广、方式之复杂、手段之多，在立法技术不成熟时，已足以使民法典沦为公法私法耦合和交融的'混合法'。……比较妥善的方式是民法典通过'引致'等方式容让公法，但并不纳入公法的具体内容。"② 由此，完全有理由认为，只要安顿得当，知识产权制度中的公法性因素和程序性因素也并不会妨碍在民法典中关于知识产权的规定。

3. 关于在民法典中规定知识产权并无成功立法先例的问题

首先，这是一个守成与创新的问题。法国民法典制定之时并无先例可循，而《德国民法典》制定之时也未因袭《法国民法典》的先例，因而以有无（成功）先例来判断能否在民法典中规定知识产权虽然不乏警示和参酌价值，但仅此就认为我国也不能在民法典中规定知识产权恐怕说服力不足。

其次，民法典是民族生活历史的记载。虽然我国建立知识产权制度的历史不长，而且并不具有现代知识产权的民族历史基因，但是，由于我国特殊的管理体制结构和社会治理方式，在建立知识产权制度尤其是加入世界贸易组织后，又适逢数字技术的普及和互联网络的兴起，知识产权制度其实已以卓有中国特色的方式在我国法制史上烙下了清晰的印记，或者说知识产权已在我国特定的社会环境中形成了中国特色的制度认知、生活经验与权利意识。这表明，当前我国市民社会关于知识产权的"民族"生活已经为在民法典中规定知识产权而提供了素材，关键在于如何从中去"发现"和提炼。

---

① 《德国民法典》，郑冲、贾红梅译，法律出版社1999年版，第一章第二节。
② 谢鸿飞：《中国民法典的生活世界、价值体系与立法表达》，中国法学网，http://www.iolaw.org.cn/showArticle.aspx?id=4310。

4. 关于我国知识产权研究储备的不足

在我国上次民法典制定浪潮中，这个判断或许不无道理。但是，上次浪潮退去之时，正是我国加入世界贸易组织后官产学研各界遭受阵痛而开始正面直视知识产权之际。近十几年来，《国家知识产权战略纲要》的颁布，专利、商标、著作权单行法的主动修订，相关司法解释的不断出台与修订以及诸多代表性、典型性案件的裁判等背后，我国知识产权研究储备量的增加和质的提升之速度，用"空前""井喷"来形容或许都不为过。当然，储备可能依旧不足，但是在民法典中提取知识产权与其他民事权利的公因式的能力显然已有了长足进步——至少可以一试。

（三）关于"知识产权自成一体"

有观点认为："知识产权法在内容上不仅包括人身权，如著作权上的精神权利（或者人身权利）、发明权、科学发现权等，而且包括财产权，如著作权上的经济权利（或称财产权利）、专利权、商标权等；就知识产权法涵盖的财产权而言，不仅包括财产权中的支配权内容，表现为商标权的取得、专利权的实施等，而且包括财产权中的请求权内容，表现为著作权许可使用合同、专利权转让合同等方式……可见，知识产权法至少在内容上，已自成体系，自成风格，有与传统民法并驾齐驱的趋势。"[①] 至此，知识产权与其他民事权利的区隔可谓已"进行到底"。

但是，知识产权的特殊性真的已使自己成为自给自足的独立完整体系以至于可以脱离民法层级化概念体系的涵摄进而摆脱对民法的依赖了吗？

事实上，"由于民事立法技术的原因，近代立法者并未像构建物权体系那样，将专利权、著作权、商标权整合成一个概括的、统一的知识产权法律体系。"[②] "知识产权法是对专利法、商标法、著作权法等法律规范的一个总称，这一称法是虚设的，是一种理论概括。"[③] 换个角度看，知识产权的法律

[①] 袁真富：《论知识产权相对于民法的独立性》，正义网，http://review.jcrb.com.cn/ournews/asp/readNews.asp?id=124403.

[②] 吴汉东：《知识产权立法体例与民法典编纂》中国法学网，http://www.iolaw.org.cn/showNews.asp?id=3769.

[③] 黄勤南主编：《新编知识产权法教程》，中国政法大学出版社1995年版，第263页。

蕴含基本上都是通过民法术语来传递的,如人格、财产、合同、转让、排他权、请求权、停止侵权、损害赔偿等,离开了民法的这些"概念构件",知识产权几乎无以完成自我表达。这不仅表明我们应当破除知识产权封闭自足体系的虚设幻象,而且恰恰相反,知识产权的研究与运用都必须紧扣其所使用的民法上诸种"概念构件"规范性、体系化的构造与机理,厘清各概念构件之间涵摄与关涉的关系,[1] 明确各概念构件在知识产权中的指向与"射程"及其在民法整体框架中的坐标,才能进而理顺知识产权这个"总称"名下的经纬条理。正如郑成思教授所言:"研究其(知识产权)特殊性的目的,是把它们抽象与上升到民法的一般性,即上升为民法原理的一部分。这才是真正学者应有的思维方式。"[2] 因此,知识产权应当找准自己在民法体系中的定位,经由与其他民事权利之间的"公因式",用自己的个性(特殊性)去印证、充实、拓展与其他民事权利之间不同层级的共性,在自我发育、完善的同时,也为民法的丰富与发展作出贡献。

三、在民法典中规定知识产权的另一种可能思路

如前所述,在民法典中规定知识产权的现有模式设计主要有链接式(对于链接点的选择以及链接内容的范围存在分歧)、纳入法等。[3] 就本文目前不成熟的看法而言,前者太过单薄,不足以充分体现知识产权的"私权"属性;后者又确实会在一定程度上影响民法典的体系构建使之"难以消化",而且也面临着如何与知识产权各单行法相互衔接的难题。

本文尝试提出另一种可能思路,该思路的前置考量是将知识产权真正当

---

[1] 这一点在很多时候非常必要,如物权是具有排他性的财产权,但不能反过来将具有排他性的财产权都当作物权,二者的涵摄关系不容颠倒。文中上述的糅合式应该说就是犯了这样的错误。

[2] 郑成思:《民法、民诉法与知识产权研究——21世纪知识产权研究若干问题》,载《中国专利与商标》2001年第2期,第3页。

[3] 参见吴汉东:《知识产权立法体例与民法典编纂》,中国法学网,http://www.iolaw.org.cn/showNews.asp?id=3769;袁真富:《论知识产权相对于民法的独立性》,正义网,http://review.jcrb.com.cn/ournews/asp/readNews.asp?id=124403;齐爱民:《论知识产权法的性质和立法模式》,载《社会科学家》2006年第5期;王崇敏、张丽娜:《论我国民法典总则中的知识产权保护规则》,载《吉林大学社会科学学报》2008年第3期;杨代雄:《我国未来民法典中知识产权规范的立法模式》,载《上海商学院学报》2012年第4期;滕锐、罗婷:《知识产权与民法典关系的思考》,载《科技与法律》2005年第3期;浩然、麻锐:《知识产权的结构与我国民法典立法体例结构》,载《河南社会科学》2014年第5期。

作与其他民事权利平行的权利，赋予其平等地位，既不拔高、放大，也不抑制、压缩知识产权的特殊性，使之以本原、正常形态"融入"民法典。不拔高、放大知识产权的特殊性，即破除知识产权已成为自给自足之封闭体系的幻象（同时也就免去了"肢解知识产权完整体系"的顾虑），不再自外、区隔于其他民事权利，而是尽可能通过公因式的提取以便在民法典框架中各个单元的不同层级上找到自己的位置，并借由公因式与其他民事权利的相应规则或者建立联系甚至加以合并，或者在同一公因式的涵摄下与其他民事权利平行而立，在共性统合下展现自己的个性；不抑制、压缩知识产权的特殊性，一是将知识产权旗下确实不能或基于特别原因而不宜规定于民法典的规则仍保留于单行特别法中，二是绝不能将其他个别民事权利的个性当作一类权利的共性进而生搬硬套于知识产权，或者说，在没有公因式可提取之时，必须坚决维护知识产权自身的个性。

本文提出的思路是：将知识产权与其他民事权利最高层级的共性规定于总则，将知识产权与其他个别民事权利的共性规定于相应分则中的总则（或通则、一般规定），再将与其他民事权利不相容但却属于各知识产权（主要是著作权、商标权、专利权）的共性在各相应分则中单列或至少给出指引，而不能完全不顾。当然，这只是一种思路，要具体实现则还有待于大量的进一步深入的识别与提取工作。试粗略描述如下以资说明。

（一）总则部分

第一，在法典总则中明确知识产权的权利类型相比较而言，直接给知识产权作出类似于现行《物权法》第2条第3款[①]中给物权作出的定义的方式[②]可能最为理想，退而求其次的方式是法工委草案中以界定外延的方式来规定

[①] 《物权法》第2条第3款规定：本法所称物权，是指权利人依法对特定的物享有直接支配和排他的权利，包括所有权、用益物权和担保物权。

[②] 例如可表述为："本法所称知识产权，是指权利人依法对特定智力成果享有的（控制利用和）排他的权利，包括……"略作说明如下：（1）本文认为知识产权不是直接支配特定客体的权利；（2）关于知识产权客体的表述可以再推敲；（3）有文献指出《希腊民法典》第60条曾做此表述，见Koumantos, Georges, 1998. "Reflections on the Concept of Intellectual Property", in Kabel, Jan J. C. and Gerard J. H. M Mom, ed., INTELLECTUAL PROPERTY AND INFORMATION LAW, KLUWER LAW INTERNATIONAL., pp. 40

知识产权①，理由在于第一种方式直接明确了知识产权的排他性，而后一种方式则可能仍需要对权利不可侵原则再做细化。排他性应当是人身权、物权和知识产权的生命线，目前有关知识产权的许多模糊认识大多与抵触或试图消减知识产权的排他性有关，因而在民法典中明确规定知识产权的排他性是十分必要的。

第二，明确当前知识产权领域中热门的"利益平衡原则"与诚实信用、公序良俗、权利不得滥用等民法基本原则的异同，如并无实质差异或可被上述基本原则所覆盖，则应以民法中上述已成熟的各基本原则为准；如果确有差异，则应在立法说明中说明并对利益平衡原则另做处理。

第三，在诉讼时效条目中，应当将基于知识产权的有关请求权列为不适用诉讼时效的除外对象。②

(二) 人格权部分（无论人格权单独成编还是规定于总则中）

将著作权中的精神权利作为一个整体予以规定，作为与名誉权、隐私权等并列的一项独立权利，由此彰显著作权中的精神权利与每个自然人平等享有的普通人身权之间的区别，但同时肯定了著作权中的精神权利属于民事权利。精神权利的具体内容可以规定于著作权单行法中。

(三) "狭义财产权"③ 部分

此处的"狭义财产权"是指作为绝对权（对世权）的财产权。王利明教授指出，"在未来民法典的编纂过程中，是否有必要适应知识经济时代的要求，在民法典中确立一个超越传统物权法和知识产权法的财产法总则，值得

---

① 全国人大常委会法工委 2002 年《民法典（草案）》第 89 条规定：自然人、法人依法享有知识产权。本法所称知识产权，是指就下列内容所享有的权利：（一）文学、艺术、科学等作品及其传播；（二）专利；（三）商标及其他有关商业标识；（四）企业名称；（五）原产地标记；（六）商业秘密；（七）集成电路布图设计；（八）植物新品种；（九）发现、发明以及其他科技成果；（十）传统知识；（十一）生物多样化；（十二）法律规定的其他智力成果。

2015 年 4 月公布的《民法总则专家建议稿（征求意见稿）》中虽未直接对知识产权定义，但以列举对象的方式在第 114 条中规定：发明、实用新型、外观设计、作品、商标、商业秘密等智力成果、商业标记和信息得成为民事权利客体。

② 参见《中国民法典草案建议稿·总则》（社科院草案）第 197 条。

③ 王卫国：现代财产法的理论建构，《中国社会科学》，2012 年第 1 期，第 162 页。

探讨。"① 王卫国教授也指出，"简单地套用物权法的规则，不足以充分保护人们在智力成果上的财产权，也不足以有效建立知识产权的法律秩序。因此，需要在民法体系中为知识产权提供存在和发展的空间。"② 为此，建议设立一个包括物权、知识产权的财产权编，并将二者的共性（典型者如排他效力）提取出来列入该编的通则（或一般规定）中。

（四）债权部分

无论是否设立债权总则，都应当在债权部分对知识产权许可合同予以规定，具体内容可以只涉及知识产权许可的共同含义、类型及相应效力、生效要件等。其次，对知识产权中可能涉及的无因管理、不当得利等发生债的原因也应有所规定或至少给出指引。

（五）侵权责任部分（略）

（六）亲属权部分（略）

（七）继承权部分

无论是否对著作权的继承作出具体规定，但至少应有所指引。同时，对自然人商标权的继承也应有所规定，尤其是自然人商标权主体死亡后有多个继承人的，如无指引将极可能引发争议。事实上，我国一些关于老字号的商标案件在根源上就与商标制度同继承制度的脱节有关。

---

① 王利明：《民法典的时代特征和编纂步骤》，载《清华法学》2014年第6期，第6页。
② 王卫国：现代财产法的理论建构，《中国社会科学》2012年第1期，第145页。

将知识产权法纳入民法典的思考[*]

王 迁[**]

我国现行及未来有关知识产权的立法是否应被纳入即将制订的民法典，从而成为民法典的有机组成部分？这是一个长期争论的问题，其中的关键，是由于历史原因，我国的知识产权法在一些方面体现出了与传统民法相异的特征，具有一定的独立性。但是，无论是对知识产权法的未来发展还是对于民法典的制订，将知识产权法纳入民法典利大于弊。

一、知识产权法具有相对独立性的历史原因

知识产权是一种民事权利，而且主要是财产权利，因此知识产权法当然是民法的一部分，[①] 民法的基本原则和制度在知识产权领域都适用，对此并不存在争议。[②] 在我国传统学科体系中，法学是一级学科，民法是二级学科，而知识产权法则属于民法之下的三级学科，也体现了这一点。

然而，我国知识产权法在一些方面体现了英美版权法的规则，这与来自美国的压力有密切关系。[③] 例如，作为中美两国知识产权谈判的成果，《中国政府与美国政府关于保护知识产权的谅解备忘录》明确规定了我国对知识产权应当采用的保护措施，以及我国应加入的国际条约。在本土资源较为缺乏的情况下，为了改善中美关系，发展中美双边贸易，我国要在短期内迅速建立起与国际接轨的知识产权制度，大量参照甚至是照搬国际知识产权条约在所难免。与各国的民事立法有其鲜明的本国特征有所不同，国际知识产权条约是各国谈判和妥协的产物，那些在政治和经济实力上占据优势的国家的诉

---

[*] 原文载于《知识产权》2015 年第 10 期。
[**] 作者简介：王迁，华东政法大学教授，博士研究生导师。
[①] 刘春田主编：《知识产权法》，中国人民大学出版社 2014 年版，第 23 页。
[②] 吴汉东主编：《知识产权法》，北京大学出版社 2014 年版，第 6 页。
[③] 张乃根：《国际贸易的知识产权法》，复旦大学出版社 2007 年版，第 235 页。

求更多地被反映在了国际知识产权条约之中，其表现之一就是条约中的一些内容直接来源于这些国家的本国立法。① 毋庸讳言，美国作为当今世界唯一的超级大国，为了保持其高科技产业在全球的竞争力，不遗余力地将其国内知识产权保护规则向全世界推销。② 即使是其他发达国家，有时也会迫于美国的压力而修改本国的知识产权法。③ 例如，《澳大利亚版权法》中保护技术措施的规则原本与《美国版权法》有很大的不同，但美国与澳大利亚进行《美澳自由贸易协定》谈判时，澳大利亚被迫接受了按照美国的立法例修改本国立法的要求，此后澳大利亚修改版权法，使保护技术措施的规则与美国基本一致。④ 可以想见，20世纪80年代以后形成的国际知识产权条约，较多地吸收了美国知识产权法的规则。

TRIPS 第45条规定：即使侵权人（infringer）并不知道或没有合理的理由知道自己实施了侵权行为（infringing activity），成员方在适当情况下仍然可以授权司法机关要求其返还利润和/或者支付法定赔偿金。这条规则更多地反映了以美国为代表的英美版权法的规则，即区分民事侵权（tort）和知识产权侵权（infringement），对知识产权侵权的构成不要求过错，只看其行为是否落入了专有权利的控制范围。⑤ 过错对于知识产权侵权而言，只是其承担经济责任的要件。这与传统民法的侵权认定规则形成了反差。在民法的语境中，过错为侵权构成的要件，除非法律有特别规定，无过错的行为并不构成侵权。⑥ 物权等绝对权的权利人可以行使绝对权请求权，要求他人停止实施

---

① 李琛：《论知识产权法的体系化》，北京大学出版社2005年版，第88—90页。
② ［美］苏姗·塞尔·K：《私权、公法——知识产权的全球化》，董刚、周超译，中国人民大学出版社2008年版，第45—54页。
③ 郑成思：《国际知识产权保护和我国面临的挑战》，载《法制与社会发展》2006年第6期，第5—15页。
④ 例如，原《澳大利亚版权法》所保护的技术措施仅限于"版权保护措施"，并不保护"接触控制措施"，但与美国签订的《美澳自由贸易协定》完全严格按照《美国版权法》的规定对技术措施进行了界定。此后澳大利亚修改了版权法，将"接触控制措施"也纳入了保护范围，See Australian Copyright Act, Section 10, Technological Protection Measure.
⑤ 郑成思主编：《知识产权——应用法学与基本理论》，人民出版社2005年版，第200—201页、206页。笔者曾向多名英美版权法学者咨询 tort 与 infringement 的区分，得到的回答是一致的，就是对知识产权问题首先适用 infringement 的规则，只有不存在 infringement 的特殊规则时，才适用 tort 的一般规则。
⑥ 彭万林主编：《民法学》，中国政法大学出版社2011年版，第494页。

相关行为,但该相关行为如并非在过错状态下实施,在民法上不能被评价为侵权行为。①

由于我国知识产权法中的许多规则直接来源于国际知识产权条约,条约中反映英美法系知识产权保护规则的内容不可避免地对我国产生了影响。例如,最高人民法院《关于审理著作权民事纠纷案件适用法律若干问题的解释》第20条明确规定:"出版者尽了合理注意义务,著作权人也无证据证明出版者应当知道其出版涉及侵权的,依据《民法通则》第117条第1款的规定,出版者承担停止侵权、返还其侵权所得利润的民事责任"。换言之,即使出版者没有主观过错,其未经许可出版的行为也构成侵权。当然,此处的"侵权"并不是"tort",而是"infringement"。同样,著作权法、专利法与商标法在规定侵权行为时,也并没有明确将"过错"规定为构成要件。时至今日,学界对于我国知识产权侵权责任是否为无过错责任的问题仍然存在较大的意见分歧,这也从一个侧面反映出我国知识产权法受英美法影响的现实。

二、将知识产权法纳入《民法典》的益处

尽管由于上述历史原因,我国知识产权法在产生之时就较多地受到了英美法系知识产权法的影响,从而在一些规则上显得与传统民法不尽一致,但将其纳入民法典对知识产权法在我国长远健康发展是有利的。

首先,可以借机消除现行知识产权法中的一些逻辑问题。民法典的最大优势,在于其体系完整、逻辑严密。编纂民法典并不只是将现有法律简单地纳入其中,而是要重新审视法律与法律之间、条文与条文之间的逻辑关系,消除其中的矛盾,使之成为一个有机的整体。② 如前文所述,我国知识产权法直接从国际条约和各国立法中借鉴、移植了大量条文,难免出现立法内部以及立法与立法之间的逻辑矛盾和体系上的不协调。著作权法、专利法和商标法自身的修改尽管也能起到一定自我修复的作用,但基于我国由主管部门

---

① 梁慧星、陈华彬:《物权法》,法律出版社2007年版,第62页。
② "法典编纂是一系统性的表述,是以综合和科学方法,对特定国家内一个或若干法律部门诸普遍和永久规则加以组织的整体",[法]让·路易·伯格:《法典编纂的主要方法和特征》,郭琛译,载《清华法学》第8辑,清华大学出版社2006年版,第13页;并参见王利明:《民法典体系研究》,中国人民大学出版社2012年版,第6—7、11—15页。

起草或修改法律的体制以及对一部法律的思维定式，很难完全解决问题。

试举一典型实例，《著作权法》第48条第（八）项规定："制作、出售假冒他人署名的作品的"属于侵权行为。该条规定应当移植自英国、澳大利亚、新西兰和美国等英美法系国家的版权法，因为这些立法都为作者规定了一项精神权利——"禁止冒名权"，[①] 即禁止在自己的作品之上署他人之名，但英美法系国家版权法中的"禁止冒名权"与"署名权"根本不是一回事，而是相互独立的两项权利，在版权法中的位置也不同。[②] 因此，冒名行为即使是在英美法系国家也并非侵犯署名权的行为。我国著作权法并没有像英美法系国家那样规定一项"禁止冒名权"，同时"署名权"又是指"表明作者身份，在作品上署名"的权利，[③] 即只有作者才有"署名权"。而被冒名的人并非该作品的作者，对该作品并不享有"署名权"，又何谈"署名权"被侵权呢？因此"制作、出售假冒他人署名的作品"侵犯的是"他人"在民法中的姓名权，而非著作权法规定的署名权。[④] 令人遗憾的是，由于著作权法将"制作、出售假冒他人署名的作品的"规定为侵权行为，给人产生了该侵权行为必然是著作权法意义上的侵权行为，从而必然侵犯署名权的印象。我国一些法院也根据这一印象认定制作、出售假冒他人署名的作品侵犯了被冒名者的署名权。[⑤]

如果仅就如何在著作权法中解释上述有关冒名侵权的规定展开讨论，不仅持不同观点者难以达成共识，而且由于这种争议不会影响司法判决的结果——被告无论是被判侵犯姓名权还是署名权，都会败诉，也难以引起立法者的重视。在此次著作权法修改的过程中，三次公开征求意见的草案都没有删除上述规定，也没有增加"禁止冒名权"，就充分说明了这一点。但是，

[①] 《英国版权法》第84条、《澳大利亚版权法》第195AC条、《新西兰版权法》第102条和《美国版权法》106A条（a）款前半句。

[②] 《英国版权法》第77条、《澳大利亚版权法》第193条、《新西兰版权法》第94条和《美国版权法》第106A条第（a）款后半句。

[③] 《著作权法》第10条第1款第（一）项。

[④] 刘春田主编：《知识产权法》（第四版），中国人民大学出版社2009年版，第73页。

[⑤] 典型案例见："吴冠中诉上海朵云轩与香港永成古玩拍卖有限公司案"，上海市高级人民法院民事判决书（1995）沪高民终（知）字第48号；"黄华国诉中国纺织出版社和世纪慧泉文化公司案"，北京市第二中级人民法院民事判决书（2010）二中民终字第05274号。

如果将著作权法编入民法典，著作权法的条文就必须逐条接受编纂者有关是否符合民法典体系与逻辑要求的检验。著作权法中有关冒名侵权的规定与民法通则中有关侵犯姓名权规定的关系问题就容易被发现，冒名行为就有望在民法典中被正确地归入侵犯姓名权的行为。

其次，可以借机补充一些知识产权法中缺失的机制。知识产权法作为民法中的一部分，当然应当体现民法的基本规则。但在单行立法中，由于各种原因，有些与传统民法密切相关的机制是缺失的。例如，绝对权的转让应当有公示方法，使第三人知晓权利归属，以保护交易安全，这是民法的基本原理。[①] 然而，著作权法并未对著作权转让规定任何公示方法，在实务中导致了许多类似"一物二卖"的重复交易现象，即著作权人将著作财产权转让后，再次以著作权人的身份与他人签订著作财产权转让合同。由于著作财产权已经转让，在第二次交易中，转让行为属于无权处分，在真正的权利人不予追认的情况下，受让人无法取得著作财产权。在司法实践中，法院也作出了这样的判决。[②] 然而，在第一次交易转让缺乏公示的情况下，由于第二次交易的受让人无从知晓著作财产权已发生变动，由其承担交易风险显然是不公平的。而在将著作权法纳入民法典的情况下，就必须确保著作财产权的变动符合民法典有关绝对权变动的规则，有关著作财产权转让缺乏公示方法的问题就可能迎刃而解。

最后，可以规定知识产权各部门法之间的共性，避免相似规则的重复、分散和遗漏。著作权法、专利法和商标法作为知识产权法的部门法，显然具有一些共性。但在分别立法的情况下，就不得不分别进行规定，有时会导致法律条文的烦琐，有时也会发生遗漏。例如，无论对于著作权、专利权还是注册商标权的保护而言，专有被许可人或独占被许可人、排他被许可人和普通许可人的实体权利及诉权都是相同的，相关的诉前临时措施也无实质差异，

[①] 彭万林主编：《民法学》，中国政法大学出版社2011年版，第195页；梁慧星、陈华彬：《物权法》，法律出版社2007年版，第89页；杨立新：《民法总则》，法律出版社2013年版，第116页；王利明：《民法总则研究》，中国人民大学出版社2012年版，第445页。

[②] 例如，在轰动一时的"《老鼠爱大米》著作权纠纷案"中，歌曲《老鼠爱大米》的著作权人将著作财产权先后与两人签订了著作财产权的转让合同，法院认定后者不能取得著作财产权，见北京市第一中级人民法院民事裁定书（2006）一中民终字第2500号。

但在缺乏法典化的情况下，三大法必须同时进行规定，难免显得重复。[①] 与此相适应，最高人民法院在不仅颁了《关于对诉前停止侵犯专利权行为适用法律问题的若干规定》，又颁布了《关于诉前停止侵犯注册商标专用权行为和保全证据适用法律问题的解释》，但轮到为著作权法制订司法解释时，最高人民法院可能也觉得再作重复规定实无必要，于是在《关于审理著作权民事纠纷案件适用法律若干问题的解释》第30条第2款规定：人民法院采取诉前措施，参照《最高人民法院关于诉前停止侵犯注册商标专用权行为和保全证据适用法律问题的解释》的规定办理，这也从一个侧面反映了分散立法所导致的重复问题。但另一方面，著作权法和商标法规定了诉前临时禁令措施、诉前证据保全措施和诉前财产保全措施，而专利法只规定了诉前临时禁令措施和诉前证据保全措施，没有规定财产保全措施。涉及专利权的诉前财产保全措施是规定在《关于审理专利纠纷案件适用法律问题的若干规定》之中的。类似地，同为涉及诉前临时措施的司法解释，商标领域的《关于诉前停止侵犯注册商标专用权行为和保全证据适用法律问题的解释》规定的是诉前临时禁令和诉前证据保全诉讼，专利领域的《关于对诉前停止侵犯专利权行为适用法律问题的若干规定》只涉及诉前临时禁令，而在著作权领域则根本没有专门颁布有关诉前临时措施的司法解释。对类似规则高度分散化的规定，无论对于知识产权法的学习者、研究者还是适用者都带来了很大的不便。而对于有关专有被许可人或独占被许可人有权单独提起诉讼或申请诉前临时措施的规则，仅规定在商标法的相关司法解释中，[②] 著作权法和专利法及其司法解释均未作规定，这就迫使法院在处理涉及著作权专有被许可人和专利权独占被许可人的诉权问题时，只能准用有关注册商标权独占被许可人诉权的规定，对法律规则而言有所缺失。如果三大法及相关司法解释能够在条理化、系统化之后被纳入民法典，则其中具有共性的规则就可以被总结、抽象出来，

　　[①] 诉前临时禁令措施规定在《著作权法》第50条、《专利法》第66条和《商标法》第65条；诉前证据保全诉讼规定在《著作权法》第51条、《专利法》第67条、《商标法》第66条；诉前财产保全措施规定在《著作权法》第50条和《商标法》第65条。

　　[②] 《最高人民法院关于审理商标民事纠纷案件适用法律若干问题的解释》第4条；《最高人民法院关于诉前停止侵犯注册商标专用权行为和保全证据适用法律问题的解释》第1条。

适用于知识产权的各领域，上述重复、分散和遗漏的问题就有望得到解决。

那么，由于历史原因导致我国知识产权法具有相对独立性的问题如何在民法典中解决？对此笔者认为：对于知识产权法的特殊性，民法典可以采用一些立法技术加以包容。例如，对于因借鉴英美法系版权法而将无过错实施受知识产权专有权利控制的行为称为"侵权"（infringement）的问题，通过将其统一改为"侵害"即可解决，以示与"侵权"（tort）的区别。在传统民法的基本原则均可适用于知识产权法的情况下，一些历史原因导致的特殊性不应成为知识产权法被纳入民法典的障碍。与此同时，传统上以有形财产为核心的民法典在包含知识产权法之后，其内容将更加丰富，对无形财产的保护将使民法典更具有现代气息，符合时代的要求。

结语

总之，作为民法的一个分支，将知识产权法纳入民法典不仅符合法理，而且可以借助体系化的法典编纂工作解决现行知识产权法中长期悬而未决的不少问题，因此利大于弊。

后　　记

2017年3月《中华人民共和国民法总则》颁布后，中国知识产权法学研究会先后邀集了数十所大学和研究机构的知识产权法学、民法学学者，开始研究民法典如何安排知识产权制度问题，着手设计"知识产权编"。同年10月，中国民法学研究会和中国知识产权法学研究会联合举办研讨会，深入研究民法和知识产权法的关系，以及"知识产权编"的设计和与民法典的协调、统一问题。我们齐心协力，反复推敲，广泛征求意见，最终拿出一个共7章96条的建议稿。

本建议稿凝聚了众多民法学、知识产权法学学者的知识与智慧，他们包括来自北京大学、清华大学、中国人民大学、中国政法大学、北京航空航天大学、北京理工大学、北京化工大学、中国社会科学院、吉林大学、南开大学、天津大学、西南政法大学、西北政法大学、武汉大学、中南财经政法大学、华中科技大学、上海交通大学、华东政法大学、同济大学、上海大学、浙江大学、宁波大学、浙江社会科学院、厦门大学、华南理工大学、广东外语外贸大学、深圳大学、台湾政治大学、新加坡管理大学、香港大学和其他机构的专家学者。建议稿由孙山、朱谢群、李雨峰、王坤、向波、邓社民、王太平、万勇、李琛、刘晓、杨雄文、姚欢庆、郭禾、殷少平、张新峰、赵湘乐、余俊、汪泽、刘春田等人执笔。

此外，我们还选择了部分学者的文章一并出版。他们从不同角度对知识产权法融入我国民法典问题做了深入论述，敬请读者参考。

刘淑华博士熟稔本书所涉专业，她认真审阅了全部书稿，明察秋毫、勘正错误，功不可没。

知识产权出版社齐梓伊主任对书稿的出版倾注了极大的热情与心力，对书名、体例和各种专业要求一一把关。由于她的有力支持，使本书得以很快问世。我们表示由衷的谢意。

刘春田

2018 年 9 月 9 日